Les Ateliers Hachette présentent :

CE1
Cycle 2

LES MATHS
à la découverte du monde

Fichier de mathématiques

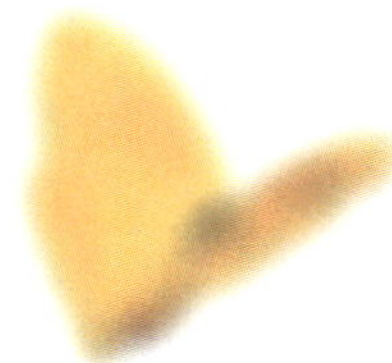

Guy BLANDINO
Directeur d'école d'application

Philippe BOURGOUINT
Directeur d'école d'application

W0297263

HACHETTE
Éducation

Les nombres de 1 à 100

1	2	3	4	5	6	7	8	9	10
11	12	13	14	15	16	17	18	19	20
21	22	23	24	25	26	27	28	29	30
31	32	33	34	35	36	37	38	39	40
41	42	43	44	45	46	47	48	49	50
51	52	53	54	55	56	57	58	59	60
61	62	63	64	65	66	67	68	69	70
71	72	73	74	75	76	77	78	79	80
81	82	83	84	85	86	87	88	89	90
91	92	93	94	95	96	97	98	99	100

- **Responsable de projet :** Stéphanie-Paule Saïsse
- **Création de la maquette intérieure des pages de mathématiques, des logos Temps, Vivant, Matière et Espace :** Vision Unit
- **Création de la maquette intérieure des pages documentaires et mise en pages :** Caroline Rimbault
- **Création de la maquette de couverture :** Laurent Carré
- **Illustration de la couverture :** Alain Boyer
- **Exécution de la couverture :** Médiamax
- **Mise en pages des pages de mathématiques :** Typo-Virgule
- **Dessins techniques et infographie (des pages de mathématiques, de matériel, du gabarit et des pages documentaires) :** Gilles Poing
- **Infographie (scènes avec personnages des pages de mathématiques et documentaire des pages 168 et 169) :** Marie-Hélène Grégoire
- **Fonds en parchemin des pages documentaires :** Nathalie Desverchère
- **Conception du gabarit :** D'après une idée originale des auteurs de la collection *MATH* (Hachette Éducation).
- **Iconographie :** Anastassia Losséva et Brigitte Hammond

ISBN : 2.01.11.6422.2

© Hachette Livre 2004, 43, quai de Grenelle, 75905 Paris Cedex 15.

Tous droits de traduction, de reproduction et d'adaptation réservés pour tous pays.
Le Code de la propriété intellectuelle n'autorisant, aux termes des articles L. 122-4 et L. 122-5, d'une part, que les « copies de reproductions strictement réservées à l'usage privé du copiste et non destinées à une utilisation collective », et, d'autre part, que « les analyses et les courtes citations » dans un but d'exemple et d'illustration, « toute représentation ou reproduction intégrale ou partielle, faite sans le consentement de l'auteur ou de ses ayants droit ou ayants cause, est illicite ».
Cette représentation ou reproduction, par quelque procédé que ce soit, sans autorisation de l'éditeur ou du Centre français de l'exploitation du droit de copie (20, rue des Grands-Augustins, 75006 Paris), constituerait donc une contrefaçon sanctionnée par les articles 425 et suivants du Code pénal.

Avant-propos

Un fichier transversal

« Si elles sont un outil pour agir au quotidien, les mathématiques doivent également offrir les ressources utiles à d'autres disciplines qui, en retour, leur apportent un questionnement et leur permettent de progresser. » (Extrait des Documents d'application des programmes 2002.)

Conscients de la réalité de **ce double mouvement**, nous avons imaginé notre fichier comme un constant aller-retour entre **le programme de mathématiques** et quelques-uns des aspects de **la découverte du monde** (de l'économie, de la matière, des objets techniques, du vivant, du temps et de l'espace). Cela s'est traduit par la conception de modules dans lesquels les mathématiques sont à la fois **objet de découverte** et **outil au service de la découverte**.

L'organisation d'un module

Chaque module se compose de huit pages :

- **une page documentaire d'ouverture** propose un **thème de réflexion sur le monde** dont les mathématiques sont une des clés de compréhension (classement, mesures, chronologie,… etc.). Les textes, les documents iconographiques ou les activités mettent en contexte des notions mathématiques qui s'appuient sur des connaissances antérieures ou introduisent comme nécessaires les notions abordées dans la suite du module ;
- **cinq pages de mathématiques** alternent la numération, le calcul, les mesures, la logique, la découverte de l'espace et des formes ;
- **deux pages documentaires de clôture** mettent en perspective les notions précédemment étudiées. On y traite, selon le cas, un point particulier ou une généralisation du thème d'ouverture.

Par l'étude des textes et de documents riches et variés, **la lecture s'impose ainsi comme indispensable** à la découverte et **aux mathématiques**. **Par le travail en mathématiques, les nombres, les formes, les unités de mesure, les procédures… sont mis au service d'une culture plus générale**. Voilà posés les fondements d'une approche pluridisciplinaire.

Une année divisée en six périodes

- **Période 1 :** de la rentrée à la Toussaint ;
- **Période 2 :** de la Toussaint à Noël ;
- **Période 3 :** de janvier aux vacances d'hiver ;
- **Période 4 :** des vacances d'hiver à Pâques ;
- **Périodes 5 et 6 :** de Pâques aux vacances d'été.

Sachant que la rupture de fin d'année est une marche nécessaire mais parfois difficile à franchir, nous avons adjoint, en marge du programme, une 6e période intitulée « Vers le CE2 ».

En fin de période, une page « Problèmes » et une page « Bilan »

- **Les problèmes :** les programmes officiels font une large place à la question des problèmes, bien au-delà du sens qu'on leur donne traditionnellement en « calcul ».
  Toute mise en situation de recherche vraie, qu'elle soit orale, écrite, fondée ou non sur une manipulation, est une situation-problème. Et, à ce titre, les enfants sont confrontés à des problèmes à chaque page du fichier (« Le coin du malin » ou « Problème »).
  Enfin, six pages spécifiques « Problèmes » traitent de la lecture d'énoncés, de la recherche de données, de la méthodologie…
- **Les bilans** proposent des exercices synthétisant les notions étudiées dans un module. Pour que ces évaluations soient d'une part formatrices pour l'enfant, et, d'autre part, révélatrices des acquis et des difficultés de chacun pour l'enseignant, il serait nécessaire que le maître prenne le temps de les corriger avec les élèves (par petits groupes, voire individuellement pour quelques-uns).

Les contenus et la méthode

Les contenus sont conformes aux programmes de 2002 (voir tables pp. 4 à 7). Nous avons veillé, avant d'en arriver aux procédures dites expertes, à proposer **une diversité d'approches** permettant à chacun de trouver l'entrée qui lui convient le mieux dans une même notion ou technique (en particulier pour les nouveautés, comme la multiplication et la soustraction).

- **Le calcul mental** (mémorisé ou réfléchi) est présent à chaque page.
- **La méthode** peut se résumer en 5 mots-clés :
  - **expérimentation, observation et recherche** ouvrent chaque page du fichier et sont « les lanceurs » de chaque leçon ;
  - **répétition**, dans les exercices, en vue de la mémorisation et de l'automatisation ;
  - **ouverture**, dans certains problèmes ou exercices, qui invitent l'enfant à aller un peu au-delà de la notion étudiée.

Le matériel de numération (à découper)

Si chaque leçon de numération et de calcul du fichier n'y fait pas appel de manière explicite systématique, il est vivement conseillé de l'utiliser, individuellement ou par petits groupes lors des leçons en classe (*cf. Guide pédagogique*), comme aide pour la réalisation de certains exercices, ou comme outil de vérification au moment de la correction.

Les auteurs.

Sommaire par modules

Troisième période

Quatrième période

Cinquième période

Sixième période : vers le CE2

Progression par domaines mathématiques

Numération et calcul

Géométrie

Mesure

De la découverte du monde aux mathématiques

La page documentaire introductive d'un module invite à porter sur un sujet un regard différent du regard « quotidien ». Par exemple, dans le premier module, chacun sait ce qui se trouve dans son cartable, mais personne ne s'est vraiment interrogé sur le nombre d'objets qu'il contient, leur prix ou leur masse. Or ces aspects mathématiques ont des conséquences réelles sur la vie des élèves : « Me manque-t-il des objets ? Pourquoi mon cartable est-il si lourd ? », etc.
Mises en situation, les notions mathématiques deviennent indispensables à la compréhension du monde (*ex. :* « Il vaut mieux que je sache compter jusqu'à 20 pour dire que je possède 20 crayons de couleurs plutôt que d'en établir une liste complète unité par unité. »). L'environnement observé génère de nouvelles questions mathématiques (*ex. :* « Sur ma règle, je vois des graduations disposées régulièrement. Quelle est leur signification et à quoi servent-elles ? »).
Un certain nombre d'exercices s'éloignent des thèmes d'étude pour deux raisons pédagogiques :
1 – Il serait réducteur et dangereux de laisser penser qu'une notion mathématique ne s'utilise que dans un seul contexte : l'outil ne devient réellement acquis que lorsqu'il peut être librement réinvesti dans d'autres situations. Pour reprendre les exemples précédents, compter ne sert pas qu'à compter des crayons, et la règle n'est pas uniquement là pour nous permettre d'en observer les graduations !
2 – L'exploitation exagérée d'un même thème peut engendrer un effet de lassitude des élèves (voire du maître) et parfois leur désintérêt.
Les expériences et les observations réellement vécues sont difficilement remplaçables : chaque fois que cela sera possible, l'enseignant aura à cœur de faire vivre les situations d'ouverture des fiches ou de les transposer à l'environnement proche de l'école et aisément observable.

Module 1
Qu'y a-t-il dans ton cartable ?
Vers les mathématiques
- Utiliser les nombres de 0 à 19 lors de l'inventaire du matériel scolaire (pp. 11 et 12).
- Manipuler les pièces et les billets de 1 à 10 € (les dizaines) lors d'un achat de matériel (p. 13).
- Identifier des lignes droites et des segments tracés dans une cour d'école (p. 14).

Module 2
À quoi sert le calendrier ?
Vers les mathématiques
- Utiliser le tableau (à double entrée) des tâches (pp. 19 et 22).
- Observer un calendrier mensuel pour se repérer dans le temps et effectuer des calculs additifs (pp. 20 et 22).
- Classer les feuillets d'un éphéméride (p. 21).
- Lire et utiliser un calendrier annuel (p. 23).

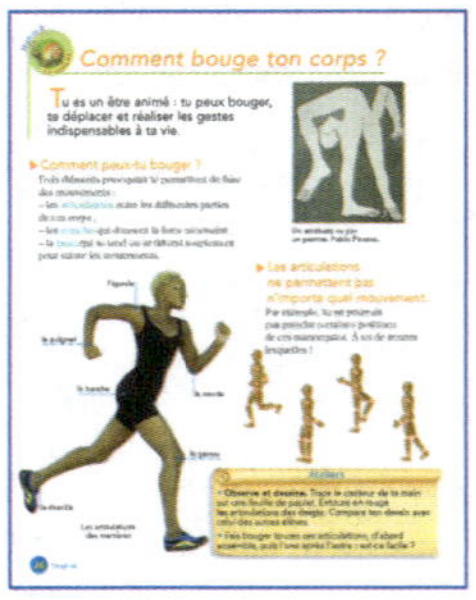

Module 3
Comment bouge ton corps ?
Vers les mathématiques
- Décrire la position de son corps dans l'espace (p. 27).
- Utiliser le prix de pièces d'habillement pour réviser les nombres jusqu'à 99 (p. 28).
- Comparer la taille d'enfants pour mémoriser la signification des signes =, < et > (p. 29).
- Reconnaître la droite et la gauche de personnages en mouvement (p. 30).
- À propos de gymnastique : reconnaître des droites parallèles (p. 31).

Module 4
Comment payons-nous nos achats ?
Vers les mathématiques
- Découvrir la centaine (p. 37) et les centimes d'euro (p. 39) en manipulant la monnaie.
- Le plan du marché : représenter un espace sous forme de plan (p. 38).
- Découvrir l'addition de 2 nombres ou plus à travers l'activité d'un artisan (le boulanger) et d'une file d'attente devant une salle de spectacle (pp. 40 et 41).

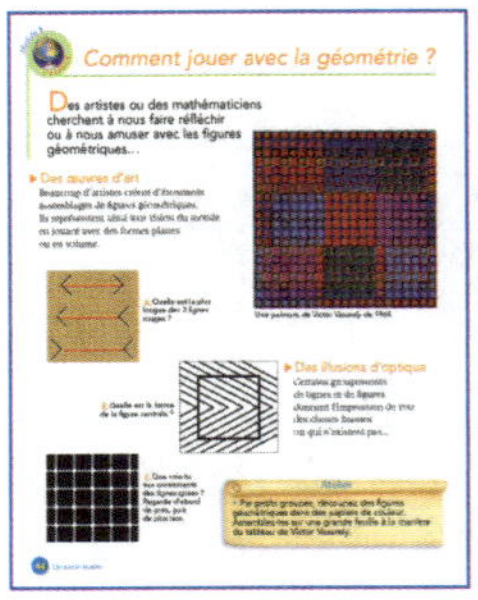

Module 5
Comment jouer avec la géométrie ?
Vers les mathématiques
- Identifier des formes simples et créer des frises décoratives (p. 45).
- Utiliser des cases coloriées sur un quadrillage pour repérer des constantes sur la table d'addition (p. 46).
- À propos de collages de formes géométriques, travailler sur le complément d'un nombre à la dizaine supérieure (p. 47).
- Aller au-delà de la simple perception pour vérifier que des angles sont droits ou qu'un carré se différencie d'un rectangle (pp. 48 et 49).

Module 6
Comment prévoit-on le temps ?
Vers les mathématiques
- Résoudre des problèmes de logique avec un tableau météorologique à double entrée (p. 52).
- Découvrir et manipuler les nombres de 3 chiffres avec un relevé météo original (p. 54).
- Jouer avec les positions de cerfs-volants portés par le vent pour repérer les nœuds d'un quadrillage (p. 57).

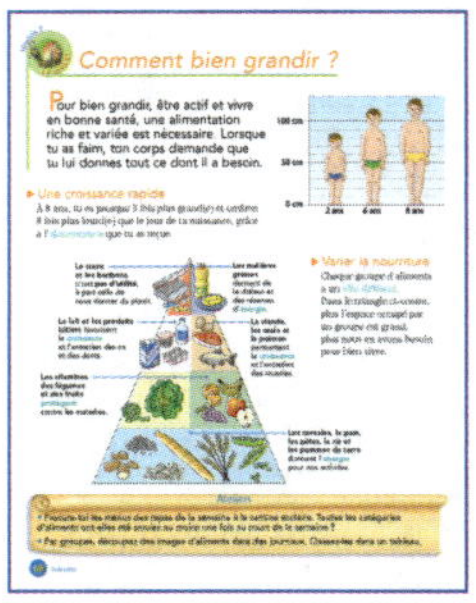

Module 7
Comment bien grandir ?
Vers les mathématiques
- Partant d'une comparaison (« haut comme 3 pommes »), concevoir qu'une mesure varie selon l'unité choisie (p. 61).
- À propos de tailles d'enfants, ajouter 10, 20, 30... (p. 63).
- Trouver le complément à 100 en utilisant son corps comme unité de mesure (les pas) (p. 64).
- Utiliser les unités de mesure de longueur (m et cm) en observant la croissance d'une plante alimentaire (p. 65).

Module 8
Comment se repérer dans la journée ?
Vers les mathématiques
- Aborder la notion de fraction d'heure à propos de location de matériel (p. 71).
- Calculer le double de la durée d'un trajet exprimée par un nombre de 2 chiffres (p. 72).
- Reconnaître un nombre pair ou impair dans un emballage d'objets (montres) (p. 73).
- Lire l'heure sur un cadran à aiguilles (pp. 74 et 75).

Module 9
Pourquoi faut-il faire du sport ?
Vers les mathématiques
- Travailler des techniques opératoires (addition) à propos de résultats sportifs (pp. 79 et 81).
- Définir le cercle à travers un mouvement (p. 80).
- Utiliser un chronomètre pour mesurer des performances sportives (p. 83).

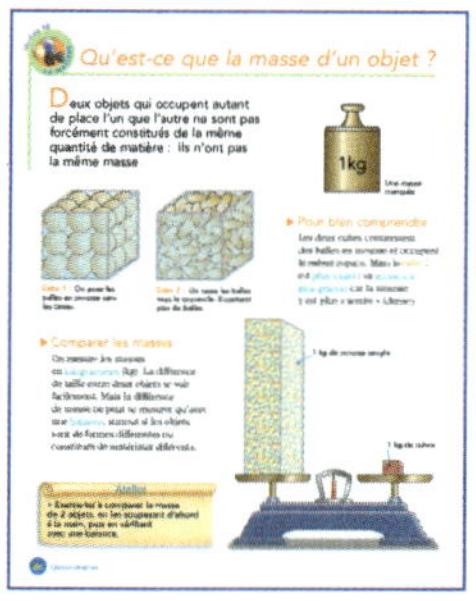

Module 10
Qu'est-ce que la masse d'un objet ?
Vers les mathématiques
- Utiliser une balance Roberval pour comparer des masses (p. 87).
- Découvrir le nombre 1 000 pour préparer la relation kg → g (pp. 88, 89 et 90).
- Travailler la technique de l'addition sur un problème de calcul de masse.

Module 11
Comment voyage le courrier ?
Vers les mathématiques
- Sur le thème du voyage, décoder et coder un déplacement de case en case et de nœud en nœud sur quadrillage (pp. 95 et 98).
- Découvrir la multiplication et les tables à propos de transport de courrier ou de personnes (pp. 96 et 97).
- Déterminer un axe de symétrie sur l'image d'un moyen de transport (p. 99).

Module 12
Les maisons se ressemblent-elles ?
Vers les mathématiques
- Compléter les connaissances sur la symétrie en observant des reflets de maisons dans l'eau (p. 105).
- Découvrir les propriétés de la multiplication en observant des maisons et leurs alignements dans le paysage (pp. 106 et 109).
- Observer l'image d'un appartement pour comprendre et utiliser la représentation d'un espace sous forme de plan (p. 108).

Module 13
Les objets ont-ils une histoire ?
Vers les mathématiques
- Observer une ascendance familiale en parallèle à l'évolution historique des objets (p. 113).
- Dans la logique de la représentation d'un arbre généalogique, découvrir les arbres à calculs (p. 114 et 115).
- Observer des relations temporelles pour aller vers une technique opératoire (× 10 et × 100) (p. 116).
- Découvrir le siècle à travers l'évolution d'un lieu (p. 117).

Module 14
Qu'est-ce qu'un bâtiment public ?
Vers les mathématiques
- Comparer une photographie urbaine et sa représentation sous forme de plan (p. 121).
- Faire des multiplications à propos de l'école du village (p. 122).
- Se repérer sur le plan d'un village (p. 123).
- Utiliser les formes de bâtiments pour reconnaître et nommer des solides (p. 124).
- Faire des multiplications à propos du mobilier urbain (p. 125).

Module 15
Pourquoi a-t-on besoin de machines ?
Vers les mathématiques
- Une machine bien pratique : utiliser une calculatrice pour additionner et multiplier (p. 129, 130 et 133).
- Faire des calculs (× 20, × 30,…) à propos d'une machine connue : la bicyclette (p. 131).

Module 16
Consommes-tu beaucoup d'eau ?
Vers les mathématiques
- Découvrir la mesure des capacités en observant des « jeux d'eau » (p. 139) et des contenants de produits alimentaires (p. 142).
- Travailler sur la soustraction à propos de problèmes de différence de contenance (pp. 140 et 141).
- Travailler sur le cercle en observant les « ronds dans l'eau » (p. 143).

Module 17
Pourquoi élève-t-on des animaux ?
Vers les mathématiques
- Partir d'observations sur les élevages d'animaux pour faire des soustractions (pp. 147, 149 et 150).
- Utiliser des représentations simplifiées d'animaux pour des exercices de communication et de constructions de figures géométriques (pp. 148 et 151).

Module 18
Comment poussent les plantes ?
Vers les mathématiques
- Se servir des préoccupations de jardiniers pour effectuer des soustractions avec ou sans calculatrice (pp. 155, 157 et 159).

Module 19
Partir à la mer ou à la montagne ?
Vers les mathématiques
- Observer la constance d'un écart d'âge entre deux enfants qui se retrouvent chaque année en vacances (p. 163).
- Calculer des durées à partir d'un itinéraire de voyage routier (p. 164) et du calendrier des vacances scolaires (p. 165).
- Faire des calculs sur la monnaie rendue au péage d'une autoroute (p. 167).

Qu'y a-t-il dans ton cartable ?

Au moment de la rentrée des classes, tu vérifies que ton cartable contient bien tout ce qu'il faut pour travailler. Tu vas en prendre soin tout au long de l'année.

Le matériel de l'écolier

À l'école, tu écris, tu dessines, tu colories, tu découpes, tu mesures, tu gommes… Ton cartable et ta trousse doivent toujours contenir le matériel nécessaire.

1

Des matières naturelles

Le bois des forêts (1) sert à fabriquer du papier et des crayons.
Des roches (2) produisent la craie, le métal (ciseaux, lame des taille-crayons…) ou le pétrole (3) d'où viennent les matières plastiques (règle, équerre, trousse…).

2

3

Prendre soin de son matériel

C'est indispensable pour mieux travailler et pour le conserver longtemps en bon état. Cela évite le gaspillage et permet de faire des économies d'argent, mais surtout de préserver la nature.

Atelier

• **Observe ton matériel de classe.** Essaie de classer les objets. Compte ceux qui contiennent du bois, du métal, de la matière plastique ou du papier ?

Objectifs : Lire et écrire les nombres de 0 à 10, en chiffres et en lettres. Dénombrer et connaître les décompositions de ces nombres.

Calcul mental : Dire des séries de 2, 3 et 4 nombres de 0 à 10. Les élèves doivent les mémoriser, puis les écrire au signal sur l'ardoise.

Les nombres de 0 à 10

Comment dénombrer sans erreur de petites quantités ?

Compte les objets, puis **écris** les nombres.

1 (une) règle 3 (trois) stylos

.... (deux) gommes

.... (sept) stylos-feutres

.... (six) crayons de couleur

.... (un) taille-crayon

.... (..............................) craies

.... (..............................) cahiers

.... (zéro) livre

Retiens bien

Tu peux écrire les nombres en chiffres ou en lettres.

0 zéro — 1 un — 2 deux
3 trois — 4 quatre — 5 cinq
6 six — 7 sept — 8 huit
9 neuf — 10 dix

1 Écris les nombres en lettres, du plus grand au plus petit à partir de 9.

neuf ....
....

2 Dessine les craies bleues, puis **écris** les nombres qui manquent.

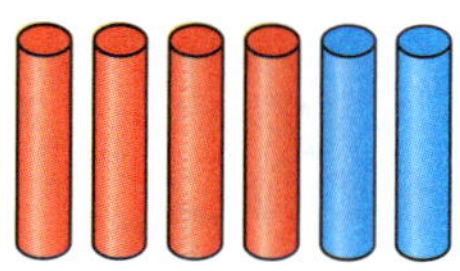

6 craies

4 **rouges** et 2 **bleues**

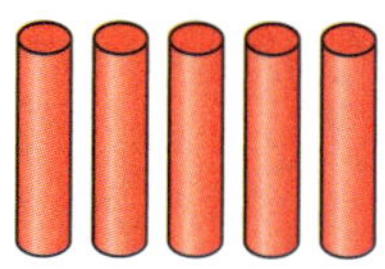

8 craies

5 **rouges** et .... **bleues**

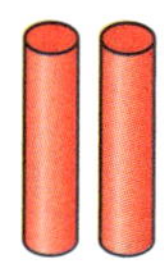

8 craies

.... **rouges** et .... **bleues**

3 On range ces crayons par boîtes de 10. **Combien** faut-il de boîtes ?

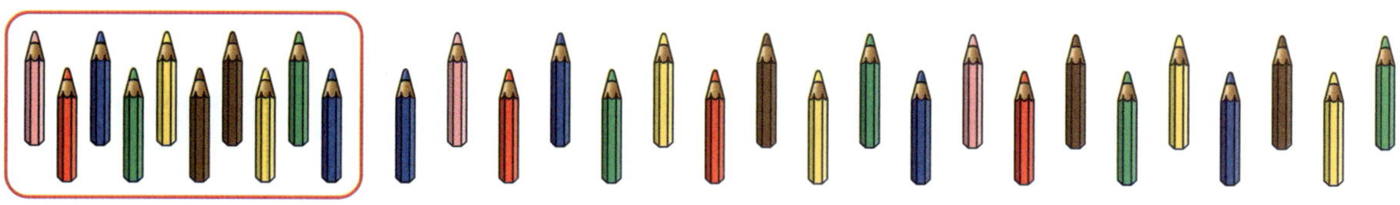

Il faut .... boîtes de 10 crayons.

Le coin du malin

Colorie 1 case en rouge, 2 cases en bleu, 3 cases en jaune, 4 cases en vert, 5 cases en noir, 6 cases en violet, 7 cases en orange, 8 cases en marron.
Combien reste-t-il de cases blanches ?

Il reste .... cases blanches.

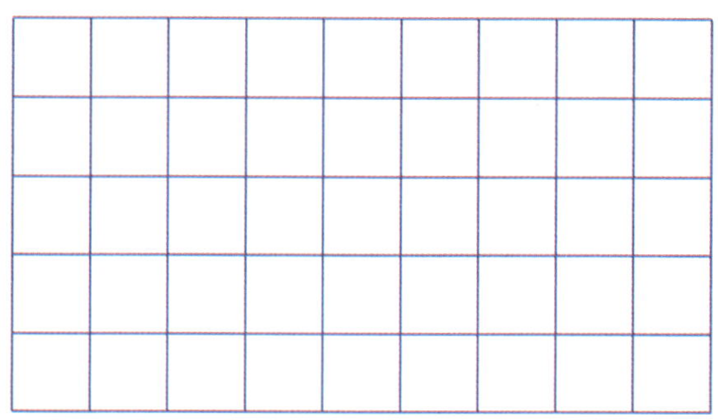

Objectifs : Lire et écrire les nombres de 10 à 19, en chiffres et en lettres. Les classer. Décomposer les nombres en dizaines et en unités.

Calcul mental : Dire un nombre compris entre 0 et 19. Faire écrire celui qui est juste avant ou juste après.
Dicter : « une dizaine et une unité ». Les enfants doivent écrire « 11 » et « onze » sur l'ardoise.

Les nombres de 10 à 19

Comment décomposer un nombre en dizaines et en unités ?

Retiens bien

10 Dix
11 Onze
12 Douze
13 Treize
14 Quatorze
15 Quinze
16 Seize
17 Dix-sept
18 Dix-huit
19 Dix-neuf

Tu peux décomposer les nombres en dizaines et en unités.

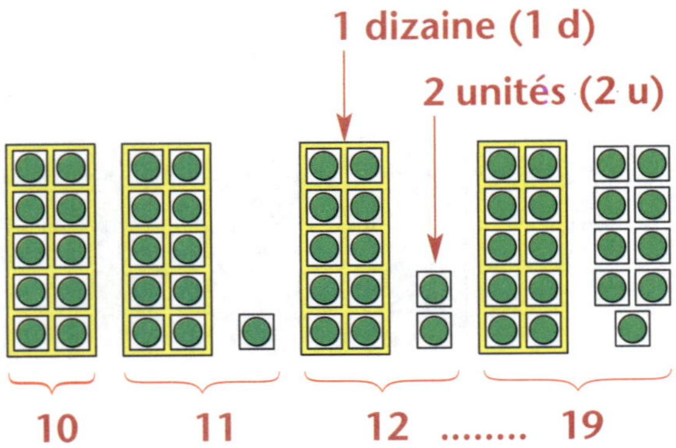

Continue à décomposer les nombres.

10 → 1 d et 0 u
11 → 1 d et 1 u
12 → .... d et .... u
13 → .... d et .... u
14 → .... d et .... u

15 → .... d et .... u
16 → .... d et .... u
17 → .... d et .... u
18 → .... d et .... u
19 → .... d et .... u

1 **Complète** selon le modèle.

dix → 10	treize →	dix-neuf →	quatorze → ....
.... → 15	.... → 12	.... → 17	.... → 18

2 **Entoure** les objets par 10, puis **écris** leur nombre.

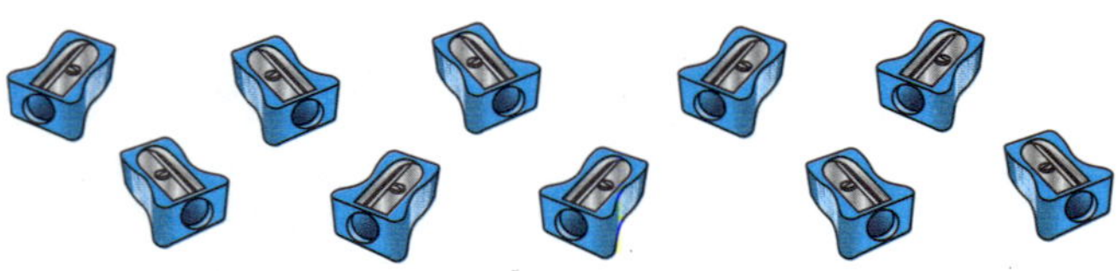

.... ou .... d et .... u

.... ou .... d et .... u

3 **Rétablis** la graduation avec tous ses numéros.

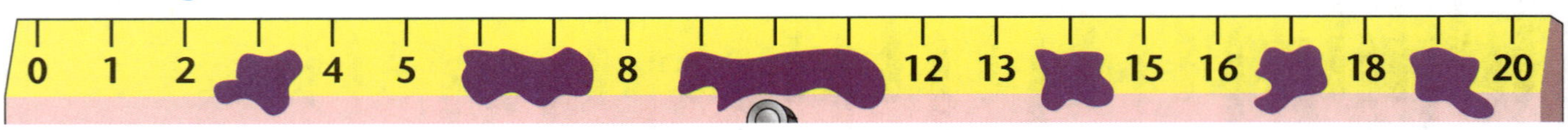

....

Le coin du malin

Le nombre qui manque dans cette liste est écrit **en lettres** au dos de l'ardoise.
Que verras-tu si tu la retournes ?

Je verrai « .... ».

Objectifs : Connaître le symbole (€ = euro) ainsi que les pièces et billets de 1 à 10 €. Appliquer la notion de dizaine à la monnaie.

Calcul mental : Montrer des sommes inférieures à 20 € en pièces et en billets. Faire écrire ces sommes sur l'ardoise. Donner oralement des sommes d'argent. Les faire matérialiser en pièces et en billets.

L'euro (€)

Comment manipuler les pièces et les billets sans se tromper ?

Lydie et Émile peuvent payer 10 € de différentes façons. **Vérifie** et **complète**.

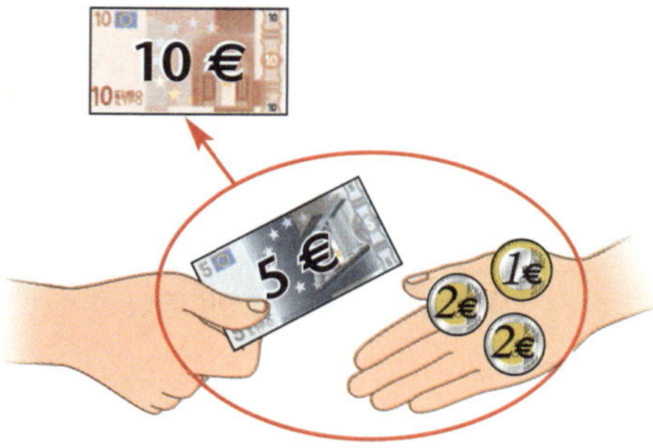

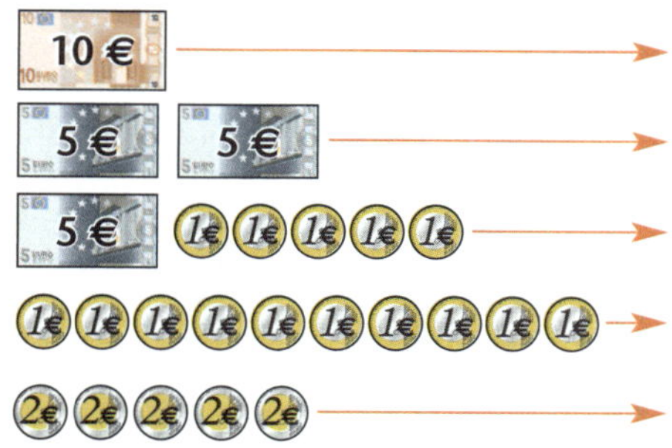

10 €
....
....
....
....

1 Entoure 4 sommes égales à 10 €.

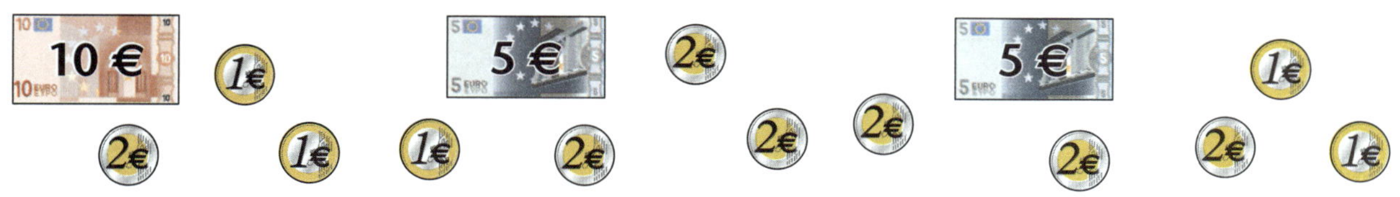

2 Écris la valeur de ces sommes d'argent.

.... € .... € .... € .... €

3 Écris la valeur des pièces et des billets pour obtenir 15 € dans chaque colonne.

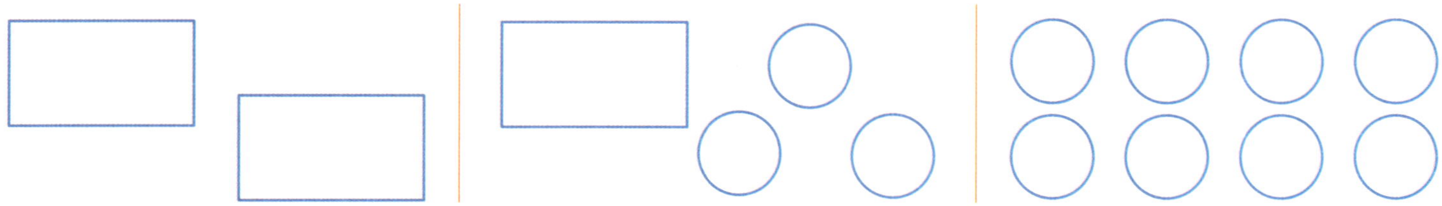

Problème

Thomas a 15 €. Lui restera-t-il de l'argent quand il aura payé les 2 objets qu'il veut acheter ?

Thomas va dépenser .... €.

Entoure la bonne réponse et **complète**-la si c'est nécessaire.

- Non, il ne lui restera pas d'argent.
- Oui, il lui restera .... €.

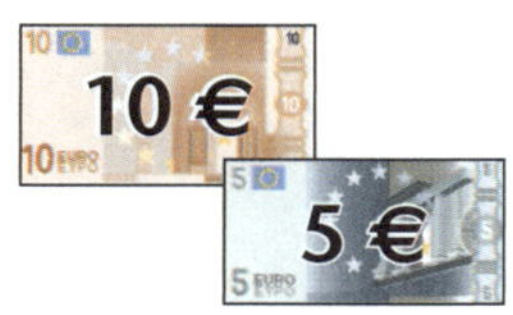

Objectifs : Identifier des lignes droites dans le plan. Tracer ou prolonger des lignes droites. Construire des segments de droites.

Calcul mental : Montrer 1 objet. Proposer 2 ou 3 prix pour cet objet. Les élèves écrivent le « juste prix » de l'objet. Proposer 5 objets et 5 prix. Les élèves écrivent le nom de chaque objet et son prix.

Ligne droite et segment de droite

Comment tracer une ligne droite ou un segment de droite ?

Observe, puis **continue de tracer** avec ta règle les segments de droites qui limitent le jeu de balle au prisonnier.

Retiens bien

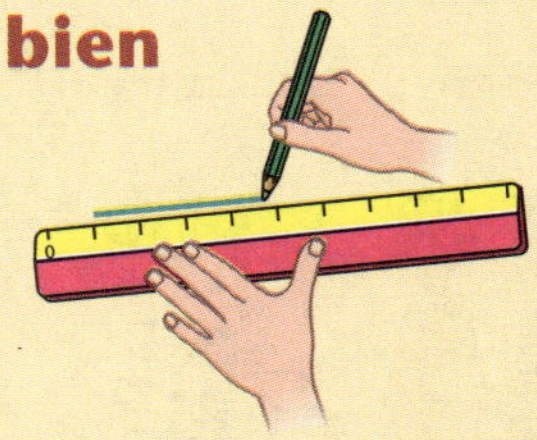

La ligne droite
Pour tracer une ligne droite, utilise ta règle.
Si la longueur de ta règle ou la taille de ta feuille n'étaient pas limitées, tu pourrais prolonger ta ligne à l'infini.

Le segment de droite
En limitant par 2 points un morceau d'une ligne droite, tu construis un **segment de droite**.

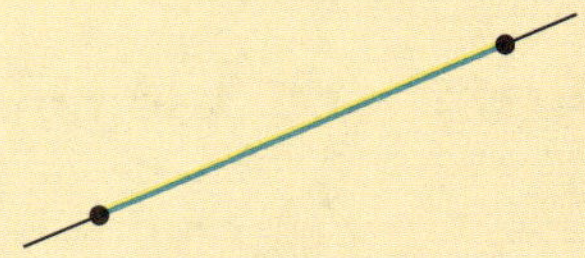

1 **Prolonge** avec ta règle les lignes droites de même couleur pour qu'elles se croisent.

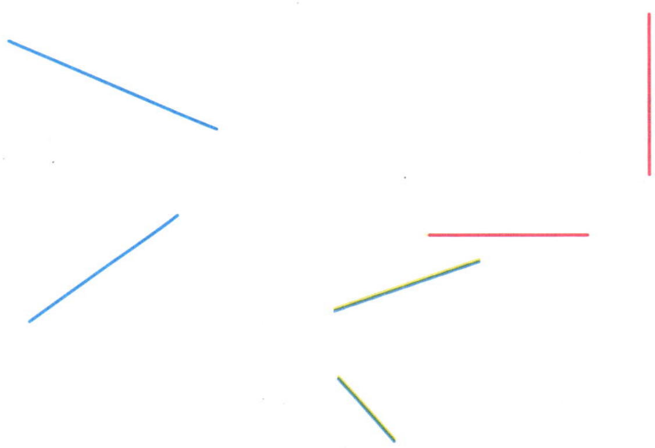

2 **Trace** avec ta règle 2 lignes droites qui se croisent sur le point rouge.

3 **Trace** avec ta règle les segments qui relient les cordes des 2 enfants qui portent le même maillot.

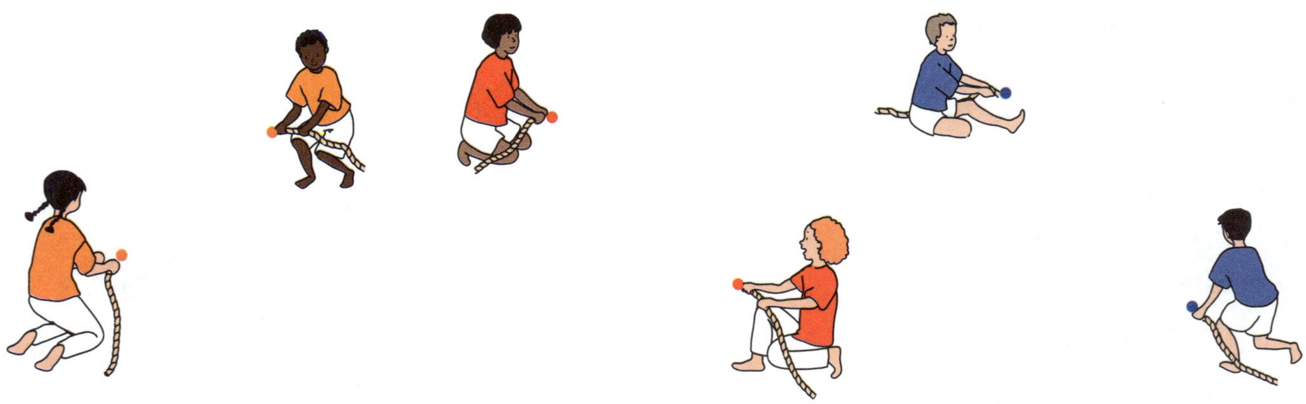

Objectifs : Reconnaître et construire des alignements de points.
Calcul mental : Dicter 3 nombres non consécutifs de 0 à 19. Au signal, les élèves les écrivent sur l'ardoise. Recommencer avec 4 nombres, puis 5.

Des points alignés

Comment vérifier si des points sont alignés ?

Observe.

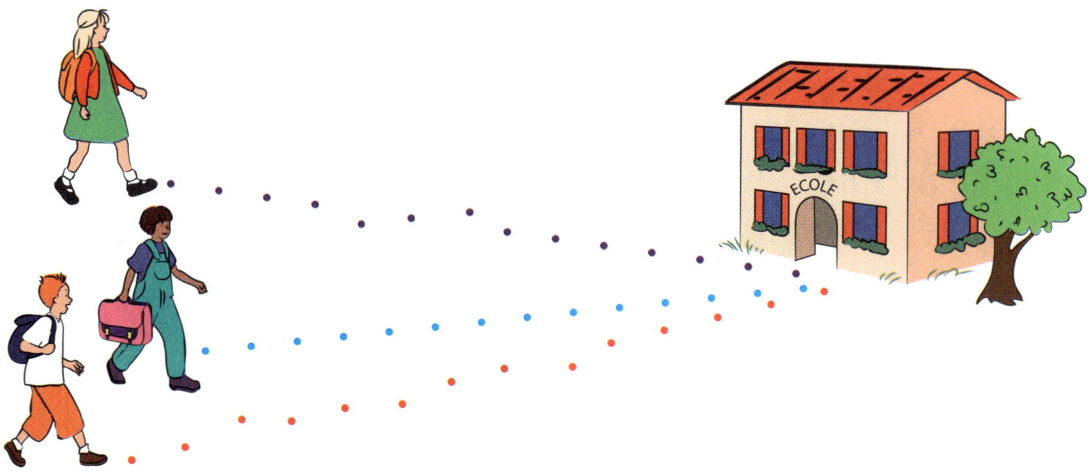

Lequel de ces 3 enfants se rend tout droit à l'école ? **Entoure**-le.

Retiens bien

Vérifie que des points sont alignés (sur la même ligne) en utilisant ta règle.

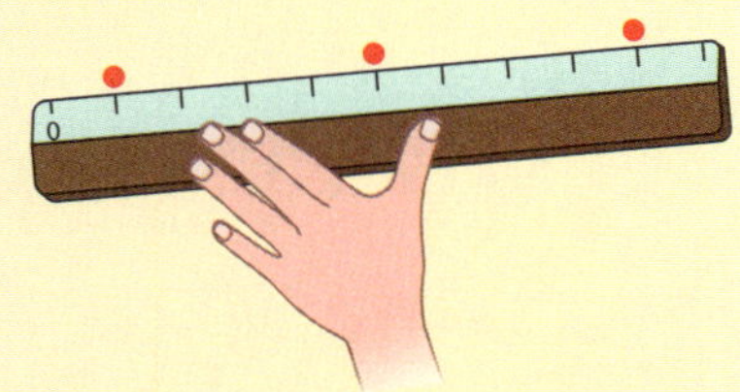

1 **Trace** avec ta règle une ligne sur laquelle 5 de ces enfants ont les pieds alignés.

2 **Joins** à chaque fois le point qui est aligné avec les 3 points déjà alignés.

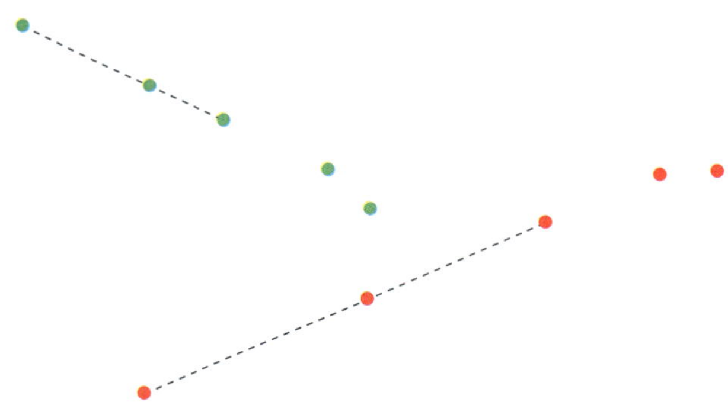

3 **Joins** les points A et D, puis **nomme** B et C les 2 points qui sont dans leur alignement.

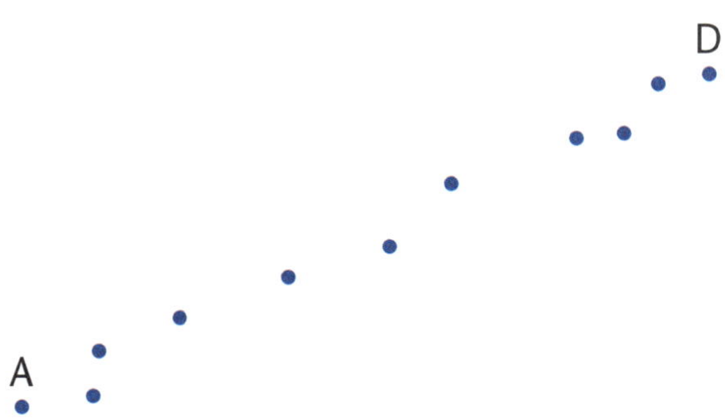

Le coin du malin

Combien de fois dans ce jeu :
- 4 pions rouges sont-ils alignés ? .... fois.
- 4 pions jaunes sont-ils alignés ? .... fois.

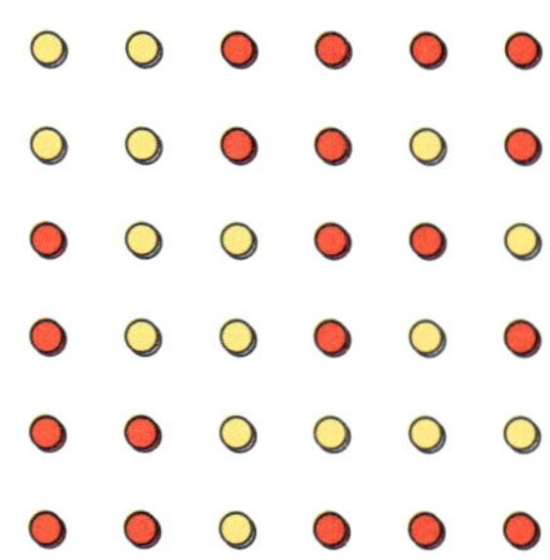

Avec quoi

Il y a longtemps, on a inventé l'écriture. Mais on n'a pas toujours écrit sur du papier, ni avec des crayons, des feutres ou des stylos à bille.

Un scribe égyptien

Il y a très longtemps

Les scribes gravaient les textes sur des tablettes de cire ou d'argile avec un bâtonnet pointu (un stylet) ou bien ils écrivaient à l'encre sur des feuilles de papyrus tressées.

Un moine copiste

Plus tard

Les copistes écrivaient sur des peaux de mouton (les parchemins) avec une tige de roseau bien taillée ou avec une plume d'oie.

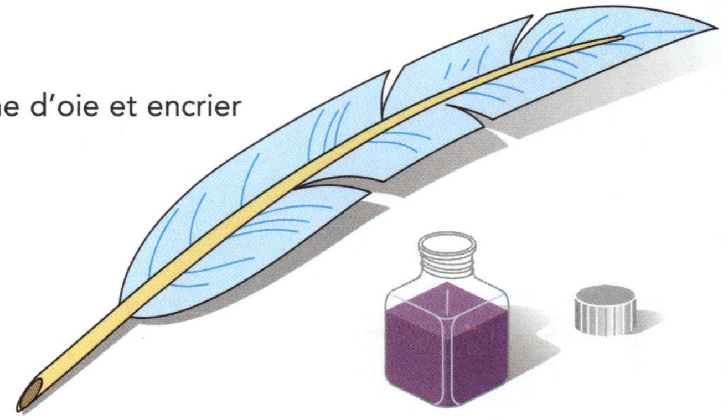
Plume d'oie et encrier

Ensuite

Le papier remplaça les parchemins et l'on fabriqua des porte-plumes avec des plumes en métal, beaucoup plus solides et plus pratiques.

écrit-on ?

▶ De nos jours

Aujourd'hui, tu utilises le crayon, le stylo-feutre, le stylo à bille ou à encre.

▶ Le crayon

En le taillant, de fins copeaux de bois se détachent et libèrent la mine. Sur le papier, la mine laisse une fine poussière, comme la craie sur le tableau de la classe.

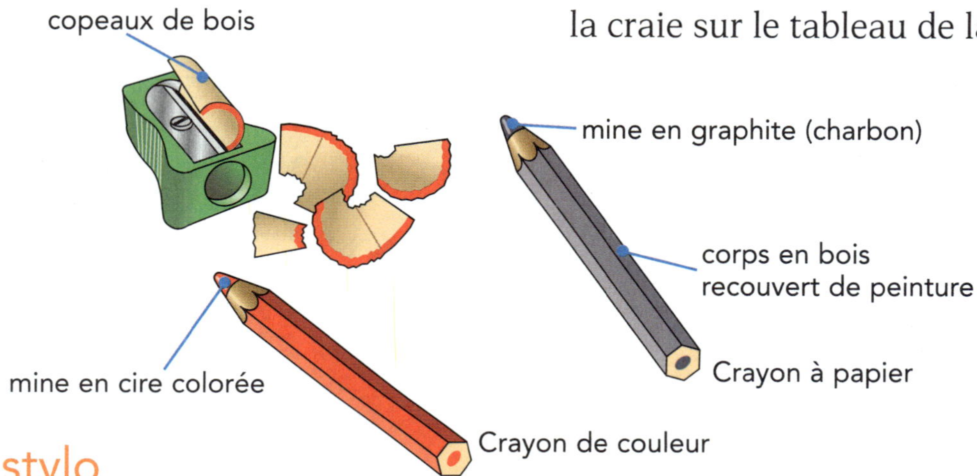

▶ Le stylo

Son corps renferme une réserve d'encre colorée. Lorsque tu l'utilises, l'encre coule petit à petit sur la pointe, puis se dépose sur le papier.

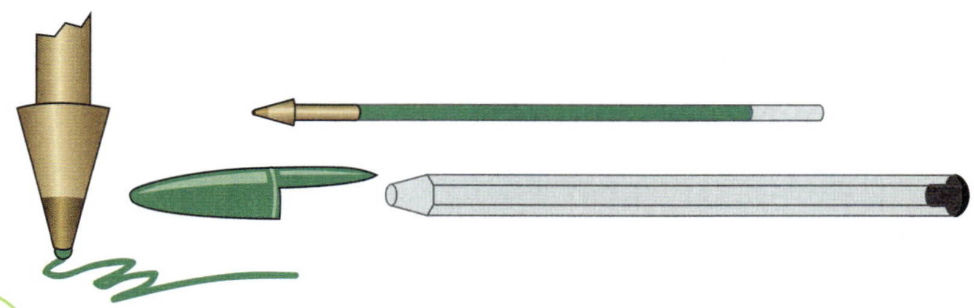

Un stylo à bille : une petite bille métallique se charge d'encre en roulant.

Retenir

Retrouve 3 mots de la leçon en remettant en ordre les lettres données.

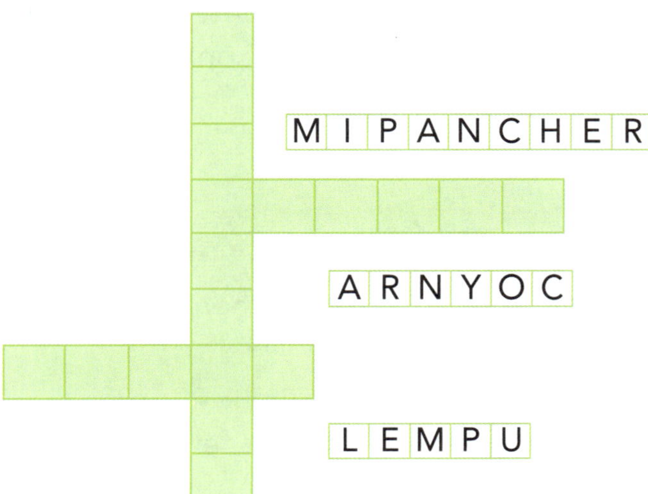

Atelier

• Reproduis ces dessins avec un crayon de couleur, un stylo à bille, un feutre et une craie. Quel instrument te paraît le plus pratique pour chaque dessin ?

Module 2 – LE TEMPS

À quoi sert le calendrier ?

Si tu veux savoir combien de jours te séparent de ton anniversaire, connaître le jour de ta fête ou savoir quel jour de la semaine on fêtera Noël, tu as besoin d'un calendrier.

▶ Qu'est-ce qu'un calendrier ?

Le calendrier indique sous forme de tableau les mois, les semaines et les jours de l'année.
On change de calendrier chaque année car le 1er janvier ne tombe pas tous les ans le même jour.

JANVIER	2003		
1	M	JOUR DE L'AN	01
2	J	S. Basile	
3	V	Se Geneviève	
4	S	S. Odilon	
5	D	Épiphanie	
6	L	S. Mélaine	02
7	M	S. Raymond	
8	M	S. Lucien	
9	J	Se Alix	
10	V	S. Guillaume	
11	S	S. Paulin	
12	D	Se Tatiana	
13	L	Se Yvette	
14	M	Se Nina	
15	M	S. Rémi	
16	J	S. Marcel	
17	V	Se Roseline	
18	S	Se Prisca	
19	D	S. Marius	

JANVIER	2004		
1	J	JOUR DE L'AN	01
2	V	S. Basile	
3	S	Se Geneviève	
4	D	Épiphanie	
5	L	S. Odilon	02
6	M	S. Mélaine	
7	M	S. Raymond	
8	J	S. Lucien	
9	V	Se Alix	
10	S	S. Guillaume	
11	D	S. Paulin	
12	L	Se Tatiana	
13	M	Se Yvette	
14	M	Se Nina	
15	J	S. Rémi	
16	V	S. Marcel	
17	S	Se Roseline	
18	D	Se Prisca	
19	L	S. Marius	

JANVIER	2005		
1	S	JOUR DE L'AN	
2	D	Épiphanie	
3	L	Se Geneviève	01
4	M	S. Odilon	
5	M	S. Édouard	
6	J	S. Mélaine	
7	V	S. Raymond	
8	S	S. Lucien	
9	D	Se Alix	
10	L	S. Guillaume	02
11	M	S. Paulin	
12	M	Se Tatiana	
13	J	Se Yvette	
14	V	Se Nina	
15	S	S. Rémi	
16	D	S. Marcel	
17	L	Se Roseline	03
18	M	Se Prisca	
19	M	S. Marius	

Les mois de janvier 2003, 2004 et 2005

MAI 2006		
1	L	F. DU TRAVAIL
2	M	S. Boris
3	M	S. Jacques / S. Philippe
4	J	S. Sylvain
5	V	Se Judith
6	S	Se Prudence
7	D	Se Gisèle
8	L	VICTOIRE 1945

La première semaine de mai 2006

	JANVIER	FÉVRIER	MARS	AVRIL	MAI	JUIN
1	S JOUR DE L'AN	M Se Ella 05	M S. Aubin 09	V S. Hugues	D FÊTE DU TRAVAIL	M S. Justin 22
2	D Épiphanie	M Présent. Seigneur	M S. Charles le Bon	S Se Sandrine	L S. Boris 18	J Se Blandine
3	L Se Geneviève 01	J S. Blaise	J Mi-Carême	D S. Richard	M S. Jacques / S. Philippe	V S. Kévin
4	M S. Odilon	V Se Véronique	V S. Casimir	L Annonciation 14	M S. Sylvain	S Se Clotilde
5	M S. Édouard	S Se Agathe	S Se Olivia	M Se Irène	J ASCENSION	D S. Igor
6	J S. Mélaine	D S. Gaston	D Se Colette	M S. Marcellin	V Se Prudence	L S. Norbert 23
7	V S. Raymond	L Se Eugénie 06	L Se Félicité 10	J S. J.-B. de la Salle	S Se Gisèle	M S. Gilbert
8	S S. Lucien	M Mardi Gras	M S. Jean de Dieu	V Se Julie	D VICTOIRE 1945	M S. Médard
9	D Se Alix	M Cendres	M Se Françoise	S S. Gautier	L S. Pacôme 19	J Se Diane
10	L S. Guillaume 02	J S. Arnaud	J S. Vivien	D S. Fulbert	M Se Solange	V S. Landry
11	M S. Paulin	V N.-D. de Lourdes	V Se Rosine	L S. Stanislas 15	M Se Estelle	S S. Barnabé
12	M Se Tatiana	S S. Félix	S Se Justine	M S. Jules	J S. Achille	D S. Guy
13	J Se Yvette	D 1er Dim. Carême	D S. Rodrigue	M Se Ida	V Se Rolande	L S. Antoine de P. 24
14	V Se Nina	L S. Valentin 07	L Se Mathilde 11	J S. Maxime	S S. Matthias	M S. Élisée
15	S S. Rémi	M S. Claude	M Se Louise	V S. Paterne	D PENTECÔTE	M Se Germaine
16	D S. Marcel	M Se Julienne	M Se Bénédicte	S S. Benoît-J. Labre	L S. Honoré 20	J S. J.-F. Régis
17	L Se Roseline 03	J S. Alexis	J S. Patrice	D S. Anicet	M S. Pascal	V S. Hervé
18	M Se Prisca	V Se Bernadette	V S. Cyrille	L S. Parfait 16	M S. Éric	S S. Léonce
19	M S. Marius	S S. Gabin	S S. Joseph	M Se Emma	J S. Yves	D Fête des Pères
20	J S. Sébastien	D Se Aimée	D Rameaux PRINTEMPS	M Se Odetta	V S. Bernardin	L S. Silvère 25
21	V Se Agnès	L S. Pierre Damien	L Se Clémence 12	J S. Anselme	S S. Constantin	M ÉTÉ
22	S S. Vincent	M Se Isabelle 08	M Se Léa	V S. Alexandre	D Trinité	M S. Alban
23	D S. Barnard	M S. Lazare	M S. Victorien	S S. Georges	L S. Didier 21	J Se Audrey
24	L S. François de Sales	J S. Modeste	J Se Cath. de Suède	D Souvenir Déportés	M S. Donatien	V S. Jean-Baptiste
25	M S. Conv. St Paul	V S. Roméo	V S. Humbert	L S. Marc 17	M Se Sophie	S Se Éléonore
26	M Se Paule 04	S S. Nestor	S Se Larissa	M Se Alida	J S. Bérenger	D S. Anthelme
27	J Se Angèle	D Se Honorine	D PÂQUES	M Se Zita	V S. Augustin de C.	L S. Fernand 26
28	V S. Thomas d'Aquin	L S. Romain	L S. Gontran 13	J Se Valérie	S S. Germain	M S. Irénée
29	S S. Gildas		M Se Gwladys	V Se Cath. de Sienne	D S. Sacre. F. des Mères	M S. Pierre / S. Paul
30	D Se Martine		M S. Amédée	S S. Robert	L S. Ferdinand	J S. Martial
31	L Se Marcelle		J S. Benjamin		M Visitation	

Le calendrier 2005 (les six premiers mois de l'année)

▶ Les jours fériés

Les dimanches et les jours de fête (Jour de l'An, Noël, Pâques, etc.) sont des jours fériés. Normalement, personne ne travaille ces jours-là. Ils sont souvent colorés sur les calendriers.

Ateliers

- Sur le calendrier de cette année, recherche quels jours tombent le 1er Mai et le 14 Juillet.
- Compte combien de jours te séparent de Noël.
- En groupes, recherchez vos dates de fête sur un calendrier.

Objectifs : Lire, utiliser et construire un tableau à double entrée.

Calcul mental : Donner rapidement une suite de sept nombres de 0 à 19 en en oubliant un : « 9, 10, 11, 13, 14, 15, 16 ». Les élèves écrivent sur l'ardoise le nombre qui manque. Recommencer en comptant à rebours.

Se repérer dans un tableau (1)

Comment utiliser un tableau à double entrée ?

Observe.

Pour savoir quand je nourris le hamster, je cherche mon nom en suivant la flèche jaune.

Pour savoir ce que je fais le mardi, je cherche mon nom en suivant la flèche bleue.

Stéphane Valentin

Semaine du 5 au 9 octobre **Tableau des tâches**

tâche \ jour	lundi 05	mardi 06	jeudi 08	vendredi 09
Effacer le tableau	Éric	Éric	Pauline	Pauline
Nourrir le hamster	Franck	Aurélie	Aurélie	Stéphane
Ranger la bibliothèque	Arthur	Valentin	Hussein	Hussein
Distribuer les cahiers	Élodie	Élodie	Élodie	Élodie

Complète.

Qui distribue les cahiers toute la semaine ? ....

Qui efface le tableau le jeudi et le vendredi ? ....

Quel jour Franck nourrit-il le hamster ? ....

Aurélie rangera-t-elle la bibliothèque cette semaine ? ....

1 Observe l'exemple, puis complète le tableau avec le prénom des enfants.

short \ t-shirt				
	....	....	....	....
	Max	....	....	....
	....	....	....	....
	....	....	....	....

Jules Léa Max Marion

2 Continue de construire le tableau des effectifs de la semaine en écrivant ces informations :

- Lundi et mardi, il y avait 23 élèves présents en CE1, puis 22 élèves, jeudi et vendredi.
- Toute la semaine, les 26 élèves de CE2 étaient présents.
- Mardi, jeudi et vendredi, il y avait 2 absents en CP.

classe \ jour	lundi	mardi	jeudi	vendredi
CP	25	....	....	....
CE1	....	....	....	....
CE2	....	....	....	....

Objectifs : Se repérer sur un calendrier. Savoir le lire et en extraire des informations.
Calcul mental : Faire le portrait d'un nombre. *Ex.* : C'est un nombre de 2 chiffres dont le chiffre des unités précède 4 et le chiffre des dizaines suit 3. C'est… ? Ce nombre a les 2 mêmes chiffres. Il est entre 18 et 30. C'est… ?

Des jours, des semaines, des mois

Comment lire un calendrier ?

Observe.

AOÛT 2005

L	M	M	J	V	S	D
1	2	3	4	5	6	7
8	9	10	11	12	13	14
15	16	17	18	19	20	21
22	23	24	25	26	27	28
29	30	31				

lundi ……………… (J) ……………… (D)

Une semaine

Tous les mardis du mois

Le mois d'août compte 31 jours.

Complète les pointillés, puis **colorie** tous les samedis de ce mois d'août 2005.

1 **Écris** les noms des jours en regardant le calendrier du mois d'août 2005 ci-dessus ou ci-dessous.

mercredi 3 ……………… 16 ……………… 18
……………… 27 ……………… 14 ……………… 29

2 **Compare** cette autre représentation du mois d'août 2005 avec celle du haut de la page.

AOÛT

1	L	S. Alphonse	31
2	M	S. Julien-Eym.	
3	M	S^e Lydie	
4	J	S. J.-M. Vianney	
5	V	S. Abel	
6	S	Transfiguration	
7	D	S. Gaétan	
8	L	S. Dominique	32
9	M	S. Amour	
10	M	S. Laurent	
11	J	S^e Claire	
12	V	S^e Clarisse	
13	S	S. Hippolyte	
14	D	S. Évrard	
15	L	ASSOMPTION	33
16	M	S. Armel	
17	M	S. Hyacinthe	
18	J	S^e Hélène	
19	V	S. Jean-Eudes	
20	S	S. Bernard	
21	D	S. Christophe	
22	L	S. Fabrice	34
23	M	S^e Rose de L.	
24	M	S. Barthélemy	
25	J	S. Louis	
26	V	S^e Natacha	
27	S	S^e Monique	
28	D	S. Augustin	
29	L	S^e Sabine	35
30	M	S. Fiacre	
31	M	S. Aristide	

- Explique comment sont écrits les noms des jours.

………………………………………………

- Explique comment sont disposées les semaines.

………………………………………………

- Quels nouveaux renseignements trouves-tu ?

………………………………………………

- On fête les enfants qui se prénomment Laurent le 10 août.
À quelle date fête-t-on les Sabine ?

………………………………………………

Le coin du malin

Paul part à la mer la deuxième semaine du mois d'août 2005 et à la montagne du 15 au 28 août. Il aura 8 ans le 13 août.
Fêtera-t-il son anniversaire à la mer ou à la montagne ?

Il fêtera son anniversaire à la ………………………………

Objectifs : Lire et écrire les nombres de 20 à 49, en chiffres et en lettres. Les classer. Vérifier la compréhension de la notion de dizaine.

Calcul mental : Dicter des nombres (de 0 à 49). Les enfants doivent les écrire, ou écrire seulement le chiffre des unités ou seulement celui des dizaines.

Les nombres de 20 à 49

Comment écrire les nombres de 20 à 49 sans se tromper ?

Observe l'éphéméride, puis **complète** les feuillets qui restent à enlever pour le mois d'octobre.

21 31

Retiens bien

20 vingt	21 vingt et un…	29 vingt-neuf
30 trente	31 trente et un…	39 trente-neuf
40 quarante	41 quarante et un…	49 quarante-neuf

1 Écris les nombres en chiffres, puis en lettres sous chaque collection.

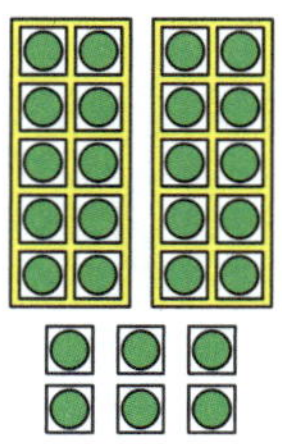

.... / ....

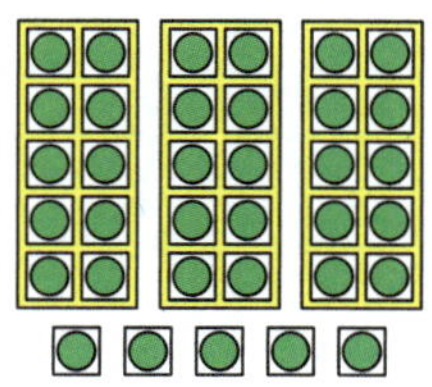

.... / ....

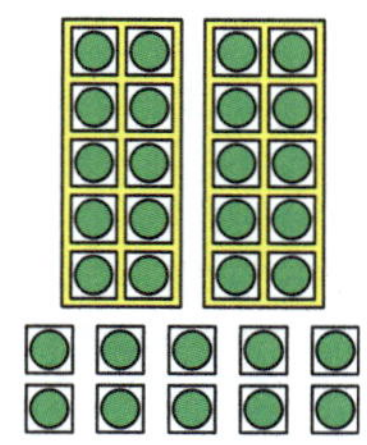

.... / ....

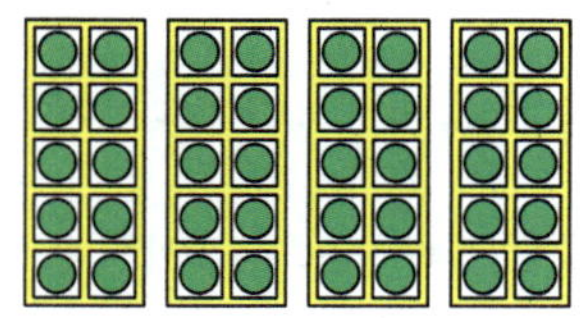

.... / ....

2 Colorie ce qui est demandé, puis **écris** les nombres en lettres et en chiffres.

2 dizaines et 3 unités

10 dix	10 dix	10 dix	○○○○○ ○○○○○

....

....

3 dizaines et 2 unités

10 dix	10 dix	10 dix	○○○○○ ○○○○○

....

....

3 Complète selon le modèle.

22	23	24
....	31	....
....	29	....
....	20	....
....	48	....
....	40	....

Le coin du malin

Entoure le jour de l'anniversaire de Salhia : c'est un mardi, et son chiffre des unités est 1.

MOIS DE JANVIER

L	M	M	J	V	S	D
		1	2	3	4	5
6	7	8	9	10	11	12
13	14	15	16	17	18	19
20	21	22	23	24	25	26
27	28	29	30	31		

Objectifs : Concevoir différentes écritures additives d'un même nombre. Rappeler la notion d'addition de plusieurs nombres (vue au CP).

Calcul mental : Dire un nombre (compris entre 0 et 49). Les élèves écrivent sur l'ardoise une décomposition additive de ce nombre. On compare les différents résultats.

Le signe « plus » (+)

Comment concevoir un nombre comme la somme de deux autres ?

Observe les calendriers, puis **complète** le tableau.

SEPTEMBRE

L	M	M	J	V	S	D
		1	2	3	4	5
6	7	8	9	10	11	12
13	14	15	16	17	18	19
20	21	22	23	24	25	26
27	28	29	30			

OCTOBRE

L	M	M	J	V	S	D
				1	2	3
4	5	6	7	8	9	10
11	12	13	14	15	16	17
18	19	20	21	22	23	24
25	26	27	28	29	30	31

	 Judo (lundi)	 Piano (jeudi)	 Natation (samedi)
Nombre de leçons en septembre	4	5	....
Nombre de leçons en octobre	4	4	....
Nombre total	4 + 4 ou 8	...... + ... ou	...... + ... ou ......

1 Complète selon le modèle.

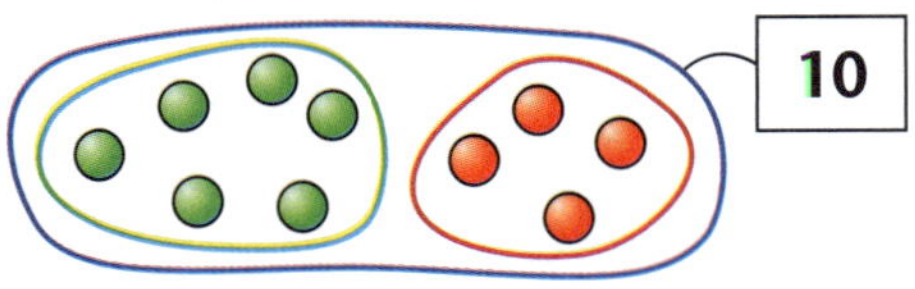

6 + 4 ou 4 + 6

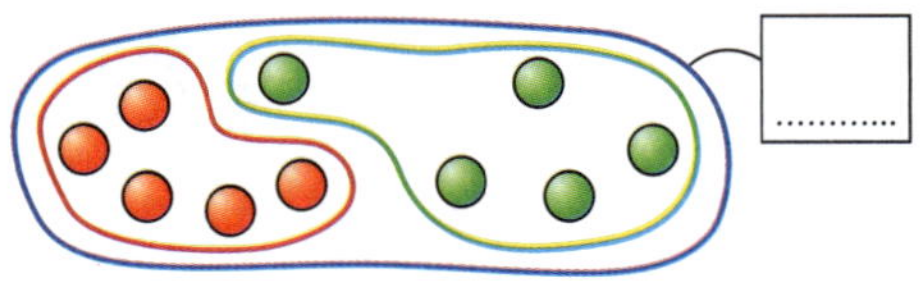

.... + ...

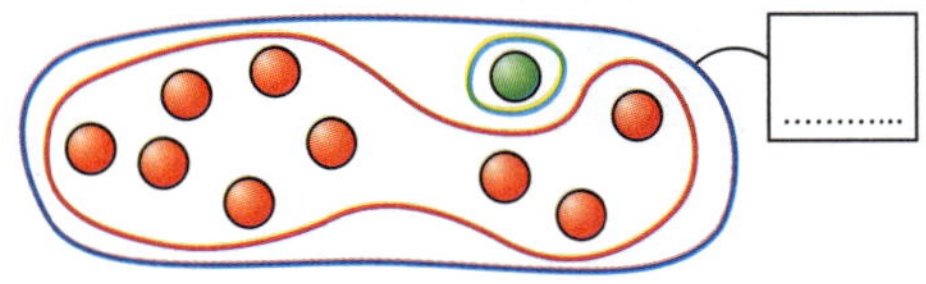

.... + ... ou .... + ...

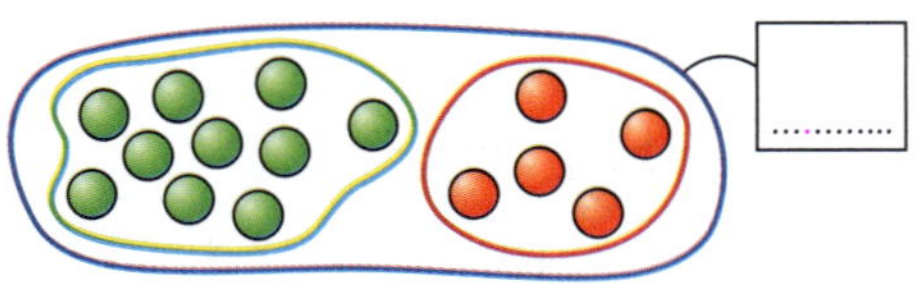

.... + ... ou .... + ...

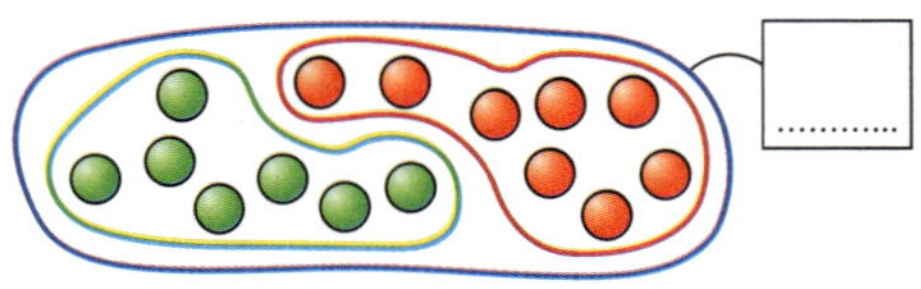

.... + ... ou .... + ...

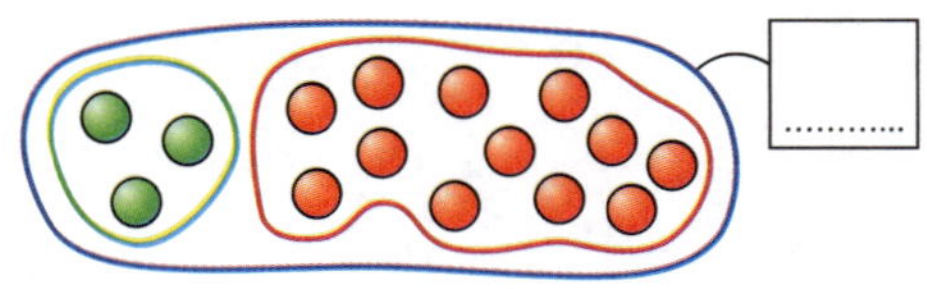

.... + ... ou .... + ...

2 Décompose les nombres donnés en utilisant le signe +.

16 → 10 + 6	35 → .... + 5	24 → 20 + ...	45 → 40 ....
16 → 11	35 → 20	24 → 10	45 → 30 ....
16 → 12	35 → 10	24 → 0	45 → 20 ....

Le coin du malin

Colorie les étiquettes qui portent le nombre 35.

30 + 5	10 + 10 + 10	trente-cinq	33 + 2	40 + 2	30 + 10
30 + 6	10 + 10 + 10 + 5	20 + 10 + 5	35	trente-deux	33

Objectif : Utiliser le calendrier.

Calcul mental : Donner 4 nombres de 2 chiffres. Les enfants les notent et les classent du plus petit au plus grand.

Une année

Comment utiliser un calendrier ?

Observe.

JUILLET			AOÛT			SEPTEMBRE			OCTOBRE			NOVEMBRE			DÉCEMBRE		
1	V	S. Thierry	1	L	S. Alphonse 31	1	J	S. Gilles 35	1	S	S^{e} Thér. de l'E.-J	1	M	TOUSSAINT 44	1	J	S^{e} Florence 48
2	S	S. Martinien	2	M	S. Julien-Eym.	2	V	S^{e} Ingrid	2	D	S. Léger	2	M	Défunts	2	V	S^{e} Viviane
3	D	S. Thomas	3	M	S^{e} Lydie	3	S	S. Grégoire	3	L	S. Gérard 40	3	J	S. Hubert	3	S	S. Xavier
4	L	S. Florent	4	J	S. J.-M. Vianney	4	D	S^{e} Rosalie	4	M	S. Fr. d'Assise	4	V	S. Charles	4	D	S^{e} Barbara
5	M	S. Antoine 27	5	V	S. Abel	5	L	S^{e} Raïssa 36	5	M	S^{e} Fleur	5	S	S^{e} Sylvie	5	L	S. Gérald 49
6	M	S^{e} Mariette	6	S	Transfiguration	6	M	S. Bertrand	6	J	S. Bruno	6	D	S^{e} Bertille	6	M	S. Nicolas
7	J	S. Raoul	7	D	S. Gaétan	7	M	S^{e} Reine	7	V	S. Serge	7	L	S^{e} Carine 45	7	M	S. Ambroise
8	V	S. Thibaut	8	L	S. Dominique 32	8	J	Nativité N.-D.	8	S	S^{e} Pélagie	8	M	S. Geoffroy	8	J	Im. Concept.
9	S	S^{e} Amandine	9	M	S. Amour	9	V	S. Alain	9	D	S. Denis	9	M	S. Théodore	9	V	S. Pierre-F.
10	D	S. Ulrich	10	M	S. Laurent	10	S	S^{e} Inès	10	L	S. Ghislain 41	10	J	S. Léon	10	S	S. Romaric
11	L	S. Benoît 28	11	J	S^{e} Claire	11	D	S. Adelphe	11	M	S. Firmin	11	V	ARMISTICE 18	11	D	S. Daniel
12	M	S. Olivier	12	V	S^{e} Clarisse	12	L	S. Apollinaire 37	12	M	S. Wilfried	12	S	S. Christian	12	L	S^{e} Jean. Fr.-Ch. 50
13	M	SS. Henri, Joël	13	S	S. Hippolyte	13	M	S. Aimé	13	J	S. Géraud	13	D	S. Brice	13	M	S^{e} Lucie
14	J	FÊTE NATION.	14	D	S. Évrard	14	M	La S^{e} Croix	14	V	S. Juste	14	L	S. Sidoine 46	14	M	S^{e} Odile
15	V	S. Donald	15	L	ASSOMPTION 33	15	J	S. Roland	15	S	S^{e} Thér. d'Avila	15	M	S. Albert	15	J	S^{e} Ninon
16	S	N.-D. Mt-Carmel	16	M	S. Armel	16	V	S^{e} Édith	16	D	S^{e} Edwige	16	M	S^{e} Marguerite	16	V	S^{e} Alice
17	D	S^{e} Charlotte	17	M	S. Hyacinthe	17	S	S. Renaud	17	L	S. Baudouin 42	17	J	S^{e} Élisabeth	17	S	S. Gaël
18	L	S. Frédéric 29	18	J	S^{e} Hélène	18	D	S^{e} Nadège	18	M	S. Luc	18	V	S^{e} Aude	18	D	S. Gatien
19	M	S. Arsène	19	V	S. Jean-Eudes	19	L	S^{e} Émilie 38	19	M	S. René	19	S	S. Tanguy	19	L	S. Urbain 51
20	M	S^{e} Marina	20	S	S. Bernard	20	M	S. Davy	20	J	S^{e} Adeline	20	D	S. Edmond	20	M	S. Abraham
21	J	S. Victor	21	D	S. Christophe	21	M	S. Matthieu	21	V	S^{e} Céline	21	L	Prés. Marie 47	21	M	S. Pierre C.
22	V	S^{e} Marie-Mad.	22	L	S. Fabrice 34	22	J	S. Maurice	22	S	S^{e} Élodie	22	M	S^{e} Cécile	22	J	HIVER
23	S	S^{e} Brigitte	23	M	S^{e} Rose de L.	23	V	AUTOMNE	23	D	S. Jean de C.	23	M	Christ Roi	23	V	S. Armand
24	D	S^{e} Christine	24	M	S. Barthélemy	24	S	S^{e} Thècle	24	L	S. Florentin 43	24	J	S^{e} Flora	24	S	S^{e} Adèle
25	L	S. Jacques 30	25	J	S. Louis	25	D	S. Hermann	25	M	S. Crépin	25	V	S^{e} Cath. L.	25	D	NOËL
26	M	SS. Anne, Joach.	26	V	S^{e} Natacha	26	L	SS. Côme, Dam.	26	M	S. Dimitri	26	S	S^{e} Delphine	26	L	S. Étienne 52
27	M	S^{e} Nathalie	27	S	S^{e} Monique	27	M	S. Vinc. de P. 39	27	J	S^{e} Émeline	27	D	S. Séverin	27	M	S. Jean
28	J	S. Samson	28	D	S. Augustin	28	M	S. Venceslas	28	V	SS. Simon, Jude	28	L	S. Jacq. de la M.	28	M	SS. Innocents
29	V	S^{e} Marthe	29	L	S^{e} Sabine	29	J	S. Michel	29	S	S. Narcisse	29	M	S. Saturnin	29	J	S. David
30	S	S^{e} Juliette	30	M	S. Fiacre	30	V	S. Jérôme	30	D	S^{e} Bienvenue	30	M	Avent	30	V	S. Roger
31	D	S. Ignace de L.	31	M	S. Aristide				31	L	S. Quentin				31	S	S. Sylvestre

Complète. Ce calendrier présente les 6 derniers mois de l'année 2005. **Écris** dans l'ordre les noms des 6 premiers mois de l'année (aide-toi de la page 18).

....

....

....

....

....

....

1 Complète les feuilles détachées de l'éphéméride en t'aidant du calendrier ci-dessus.

mardi 4 octobre S.	.... 8 août S. Dominique	jeudi 13 .... S. Géraud	.... 4 décembre S^{e} ....

2 Complète la liste des 12 mois de l'année, puis **écris** leur numéro.

janvier 01	....	mars 03	....	mai	....
juillet	....	septembre	....	novembre	....

3 Écris en quel mois de l'année ont lieu ces événements.

Noël

décembre

Pâques

....

Mardi gras

....

Fête du Travail

....

Fête nationale

....

Fête des Mères

....

Qu'est-ce qu'un jour,

C'est en observant les mouvements de la Terre et de la Lune que les hommes ont établi le calendrier.

Un savant observe le ciel.

La Terre :
le jour et la nuit.

▸ Un jour

C'est le temps que met la Terre pour faire un tour sur elle-même. En un jour, le Soleil n'éclaire à tout moment qu'une seule moitié de la Terre qui tourne. Il fait jour dans la moitié éclairée et nuit dans l'autre moitié.

▸ Un mois

C'est le temps que met la Lune pour faire le tour de la Terre. Vue de la Terre, la Lune change de forme au cours du mois.

La Lune tourne autour de la Terre.

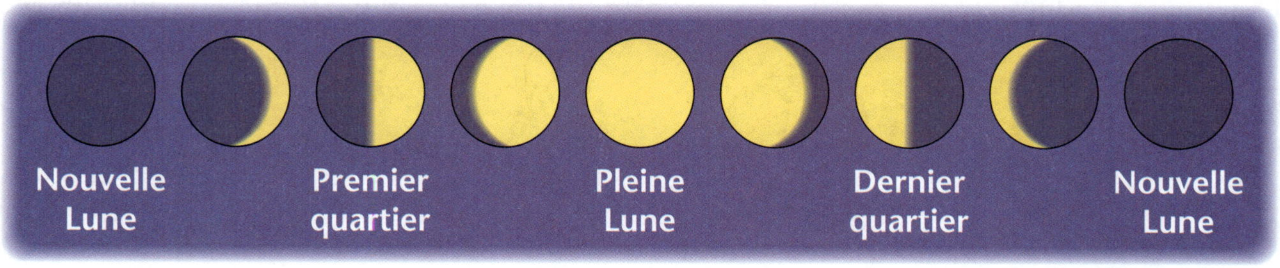

Les phases de la Lune

un mois, une année ?

▶ Une année

C'est le temps que met la Terre pour faire un tour complet autour du Soleil.
Au cours de son voyage annuel autour du Soleil, la Terre reçoit plus ou moins de chaleur.
C'est ce qui provoque les saisons.

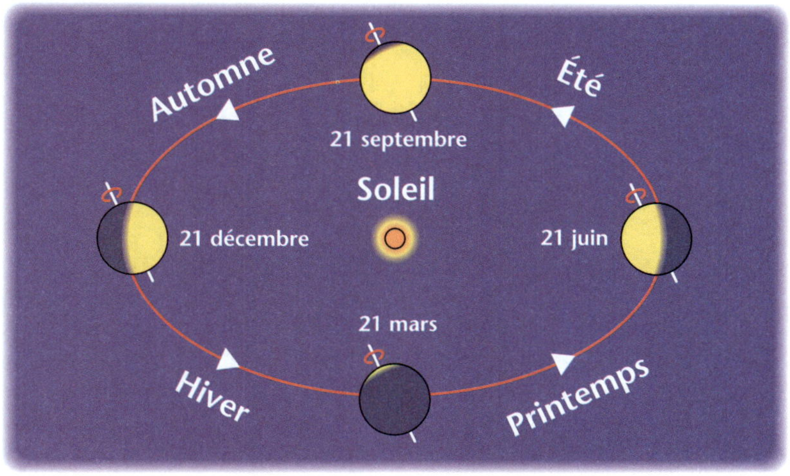

Le cycle des saisons

Hiver			Printemps			Été			Automne		
21 décembre	janvier	février	21 mars	avril	mai	21 juin	juillet	août	21 septembre	octobre	novembre

Retenir

Écris « vrai » ou « faux ».

- La Terre tourne autour du Soleil : ....
- La Terre tourne autour de la Lune : ....
- S'il fait jour ou nuit, c'est parce que la Terre tourne sur elle-même : ....
- L'hiver est la saison la plus chaude de l'année : ....
- Il y a 4 saisons : ....
- Le mois de mai est en été : ....
- Le mois de janvier est en hiver : ....
- Le printemps suit l'automne : ....

Atelier

- Cherche la signification de ces expressions : « Être dans la lune » – « Avoir les pieds sur terre » – « Être beau comme un astre ».

Comment bouge ton corps ?

Tu es un être animé : tu peux bouger, te déplacer et réaliser les gestes indispensables à ta vie.

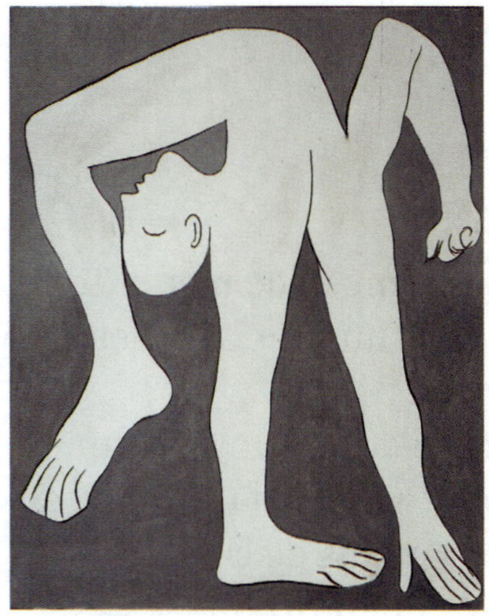

Un acrobate vu par un peintre, Pablo Picasso.

Comment peux-tu bouger ?

Trois éléments principaux te permettent de faire des mouvements :
– les articulations entre les différentes parties de ton corps ;
– les muscles qui donnent la force nécessaire ;
– la peau qui se tend ou se détend souplement pour suivre les mouvements.

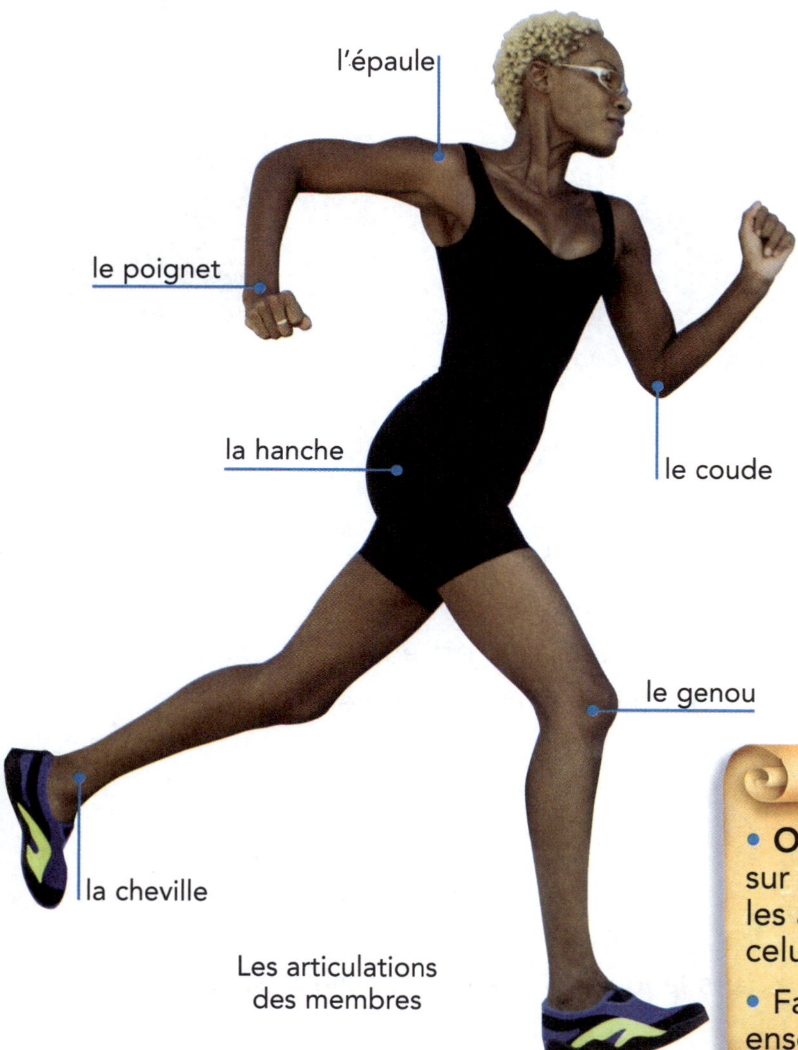

Les articulations des membres

Les articulations ne permettent pas n'importe quel mouvement.

Par exemple, tu ne pourrais pas prendre certaines positions de ces mannequins. À toi de trouver lesquelles !

Ateliers

- **Observe et dessine.** Trace le contour de ta main sur une feuille de papier. Entoure en rouge les articulations des doigts. Compare ton dessin avec celui des autres élèves.
- Fais bouger toutes ces articulations, d'abord ensemble, puis l'une après l'autre : est-ce facile ?

Objectifs : Comprendre et utiliser le vocabulaire spatial.

Calcul mental : Donner un nombre compris entre 0 et 49, puis deux sommes dont une seule est égale à ce nombre. Les élèves l'écrivent sur l'ardoise. Donner deux nombres, puis une somme. Les élèves écrivent sur l'ardoise le nombre qui correspond à la somme.

Se repérer dans l'espace

Comment se repérer dans l'espace ?

Observe.

Aurélie Hugo Élie Sophia

Complète.

- Il tient 1 balle derrière sa tête et 1 sur son mollet. Il s'appelle ....
- Elle tient 2 balles entre ses pieds et 1 dans ses mains. Elle s'appelle ....
- Elle tient 1 balle sur sa tête et 1 entre ses genoux. Elle s'appelle ....
- Il tient 1 balle devant son visage et 1 sous son pied. Il s'appelle ....

1 Entoure l'enfant qui est sur le tapis à l'intérieur du cerceau.

2 Entoure l'enfant qui est en haut de l'espalier sous le fanion rouge.

3 Continue de dessiner la corde.
Elle passe derrière le cou de Franck, à l'intérieur du cerceau de Rachid, sous le ventre de Tan, entre les jambes de Clovis et sur les genoux de Jeanne.

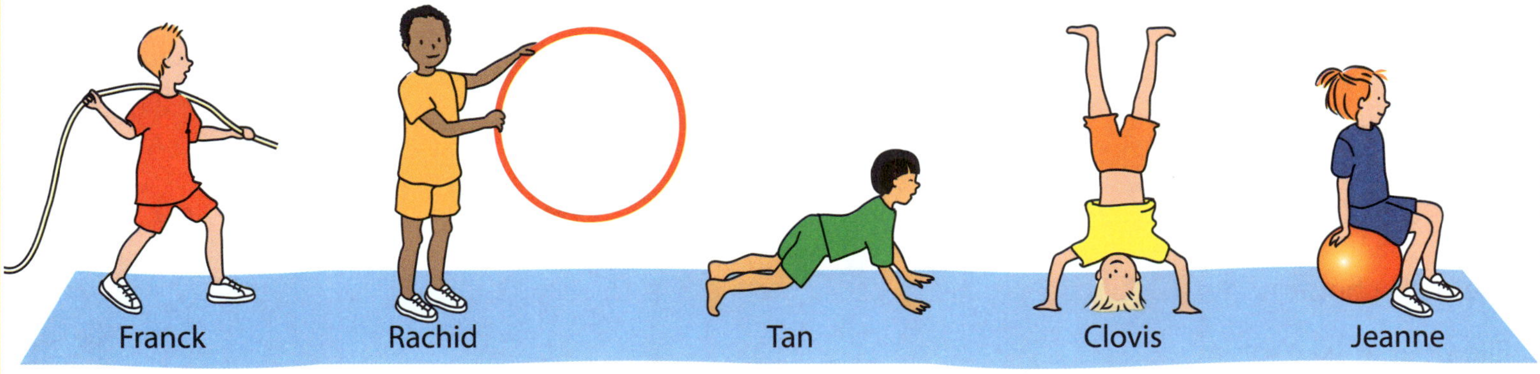

Objectifs : Lire, écrire, décomposer et classer les nombres de 50 à 99.

Calcul mental : Montrer des pièces et des billets. Les enfants doivent, au signal, écrire la somme sur le cahier ou sur l'ardoise.

Les nombres de 50 à 99

Comment s'aider de la monnaie pour comprendre la numération ?

Vérifie le prix des baskets.
Calcule, puis **écris** celui de la robe.

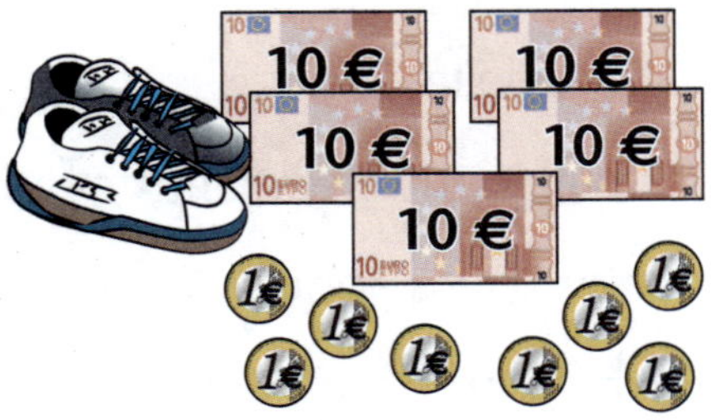

Baskets { **58 €** / **5 dizaines 8 unités**

Robe { .... € / .... d .... u

Retiens bien

50 Cinquante
60 Soixante
70 Soixante-dix
80 Quatre-vingts
90 Quatre-vingt-dix

1 Écris les nombres qui conviennent.

93 € { .... d et .... u / .... billets de 10 € et .... pièces de 1 €

.... € { 6 d et 7 u / .... billets de 10 € et .... pièces de 1 €

.... € { .... d et .... u / 5 billets de 10 € et 1 pièce de 1 €

80 € { .... d et .... u / ....

2 Termine ces suites régulières de nombres.

- .... 54 55 56 ....
- .... 71 70 ....
- .... 90 92 ....

3 Classe du plus petit au plus grand.

50 + 28	60 + 15	8 d 2 u	70

1. .... 2. ....
3. .... 4. ....

Problème

Pour compléter son matériel de peinture, Yasmina a dépensé 98 €.
Quel matériel a-t-elle choisi ? **Trouve** 2 réponses possibles.

Chevalet **78 €**

Peinture **80 €**

Pinceaux **28 €**

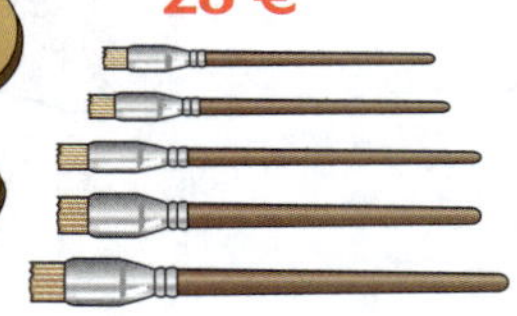

Mannequin **70 €**

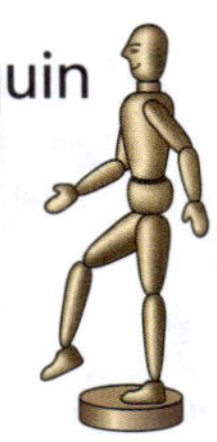

Elle peut choisir .... et ....

Elle peut aussi choisir ...., ... et ....

Objectifs : Connaître un moyen simple de se rappeler le sens des signes =, > et <, et les utiliser. Connaître le vocabulaire : « égal à », « plus grand que » ou « supérieur à », « plus petit que » ou « inférieur à ».

Calcul mental : Dire 2 nombres (*ex. :* 12 et 10 + 3). Au signal, les élèves écrivent sur l'ardoise le signe >, < ou = pour comparer les 2 nombres.

Comparer les nombres (=, <, >)

Comment retenir le sens de signes mathématiques conventionnels ?

Aide-toi des lignes rouges du dessin pour lire et compléter les expressions encadrées.

Léo et Thaïs sont de taille **égale**.

3 = 2 + 1

3 = 3

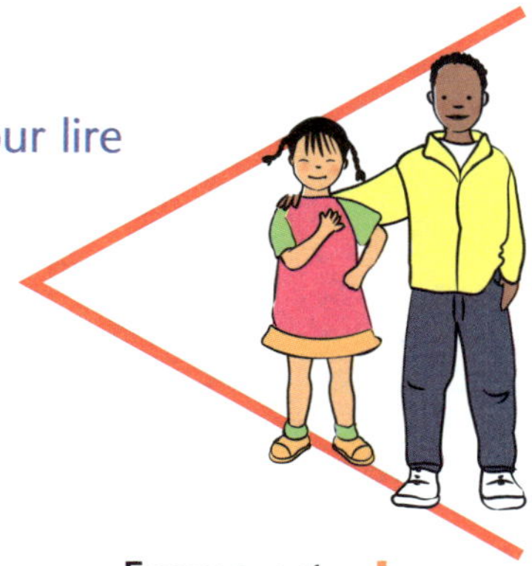

Emma est **plus petite** que Paul.

3 < 2 + 3

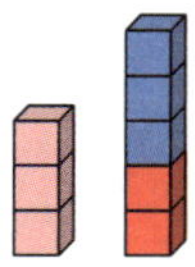

3 5

Sarah est **plus grande** que Clio.

1 + 5 > 2 + 2

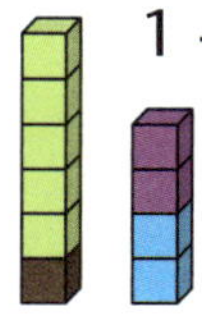

6 4

1 Entoure « Vrai » ou « Faux ».

8 > 6	Vrai Faux		8 < 7 + 1	Vrai Faux		24 < 21	Vrai Faux
45 = 40 + 5	Vrai Faux		89 > 79	Vrai Faux		65 < 60 + 1	Vrai Faux

2 Complète avec les nombres de ton choix.

10 >	20 <	1 >	0 < ....
18 = ...	50 >	.... > 15	.... < 20 + 3

3 Utilise les signes >, < et = pour comparer les nombres.

31 37	70 50	89 91	30 + 2 32
40 .... 30 + 10	10 + 41 53	3 + 9 11	5 + 13 .... 16 + 2

Le coin du malin

Les maîtres de 3 classes de CE1 veulent aller au musée avec leurs élèves. Ils ont loué un car de 60 places. Il y a 20 enfants dans chaque classe. Un problème va se poser. Lequel ?

....

....

....

Objectifs : Reconnaître sa droite et sa gauche. Repérer la droite et la gauche d'une autre personne.

Calcul mental : Énoncer une inégalité simple, juste (*ex.* : 12 > 10) ou fausse (*ex.* : 10 > 12). Au signal, les élèves lèvent le bras droit si elle est vraie ou le bras gauche si elle est fausse.

La droite et la gauche

Comment reconnaître la droite et la gauche d'un objet ou d'une personne ?

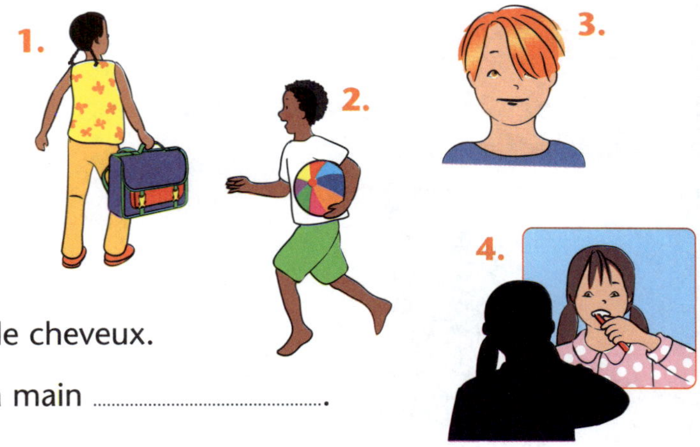

Observe, puis **complète** les phrases avec les mots « droit(e) » ou « gauche ».

1. Lydie porte son cartable dans la main ....
2. Tom tient un ballon sous son bras ....
3. Benjamin a l'œil .... caché par une mèche de cheveux.
4. Sonia se regarde dans la glace. Elle brosse ses dents de la main ....

1 **Dessine** le pouce des gants incomplets pour obtenir de vraies paires.

main gauche **main droite**

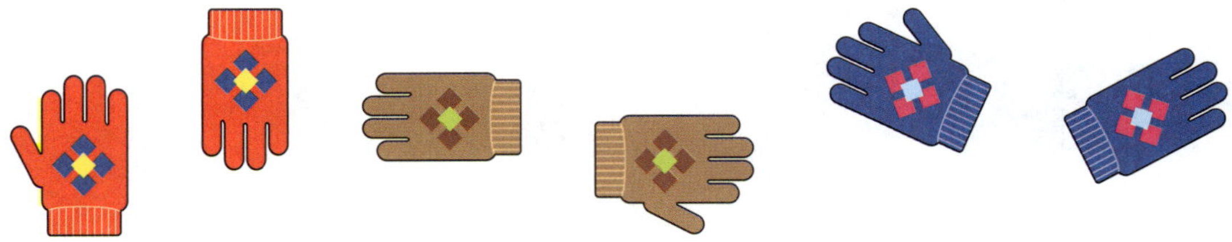

2 **Complète** les bonshommes « fil de fer ».

Les bonshommes lèvent le bras gauche.

Les bonshommes lèvent le bras droit.

Les bonshommes lèvent la jambe gauche et le bras droit.

Le coin du malin

Complète le texte, **continue** de tracer le trajet du ballon, puis **entoure** le joueur qui a marqué le but.

Le numéro 11 passe le ballon au numéro 7

à ....

Le numéro 7 passe au numéro 10

à ...., qui passe à droite

au numéro ....,

qui tire et marque le but.

Objectifs : Reconnaître que deux droites sont parallèles. Construire une droite parallèle à une autre. Construire des droites parallèles par pliage.
Calcul mental : Dicter : 68, 78 ; 67, 77 ; 86, 96 ; 89, 99. Faire écrire en lettres : 66, 76 ; 80, 90.

Des droites parallèles

Comment déterminer que deux droites sont parallèles ?

Observe.

Prolonge les barres parallèles et tu sauras lequel de ces 3 gymnastes est en danger.

Retiens bien

Des droites parallèles sont des droites qui restent toujours à la même distance l'une de l'autre. Pense aux rails de chemin de fer.

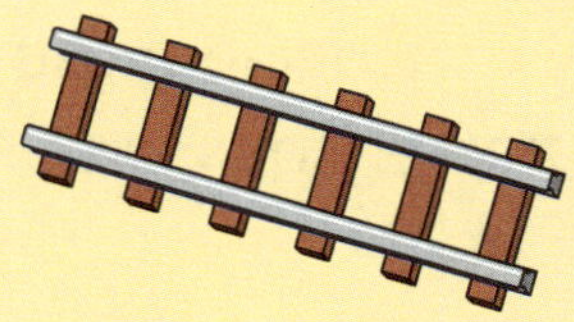

1 Entoure les enfants qui tiennent leurs skis parallèles.

2 Repasse en bleu 2 traces parallèles.

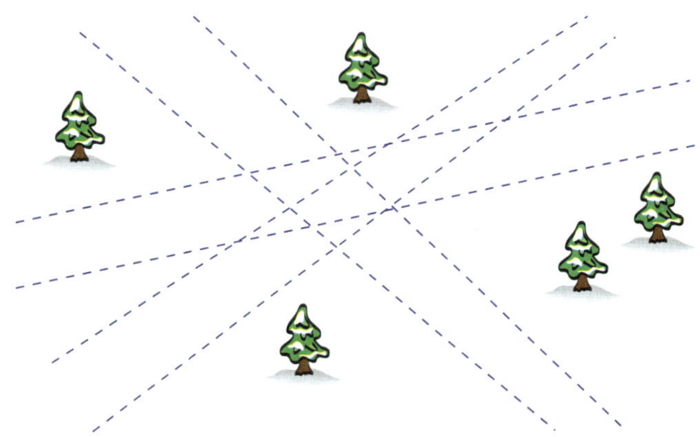

3 Joins les 2 points avec ta règle pour construire un segment parallèle à chaque segment tracé.

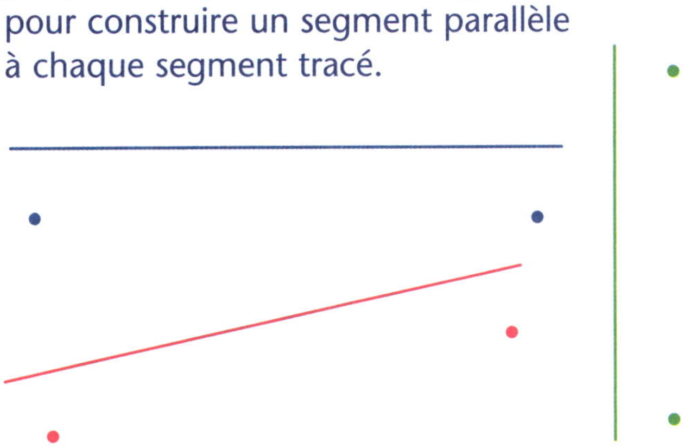

4 Construis des droites parallèles par pliage.
Prends une feuille. **Plie**-la 3 fois en 2.

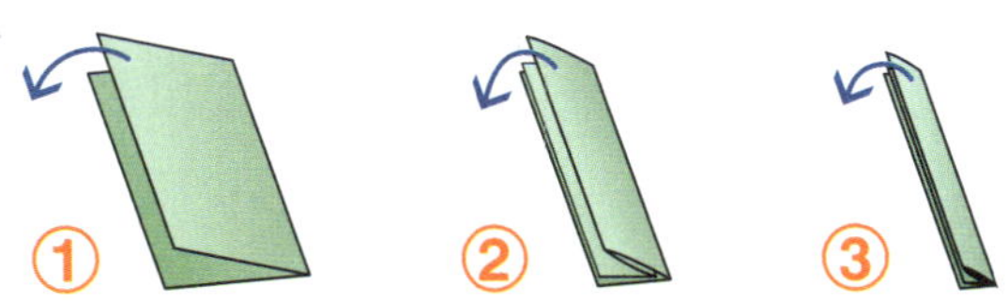

Déplie la feuille et **repasse** les 7 pliures parallèles avec des couleurs différentes.

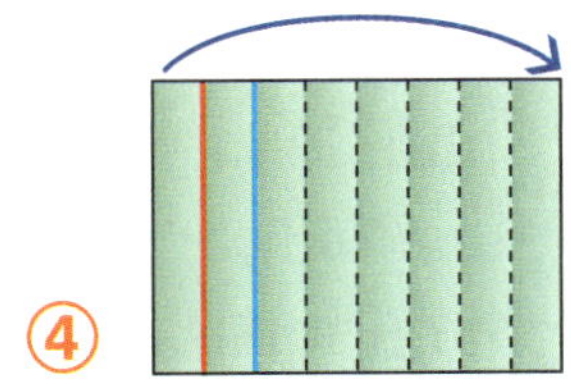

À quoi sert la

Il est important de se développer et de vivre en bonne santé. Une visite médicale régulière permet de contrôler le bon fonctionnement de ton corps.

Une toise

Contrôler ta croissance

Le médecin mesure ta taille en te faisant passer sous la toise et ton poids en te pesant sur la balance. Une croissance anormale est le signe d'une maladie ou d'une mauvaise alimentation.

Vérifier ta vue et ton ouïe

Le docteur te fait passer des tests de la vue et de l'ouïe pour savoir si tu vois bien et si tu entends bien.

Dépister des maladies

Le médecin cherche également à dépister les maladies. Pour éviter certaines maladies graves, il faut te vacciner.

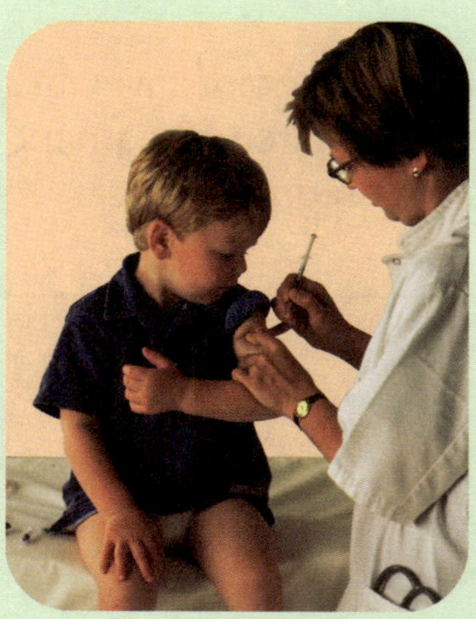

La vaccination

Aider les enfants en danger

Enfin, le médecin peut venir en aide aux enfants malheureux (enfants battus, mal nourris ou maltraités).

visite médicale ?

▶ Écouter ce qui se passe dans ton corps

Lors de l'auscultation, le médecin te demande de respirer profondément (inspirer, puis souffler ou expirer). Pendant ce temps, il écoute les battements de ton cœur et le bruit de ta respiration à l'aide d'un stéthoscope.

Un stéthoscope

▶ Prendre ton pouls

Le médecin peut aussi sentir les battements de ton cœur en pressant légèrement ses doigts sur l'intérieur de ton poignet ou sur les côtés de ton cou.
Cela s'appelle « prendre le pouls ».

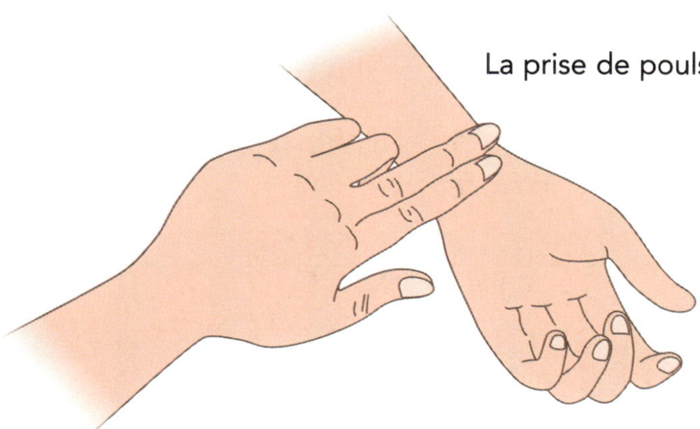

La prise de pouls

Ateliers

Renseigne-toi :

- Connais-tu ton poids ? ta taille ?
- Connais-tu le nom d'une ou plusieurs maladies contre lesquelles tu es vacciné(e) ?
- As-tu déjà regardé ce qu'il y a dans ton carnet de santé ? Demande à tes parents de te le montrer.

Retenir

Relie chaque début de phrase à la fin correspondante.

Contrôler la croissance •	• c'est vérifier que l'on entend bien.
Prendre le pouls •	• c'est vérifier le poids et la taille.
Vacciner quelqu'un •	• c'est compter les battements du cœur.
Vérifier l'ouïe •	• c'est le protéger contre des maladies.

Objectifs : Comprendre en quoi les leçons précédentes permettent de résoudre certains problèmes de la vie courante. Mettre en relation des informations numériques et effectuer des calculs simples.

Des problèmes de la vie courante

Grand-père va au théâtre avec ses 5 petits-enfants.

1 **Écris** le prix de chaque place de théâtre, puis **calcule** le prix total des places.

.... + ... + ... + ... + ... + ... = ...

Le prix total des places est de .... €.

2 Les rangées de fauteuils sont numérotées de 1 à 6. **Réponds** par des phrases complètes.

Dans quelle rangée grand-père et les enfants devront-ils se mettre pour être tous assis les uns à côté des autres ?

....

....

Combien y aura-t-il de personnes dans cette rangée lorsqu'ils seront installés ?

....

3 Ce spectacle a lieu le 5 septembre. Grand-père emmène les enfants au théâtre le mercredi toutes les 3 semaines. **Colorie** les dates des spectacles jusqu'à la fin novembre.

SEPTEMBRE

L	M	M	J	V	S	D
					1	2
3	4	5	6	7	8	9
10	11	12	13	14	15	16
17	18	19	20	21	22	23
24	25	26	27	28	29	30

OCTOBRE

L	M	M	J	V	S	D
1	2	3	4	5	6	7
8	9	10	11	12	13	14
15	16	17	18	19	20	21
22	23	24	25	26	27	28
29	30	31				

NOVEMBRE

L	M	M	J	V	S	D
			1	2	3	4
5	6	7	8	9	10	11
12	13	14	15	16	17	18
19	20	21	22	23	24	25
26	27	28	29	30		

4 Ils prennent l'autobus pour rentrer à la maison. Il y a déjà 50 voyageurs à l'intérieur. Toutes les personnes qui attendent pourront-elles monter dans l'autobus ?
Réponds par une phrase complète. **Explique** pourquoi.

....

....

....

Objectif : Réinvestir les notions mathématiques étudiées de la page 11 à la page 31.

BILAN 1

1 Construis un segment sur chaque ligne droite. **Repasse**-le en rouge.

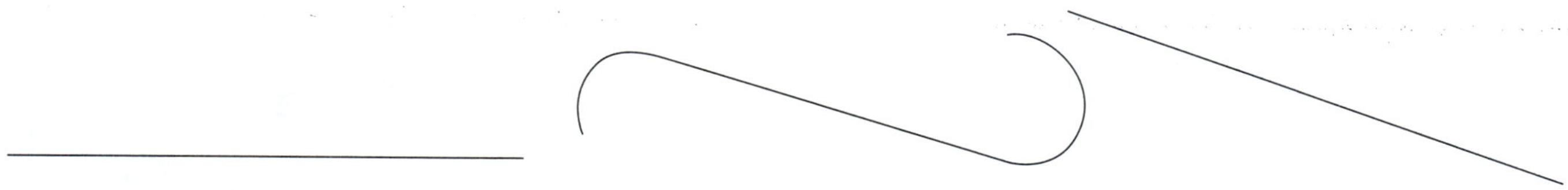

2 Écris la valeur des billets et des pièces pour obtenir les sommes données.

8 € | 5 € | 28 €

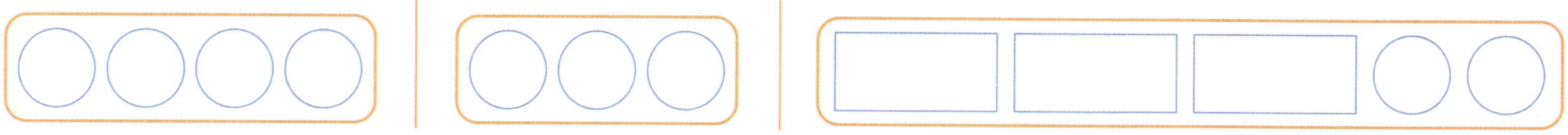

3 Repasse en rouge les lignes droites parallèles.

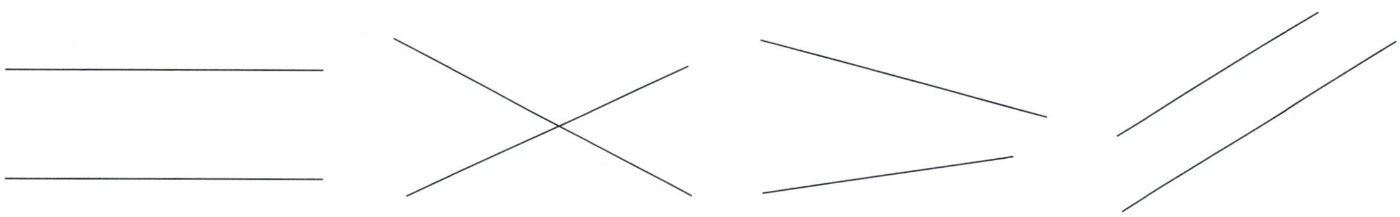

4 Compare les nombres en utilisant les signes >, < ou =.

20 19	32 30	15 .... 10 + 5	80 + 9 90
40 + 8 .... 30 + 20	80 + 10 90	10 + 10 + 20 30	8 + 2 + 40 50

5 Écris « Vrai » ou « Faux ».

- Le bonhomme à l'intérieur du cerceau lève le bras gauche. ....
- Le bonhomme à l'extérieur du cerceau lève le bras gauche. ....
- Le bonhomme de gauche lève le bras droit. ....

6 Écris le nombre 20 de 6 façons différentes en utilisant le signe +.

20 = ... 20 = ... 20 = ...

20 = ... 20 = ... 20 = ...

Après la correction, note le nombre de bonnes réponses dans le rond vert et le nombre d'erreurs dans le rond rouge.

Module 4 — L'ESPACE

Comment payons-nous nos achats ?

Entre camarades, on échange parfois un objet contre un autre... Acheter un objet, c'est l'échanger contre une somme d'argent.

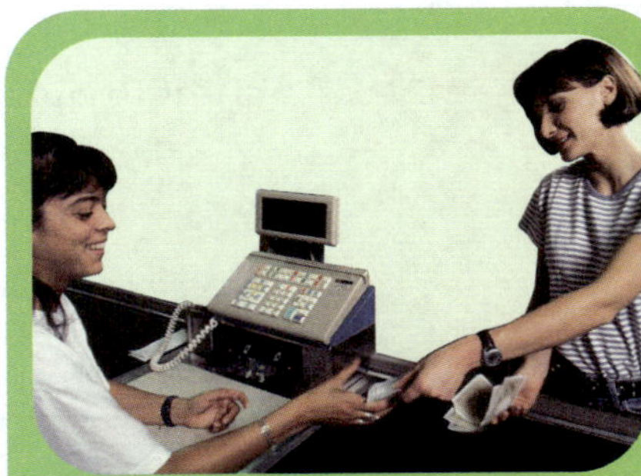
Une femme paie ses achats

▶ Payer en espèces

Tes parents peuvent payer en pièces et en billets (les espèces) lorsqu'ils ont suffisamment d'argent dans leur porte-monnaie.

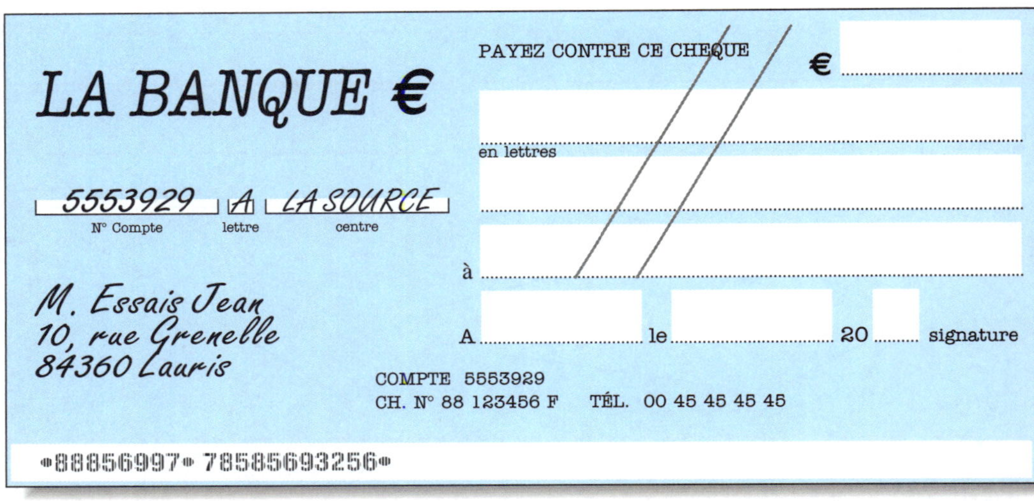

LA BANQUE €

PAYEZ CONTRE CE CHÈQUE €

en lettres

5553929 | A | LA SOURCE
N° Compte — lettre — centre

à

M. Essais Jean
10, rue Grenelle
84360 Lauris

A ... le ... 20 ... signature

COMPTE 5553929
CH. N° 88 123456 F   TÉL. 00 45 45 45 45

⑈88856997⑈ 78585693256⑈

▶ Payer par chèque

S'ils ont de l'argent dans une banque, tes parents peuvent remplir et signer un chèque.
Le commerçant le remettra au banquier et celui-ci paiera le commerçant avec l'argent qui appartient à tes parents.

▶ Payer par carte de paiement

Là encore, il faut avoir de l'argent à la banque. On place la carte dans un appareil et on compose un numéro secret. C'est un ordinateur qui indiquera au banquier à qui donner l'argent et combien lui donner.

Ateliers

- Notre monnaie s'appelle l'euro. Peux-tu expliquer d'où vient ce nom ? Connais-tu d'autres noms de monnaies ?
- Complète le chèque de cette page (écris 52 euros en chiffres et en lettres, sans oublier le nom du bénéficiaire, la date et ta signature).

Objectifs : Concevoir la centaine et ses décompositions (1 centaine = 10 dizaines = 100 unités).
Trouver le complément à 100 de nombres simples.
Calcul mental : Donner des nombres entiers de dizaines. Les élèves écrivent sur l'ardoise le complément à 100. Même exercice avec les nombres de 90 à 99.

Le nombre 100

Comment s'aider de la monnaie pour comprendre la numération ?

Tu peux échanger 10 billets de 10 € contre 1 billet de 100 €. **Complète** les égalités.

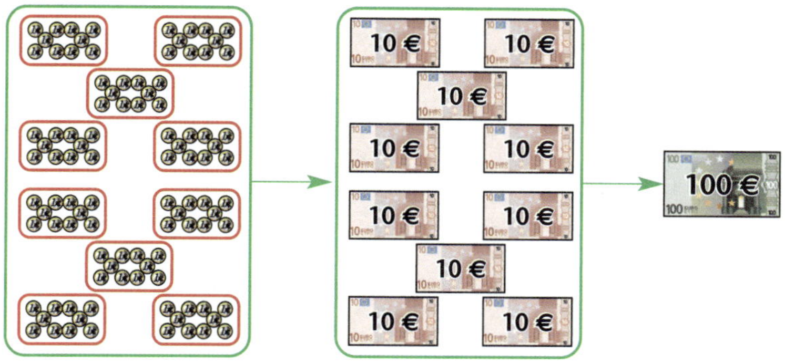

c	d	u
1	0	0

1 billet de 100 € = 10 billets de 10 €
= 100 pièces de .... €

1 **centaine** = ... **dizaines** = ... unités

1 **Dessine** ce qui manque pour obtenir 100 € dans chaque colonne.

10 € 10 € 10 €	10 € 10 €	10 € 10 € 10 €
10 € 10 € 10 €	10 € 10 €	10 € 10 € 10 €
10 € 10 €		10 € 10 € 10 €
		5 €

2 **Complète** ces égalités.

- 100 = 10 + 10 + 10 + 10 + 10 + 10 + 10 + 10 + 10 + ... 100 = ... + 10
- 100 = 10 + 10 + 10 + 10 + 10 + 10 + 10 + 10 + ... 100 = ... + 20
- 100 = 10 + 10 + 10 + 10 + 10 + 10 + 10 + ... 100 = ... + 30
- 100 = 10 + 10 + 10 + 10 + 10 + 10 + ... 100 = ... + 40
- 100 = 10 + 10 + 10 + 10 + 10 + ... 100 = ... + 50

Le coin du malin

Les enfants ont mis 76 pommes dans le caddie. Ils continuent à en mettre à tour de rôle jusqu'à en avoir 100.
Entoure sur chaque dessin l'enfant qui mettra la centième pomme.

Objectifs : Comprendre et utiliser la représentation d'un espace sous forme de plan.

Calcul mental : Donner 2 chiffres : 5 et 6. Dicter 3 nombres : 65, 56, 76. Faire écrire les 3 nombres sur l'ardoise et entourer celui qui ne s'écrit pas avec les chiffres donnés.

Le plan du marché

Qu'est-ce qu'un plan ?

Retiens bien

Un plan est un dessin qui représente un endroit (une pièce, un bâtiment, un quartier, une ville, etc.) vu du dessus. Tu t'en sers pour **te repérer** ou **t'orienter**.

Observe. Les étalages du marché sont numérotés.
Reporte ces numéros sur le plan.

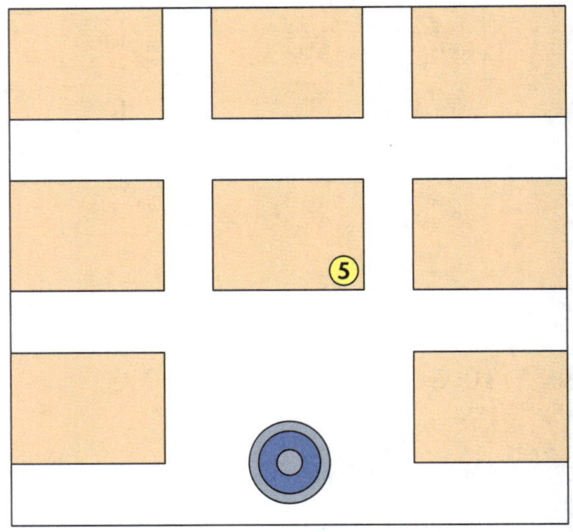

Plan du marché

1 Sur le plan du marché, **trace** en rouge le trajet que Sam a parcouru depuis le glacier jusqu'au marchand de jouets en passant devant la boulangerie.

2 **Lis** le récit du parcours d'Émilie dans le marché. Qu'a-t-elle acheté : une glace, une brioche ou une poupée ? **Trace**-le sur le plan en bleu.

« Je suis allée tout droit en partant de la fontaine. Je suis passée à droite du fleuriste. J'ai pris la première à gauche et je suis allée tout droit au bout de l'allée pour acheter

une .... »

3 **Trace** une croix sur le plan ci-dessus pour dire où est Arthur dans le marché.

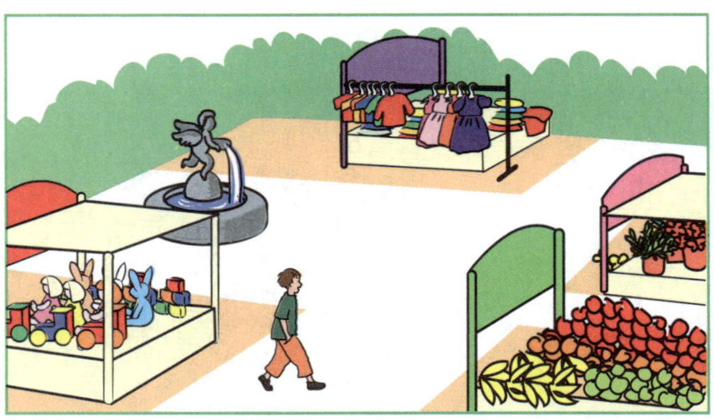

Objectifs : Approcher la notion de sous-multiple (c) d'une unité (€). Manipuler la petite monnaie. Former des sommes identiques en pièces différentes.

Calcul mental : Dessiner des pièces au tableau. **1 :** Les enfants écrivent la somme sur l'ardoise. **2 :** Les enfants écrivent ce qui manque pour faire 1 €.

Les centimes d'euro (c)

Comment manipuler sans erreur la petite monnaie ?

Tu peux échanger 1 € contre 100 pièces de 1 centime. **Écris** les nombres qui manquent.

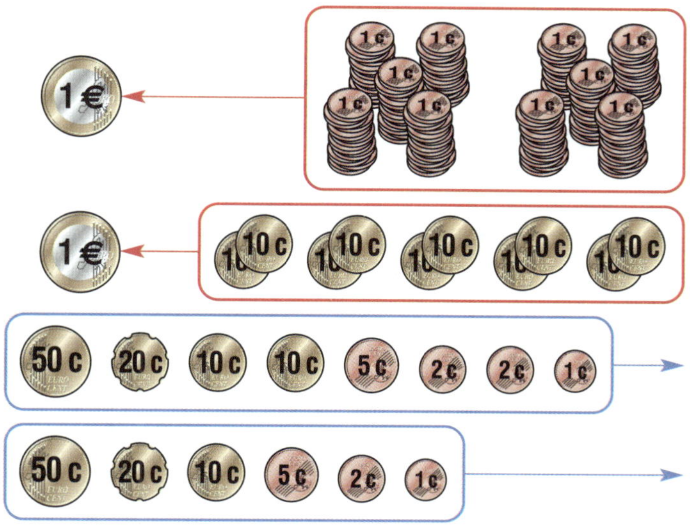

1 € → 100 pièces de 1 centime

1 € → .... pièces de 10 centimes

100 centimes ou .... €

.... centimes

1 **Barre** ce qui est en trop pour qu'il reste seulement 1 € dans chaque colonne.

2 **Complète** ces équivalences.

1 pièce de 50 c → .... pièces de 10 c

1 pièce de 10 c → 2 pièces de c

1 pièce de .... c → 5 pièces de 2 c

1 pièce de 20 c → 10 pièces de c

1 pièce de 20 c → .... pièces de 5 c

3 **Forme** ces sommes en utilisant le moins possible de pièces.

	50 c	20 c	10 c	5 c	2 c	1 c
49 c		2		1	2	
63 c						
88 c						
91 c						

Le coin du malin

David donne 4 pièces pour payer un paquet de bonbons.
Écris la valeur des pièces.

Objectifs : Utiliser les mots « addition », « somme », « total », « ajouter ». Observer et manipuler la propriété de commutativité de la somme.

Calcul mental : Donner des situations additives simples : « J'ai 15 € dans une main et 3 € dans l'autre. Quelle somme totale d'argent ai-je ? » Varier les énoncés.

La somme de 2 nombres, l'addition

Comment utiliser la commutativité de la somme ?

Retiens bien

L'**addition** permet de calculer la **somme**, le **total** de 2 nombres :
50 + 12 = 62
ou
12 + 50 = 62

Observe le premier tableau. **Complète** le second.
Il y a 50 baguettes de pain dans le four du boulanger.
Il en ajoute 12.

Nombre de baguettes		
dans le four	à enfourner	somme
50 +	12 =	62

Nombre de baguettes		
à enfourner	dans le four	somme
.... +	.... =	....

1 Effectue de 2 façons la somme des nombres donnés.

20 et 10 → { **20** + **10** = ... ; **10** + **20** = ... }

40 et 8 → { .... + ... = ... ; .... + ... = ... }

6 et 4 → { .... + ... = ... ; .... + ... = ... }

5 et 15 → { .... + ... = ... ; .... + ... = ... }

3 et 7 → { .... + ... = ... ; .... + ... = ... }

8 et 6 → { .... + ... = ... ; .... + ... = ... }

2 Trouve différentes façons d'obtenir 20 €. **Complète** les additions.

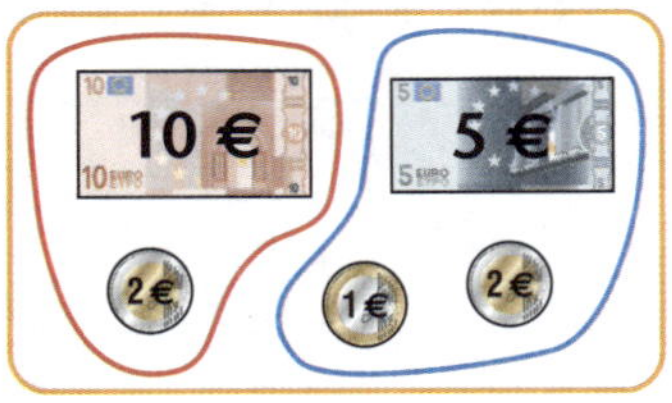

12 + ... = 20

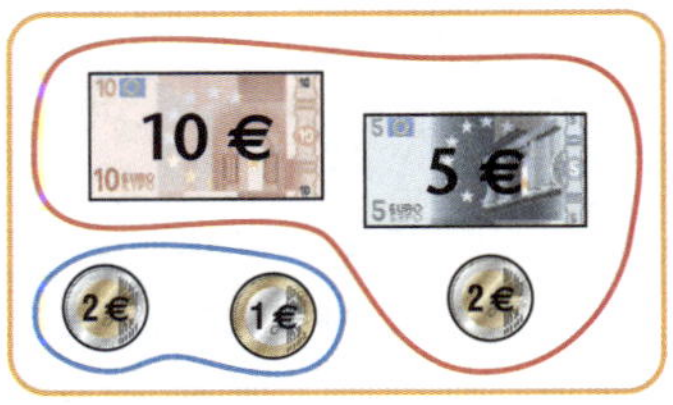

.... + 3 = 20

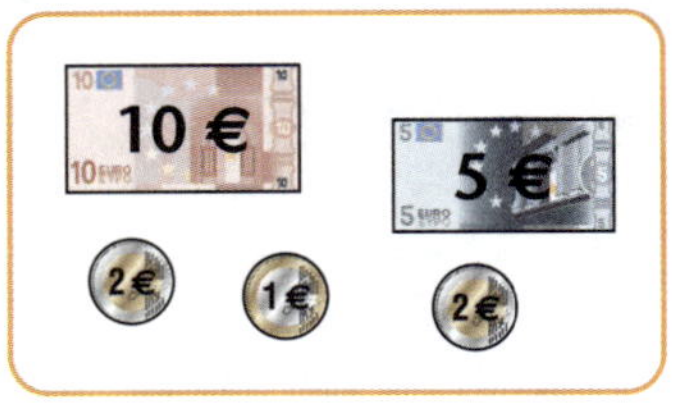

.... + ... = 20

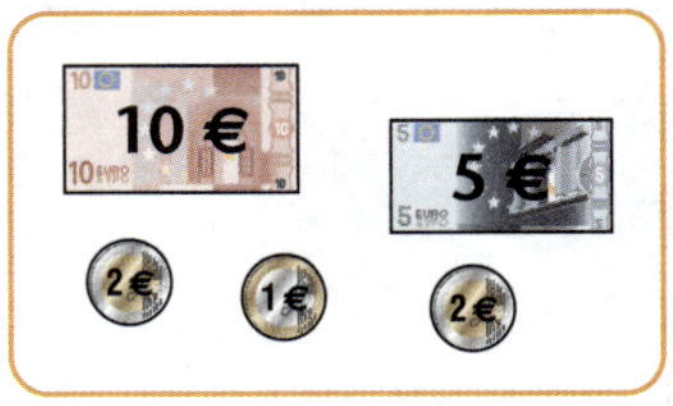

.... + ... = 20

3 Écris la somme des nombres au croisement des lignes et des colonnes.

+	0	1	5	10	2	7
3	....	....	....	....	....	....
4	....	....	....	14	....	....
10	....	....	....	....	....	....

Le coin du malin

Observe la suite d'additions en bleu.
Complète l'autre suite.

10 + 0 = 10
9 + 1 = 10
8 + 2 = 10
7 + 3 = 10
6 + 4 = 10
5 + 5 = 10

32 + **0** = **32**
.... + **1** = ...
.... + ... = ...
.... + ... = ...
.... + ... = ...
.... + ... = ...

Objectifs : Comprendre et appliquer les règles d'associativité et de commutativité de la somme. Savoir choisir la manière la plus simple de poser et d'effectuer une addition.

Calcul mental : Donner 3 nombres à additionner. Les élèves doivent changer l'ordre des nombres pour simplifier le calcul (7, 6 et 3 → 7 et 3 = 10, 10 et 6 = 16).

La somme de plusieurs nombres

Comment mieux calculer les additions ?

Retiens bien

Dans une addition, je peux déplacer les nombres et les grouper comme je le veux :

$\underbrace{6 + 2}_{8} + \underbrace{8 + 4}_{12} = 20$

$\underbrace{8 + 2}_{10} + \underbrace{6 + 4}_{10} = 20$

Tu peux calculer de plusieurs manières le nombre de spectateurs. **Observe** les calculs, puis **entoure** le plus simple.

filles + garçons	+	femmes + hommes	→	6 + 6	+	7 + 4	=	23
enfants	+	adultes	→	12	+	11	=	23
garçons + hommes	+	filles + femmes	→	6 + 4	+	6 + 7	=	23
sexe masculin	+	sexe féminin	→	10	+	13	=	23

1 Les additions sont effectuées 2 fois. **Entoure** dans chaque colonne le calcul le plus facile.

1 + 2 + 8 + 9 = 3 + 17 = 20	3 + 7 + 6 + 4 = 10 + 10 = 20	5 + 6 + 4 + 5 = 11 + 9 = 20
1 + 9 + 2 + 8 = 10 + 10 = 20	3 + 4 + 7 + 6 = 7 + 13 = 20	5 + 5 + 6 + 4 = 10 + 10 = 20

2 **Calcule** de 2 façons le nombre d'objets.

- carrés + cercles + triangles

  .... + ... + ... = ...

- rouges + verts + jaunes

  .... + ... + ... = ...

3 **Change** l'ordre des nombres pour calculer plus facilement, puis **effectue**.

6 + 7 + 3 + 4 → .... + ... + ... + ... = ...

15 + 8 + 5 + 2 → .... + ... + ... + ... = ...

11 + 1 + 9 + 9 → .... + ... + ... + ... = ...

34 + 1 + 6 + 9 → .... + ... + ... + ... = ...

20 + 2 + 10 + 8 → .... + ... + ... + ... = ...

Le coin du malin

Ingrid n'arrive pas à effectuer cette longue addition. **Peux**-tu l'aider ?

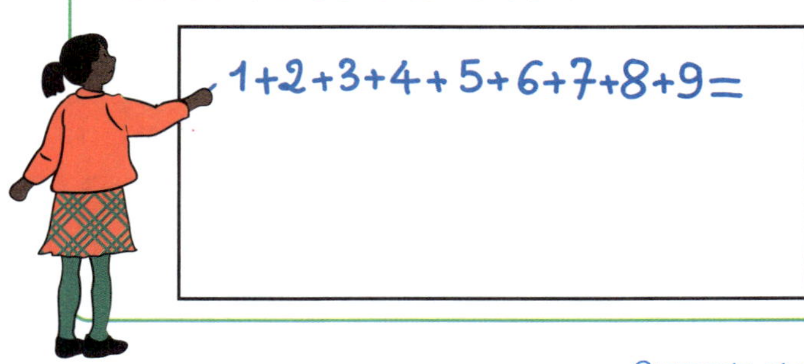

Où pouvons-nous

Qu'ils soient tout près ou très loin de chez toi, les commerçants sont là pour que ta famille puisse acheter tout ce qui lui est nécessaire.

Des commerces de quartier

Les commerces de quartier

Les commerçants de ton village ou de ton quartier connaissent bien leurs clients. Quelques-uns, comme le boulanger, fabriquent les produits qu'ils vendent.

Les marchés

Certains marchands n'ont pas de magasin. Ils installent leurs marchandises sur des tréteaux, dans les rues ou sous des halles. Le jour du marché, les rues sont gaies, colorées et animées.

Un marché

Les supermarchés et les hypermarchés

Ces immenses magasins sont pratiques : leurs rayons proposent au même endroit toutes sortes de produits. Souvent situés un peu à l'extérieur des villes, ils attirent beaucoup de consommateurs grâce à la publicité.

Un hypermarché

faire nos achats ?

Un centre commercial

▶ Les centres commerciaux

Ils regroupent des dizaines de commerces (de vêtements, de livres, de disques et de bien d'autres choses) dans de grandes galeries fermées. Les acheteurs s'y promènent et comparent les objets et les prix dans les vitrines.

▶ La vente par correspondance

On choisit chez soi, sur un catalogue. On envoie un bon de commande et le paiement par courrier. Quelques jours plus tard, l'objet arrive à la maison, dans un colis !

▶ D'autres moyens de vente

L'ordinateur, avec Internet, le téléphone et la télévision sont des moyens modernes de faire connaître et acheter différents produits dans le monde entier.

Ateliers

- Cherche avec tes camarades le plus grand nombre possible de noms de commerçants (boulanger, boucher…).
- Compare les avantages et les inconvénients des systèmes de vente présentés dans ces 2 pages.

Retenir

Pour chaque nom donné, propose au moins un mot ayant la même signification :

un marchand – un client – les produits – la correspondance.

Comment jouer avec la géométrie ?

Des artistes ou des mathématiciens cherchent à nous faire réfléchir ou à nous amuser avec les figures géométriques…

Une peinture de Victor Vasarely de 1964.

▶ Des œuvres d'art

Beaucoup d'artistes créent d'étonnants assemblages de figures géométriques. Ils représentent ainsi leur vision du monde en jouant avec des formes planes ou en volume.

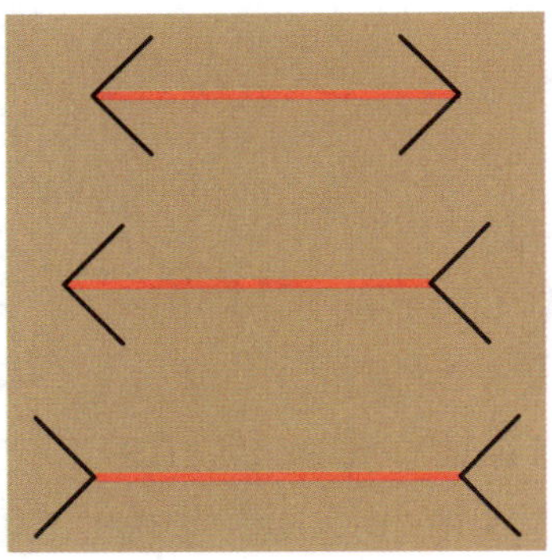

A. Quelle est la plus longue des 3 lignes rouges ?

▶ Des illusions d'optique

Certains groupements de lignes et de figures donnent l'impression de voir des choses fausses ou qui n'existent pas…

B. Quelle est la forme de la figure centrale ?

C. Que vois-tu aux croisements des lignes grises ? Regarde d'abord de près, puis de plus loin.

Atelier

• Par petits groupes, découpez des figures géométriques dans des papiers de couleur. Assemblez-les sur une grande feuille à la manière du tableau de Victor Vasarely.

Objectif : Identifier des formes simples.
Calcul mental : Faire écrire la somme de trois nombres : 5 + 7 + 5 ; 23 + 8 + 7 ; 54 + 9 + 6 ; 37 + 5 + 3.

Des formes géométriques

Comment reconnaître des formes simples ?

Observe.

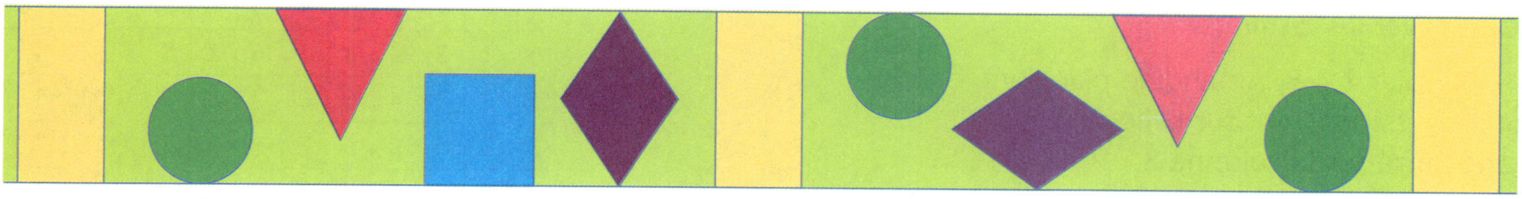

Pour réaliser cette frise à la manière de Vasarely, Sophie a utilisé ces 5 tampons :

....

Écris combien de fois Sophie a utilisé chaque tampon pour réaliser sa frise.

1 **Barre** les tampons que Sophie n'a pas utilisés pour réaliser ces dessins, puis **colorie**.

2 **Utilise** ton gabarit pour reproduire cette frise, puis **colorie**.

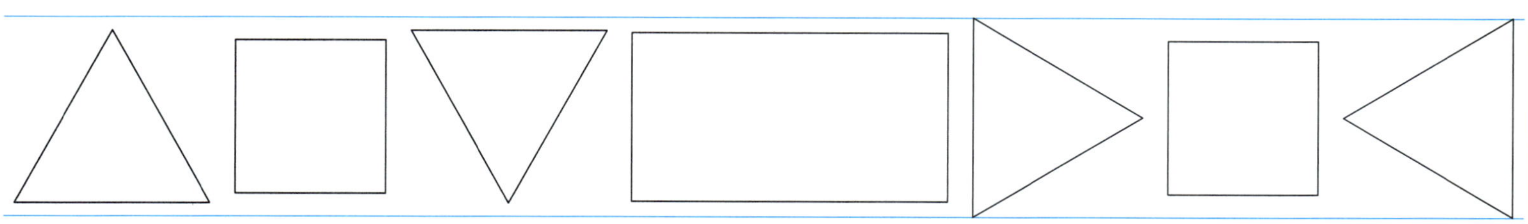

Objectifs : Comprendre le fonctionnement de la table d'addition. L'utiliser pour effectuer des sommes (et, sans le dire, des différences).

Calcul mental : Avec puis sans la table sous les yeux : donner une addition. Faire écrire le résultat. Donner un des nombres de la table. Le faire écrire sous forme d'addition, en trouvant au moins 3 opérations différentes.

La table d'addition

Comment utiliser la table d'addition avant de l'avoir mémorisée ?

Observe, puis **utilise** la table d'addition pour trouver les résultats.

Pour calculer 7 + 8, Amandine place une bande de papier transparent sur la ligne 7 et une autre sur la colonne 8.
À l'intersection des 2 bandes, elle lit le résultat :

7 + 8 = 15

6 + 9 = ... 7 + 6 = ...

5 + 7 = ... 6 + ... = 13

4 + ... = 13 3 + ... = 11

+	0	1	2	3	4	5	6	7	8	9	10
0	0	1	2	3	4	5	6	7	8	9	10
1	1	2	3	4	5	6	7	8	9	10	11
2	2	3	4	5	6	7	8	9	10	11	12
3	3	4	5	6	7	8	9	10	11	12	13
4	4	5	6	7	8	9	10	11	12	13	14
5	5	6	7	8	9	10	11	12	13	14	15
6	6	7	8	9	10	11	12	13	14	15	16
7	7	8	9	10	11	12	13	14	15	16	17
8	8	9	10	11	12	13	14	15	16	17	18
9	9	10	11	12	13	14	15	16	17	18	19
10	10	11	12	13	14	15	16	17	18	19	20

1 **Complète** ces 2 parties de table d'addition.

+	1	2	3	4	5
1					
2					
3					
4					
5					

+	6	7	8	9	10
6					
7					
8					
9					
10					

2 **Lis** les résultats de ces additions dans la table ci-dessus.

8 + 6 = ... 7 + 3 = ... 7 + 7 = ... 5 + 8 = ... 9 + 2 = ...

7 + 5 = ... 9 + 3 = ... 5 + 7 = ... 8 + 4 = ... 6 + 6 = ...

3 **Cherche** plusieurs façons de trouver ces nombres dans la table d'addition.

- 11 = ... + ... 11 = ... + ... 11 = ... + ... 11 = ... + ...
- 15 = ... + ... 15 = ... + ... 15 = ... + ... 15 = ... + ...
- 17 = ... + ... 17 = ... + ... 17 = ... + ... 17 = ... + ...

Objectifs : Trouver le complément à la dizaine supérieure d'un nombre inférieur à 100. Approcher la soustraction comme opération réciproque de l'addition.

Calcul mental : Donner un nombre < 100. Écrire les nombres entiers de dizaines les plus proches (25 est entre 20 et 30). Faire écrire le complément à la dizaine supérieure d'un nombre. Procéder par séries (7, 17, 27, 37…).

Compléter à la dizaine supérieure

Comment approcher par l'addition la notion de différence ?

Observe, puis **complète** les calculs.

Emmanuel a besoin de 30 gommettes jaunes.
Il n'en a que 25.
25 + ? = 30
Il lui en manque : 5.
25 + 5 = 30

Retiens bien

Tu peux compter sur tes doigts.

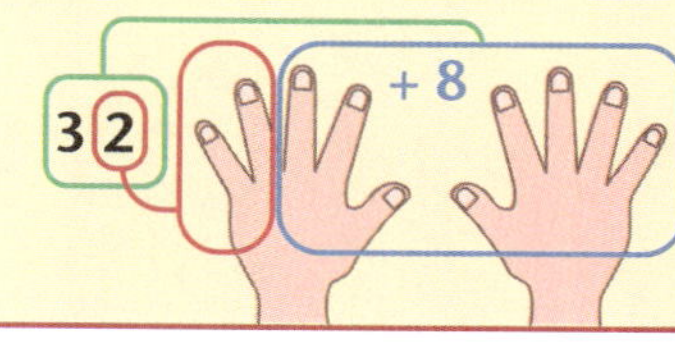

Olga a collé 32 gommettes rouges.
Il lui en faudrait 40.

Il lui en manque : ....

32 + ... = 40

1 **Encadre** les nombres selon le modèle donné.

35 est entre 30 et 40.	→ **30 < 35 < 40**	17 est entre 10 et 20.	→ .... < 17 < ....
49 est entre .... et	→ .... < 49 <	53 est entre .... et	→ .... < 53 < ....
65 est entre .... et	→ .... < 65 <	82 est entre .... et	→ .... < 82 < ....

2 **Complète** ces égalités.

- 8 + ... = 10 18 + ... = 20 28 + ... = 30 38 + ... = 40 48 + ... = 50
- 1 + ... = 10 21 + ... = 30 41 + ... = 50 61 + ... = 70 81 + ... = 90

3 **Dessine** ce qui manque pour obtenir les sommes données. **Complète** les calculs.

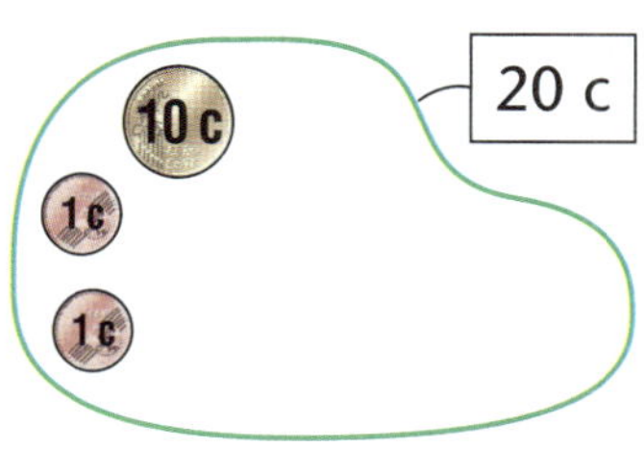

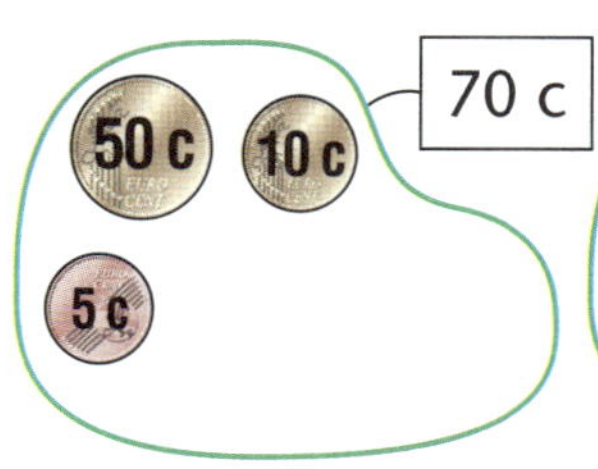

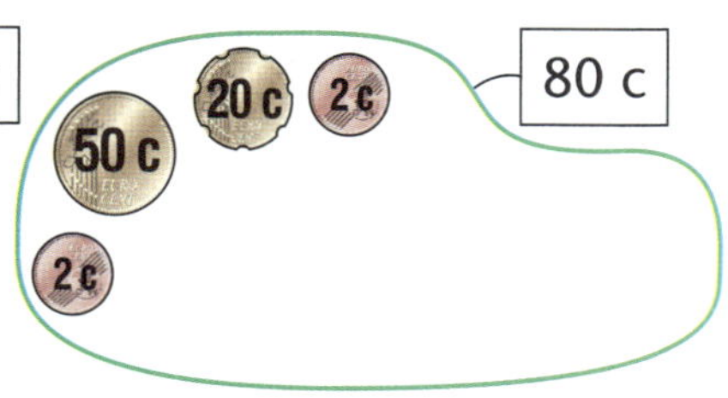

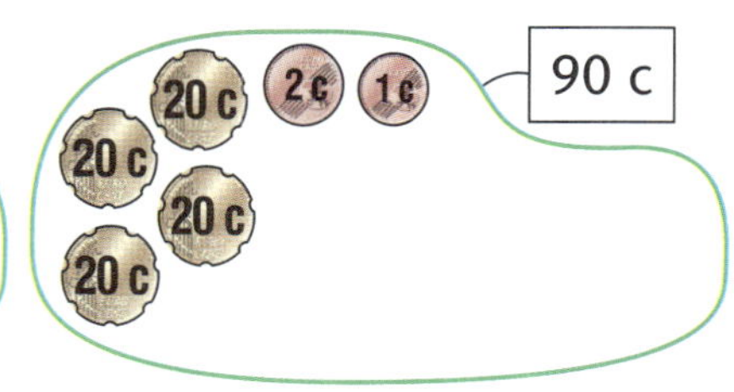

12 + ... = 20 .... + ... = ... + ... = ... + ... = ...

Le coin du malin

Bouba a colorié 1 nombre dans chaque ligne.
Essaie de comprendre comment il les a choisis.
Continue en utilisant d'autres couleurs.

81	16	64	43	75	52
4	5	8	9	6	7
50	70	80	90	20	60

Objectifs : Reconnaître que deux droites se coupent en formant des angles droits. Tracer des droites qui se coupent à angle droit.

Calcul mental : Proposer le nombre 42, puis 2 autres nombres : 57 et 58. Faire entourer le nombre dont la somme avec 42 est 100. Proposer : 37, puis 63 et 65 ; 17, puis 82 et 83 ; 76, puis 24 et 21.

Des angles droits

Comment reconnaître les angles droits ?

Observe, puis **entoure** celui de ces 4 angles qui est droit.

Retiens bien

Ces 2 droites se croisent à angle droit.

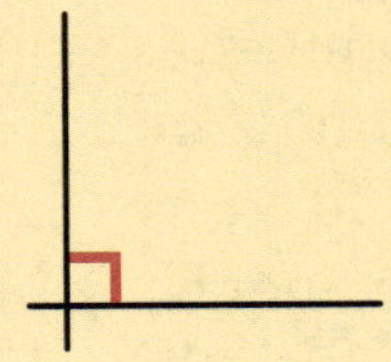

Décalque cet angle : tu l'utiliseras pour travailler sur cette page.

1 **Prolonge** les lignes droites de même couleur. **Entoure** celles qui se coupent à angle droit.

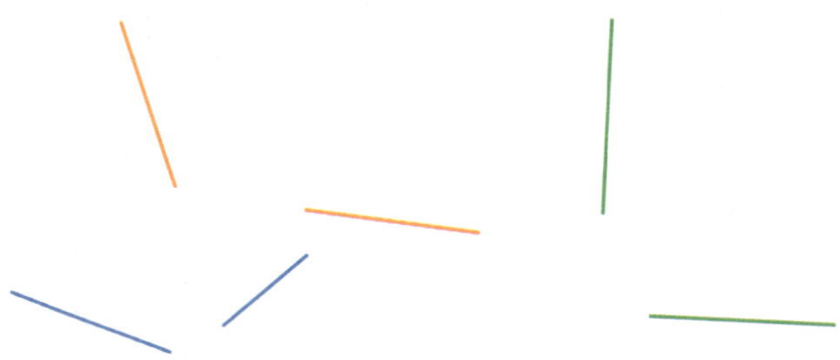

2 **Marque** d'un gros point rouge les angles droits de ces figures.

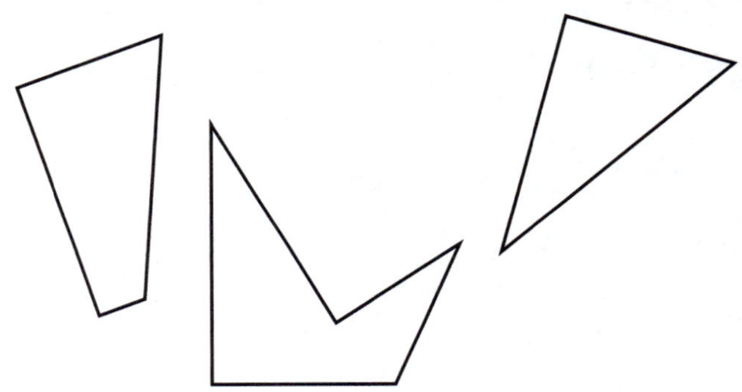

3 **Repasse** en vert la droite qui croise à angle droit le segment rouge.

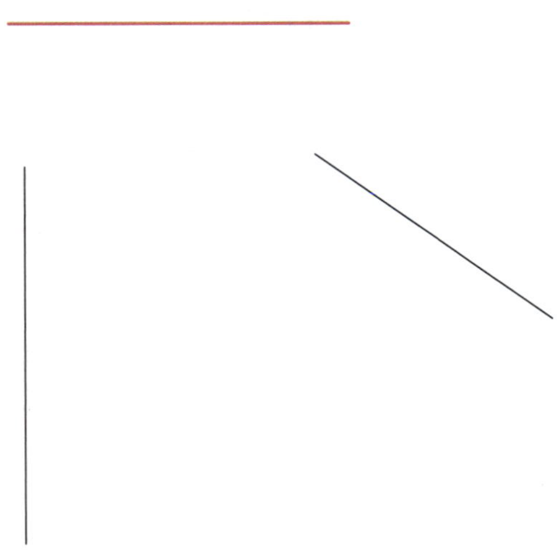

4 **Construis** des angles droits par pliage.
Plie 2 fois une feuille en deux.

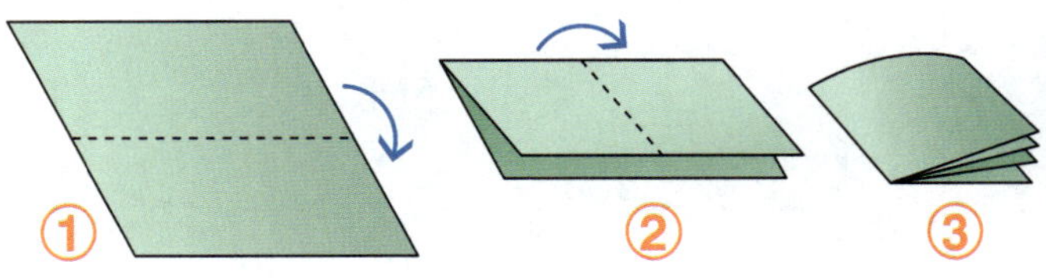

Déplie, **repasse** les pliures en bleu, puis **marque** d'un point rouge les 4 angles droits comme sur le dessin.

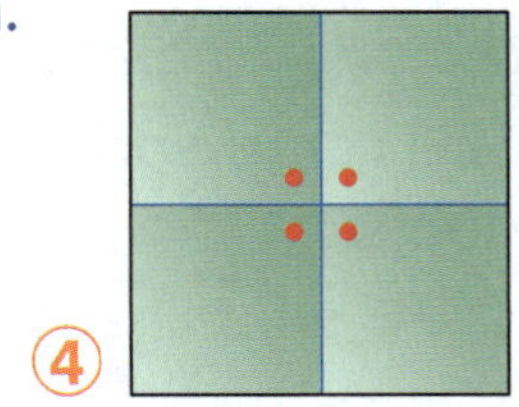

Objectifs : Reconnaître et nommer des figures simples. Identifier un carré et un rectangle selon leurs propriétés.

Calcul mental : Proposer : « Que doit-on ajouter à 42 pour avoir 50 ? Que doit-on ajouter à 38 pour avoir 40 ? Etc. » ; « Que doit-on ajouter à 54 pour avoir 62 ? (54 + 6 = 60, 60 + 2 = 62. On a ajouté 8) ».

Le carré et le rectangle

Comment reconnaître deux propriétés du carré et du rectangle ?

Retiens bien

Le carré a 4 côtés égaux et 4 angles droits.
Le rectangle a ses côtés égaux l'un en face de l'autre et 4 angles droits.

Observe.

Pour construire les figures A, B, C, D, on a décalqué les droites parallèles oranges et vertes et on les a croisées à angle droit.

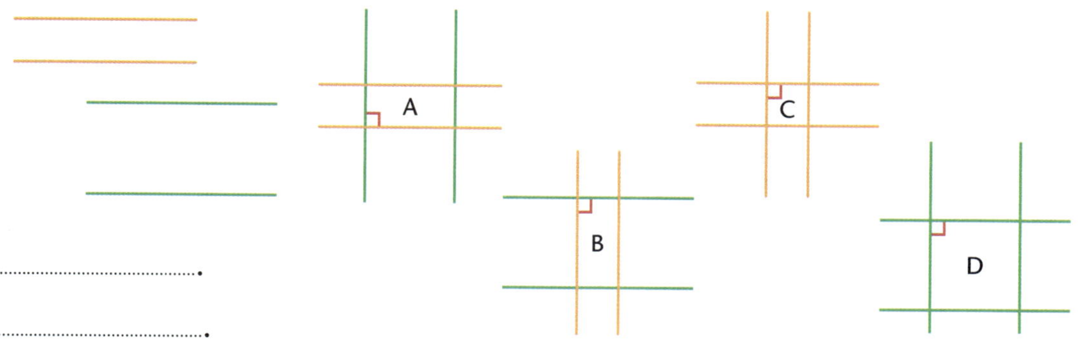

Complète.

Les figures A et B sont des ....

Les figures C et D sont des ....

1 **Prolonge** les côtés des angles droits pour qu'ils se croisent. **Écris** le nom des figures que tu as réalisées.

C'est un .... C'est un ....

2 **Barre** la figure qui n'est pas un carré, puis **écris** pourquoi.

La figure .... n'est pas un carré car :

....

3 **Trace** avec ton gabarit :
- 1 rectangle et 1 carré à l'intérieur du carré vert ;
- 4 carrés et 1 rectangle à l'intérieur du rectangle rouge.

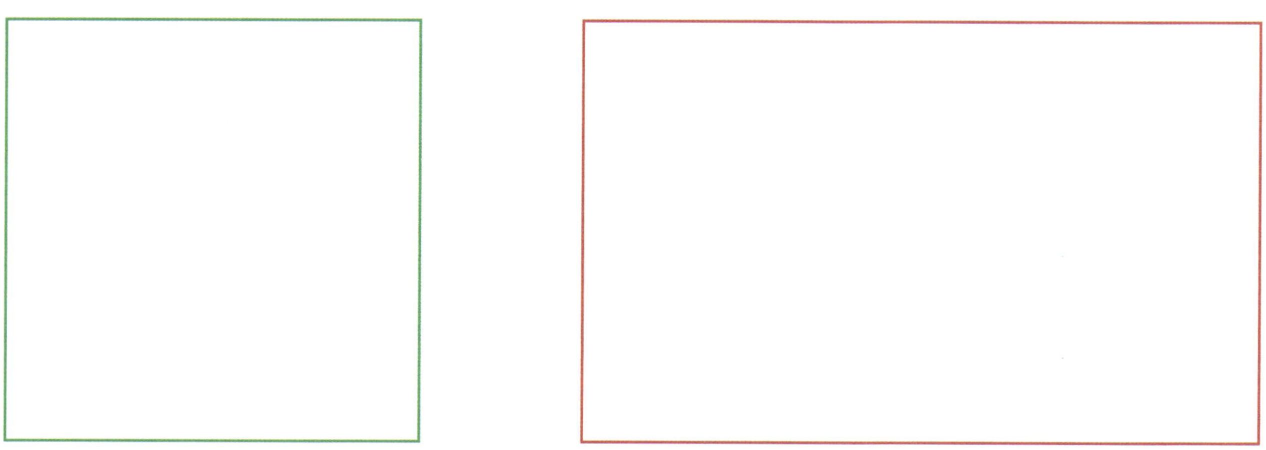

Sais-tu bien voir

Les couleurs de la nature, des maisons ou des objets changent selon la façon dont ils sont éclairés par la lumière du Soleil.

Les peintres et les couleurs

Certains peintres ont représenté plusieurs fois le même sujet. Selon le temps qu'il faisait et selon l'heure du jour, leurs œuvres ne sont jamais les mêmes.

Claude Monet,
La Cathédrale de Rouen,
1894.

La lumière et les couleurs

La lumière du Soleil contient en réalité toutes les couleurs. Lorsque les rayons du Soleil traversent les gouttes de pluie, la lumière blanche se décompose : c'est l'arc-en-ciel.

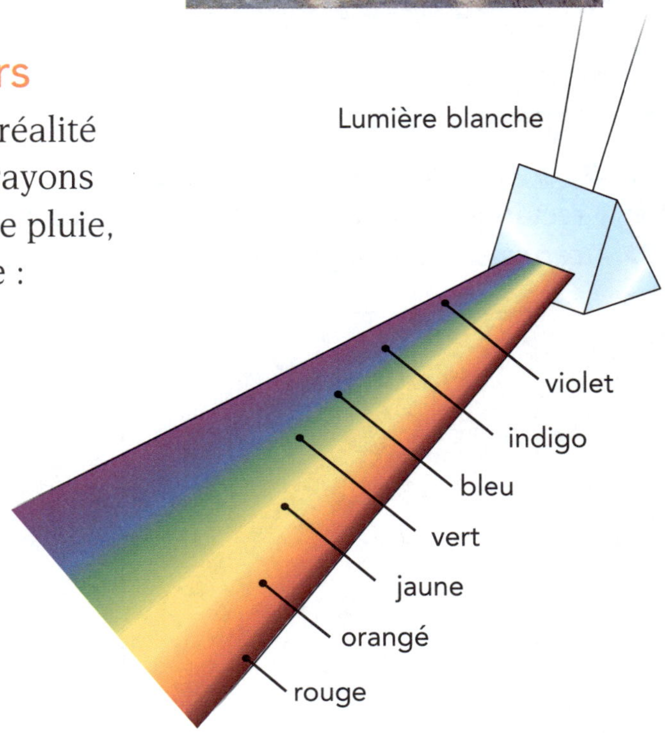

les couleurs ?

▶ Une couleur, mille nuances

Cette photographie aérienne de champs cultivés nous montre une multitude de verts, de bruns et de jaunes différents. Les teintes vont des plus lumineuses aux plus sombres, des plus claires aux plus foncées.

Photographie aérienne de Yann Arthus-Bertrand

Jaunes, verts et bruns extraits de la photographie ci-dessus.

Ateliers

- Observe des objets de ton choix. Essaie de décrire leurs couleurs avec la plus grande précision possible.
- Nomme toutes les couleurs de ta boîte de peinture. Si ce sont des tubes, leur nom est écrit dessus.

▶ Les mélanges de couleurs

Ta boîte de peinture ne contient évidemment que quelques tubes. Pour obtenir d'autres teintes, tu dois mélanger les couleurs entre elles.

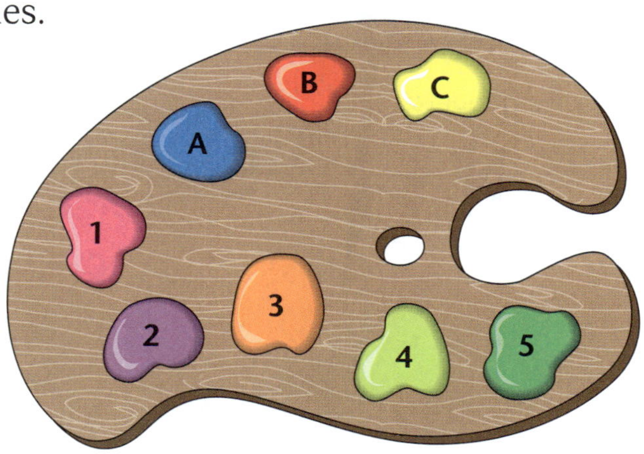

Comment a-t-on obtenu les couleurs numérotées de 1 à 5 avec les couleurs A, B et C ?

Retenir

Écris de mémoire et dans l'ordre les noms des 7 couleurs de l'arc-en-ciel.

.... — .... — .... — .... — .... — .... — ....

Module 6 – L'ESPACE

Comment prévoit-on le temps ?

Chaque jour, les météorologues observent le temps qu'il fait pour prévoir le temps du lendemain.

▶ L'observation météorologique

Des stations météo sont installées dans les villes et les campagnes. Elles contiennent des appareils de contrôle du temps qu'il fait.

Une station météorologique

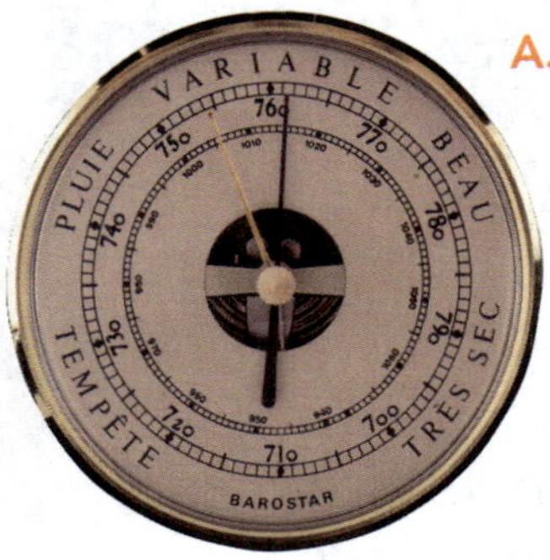

A. Un baromètre

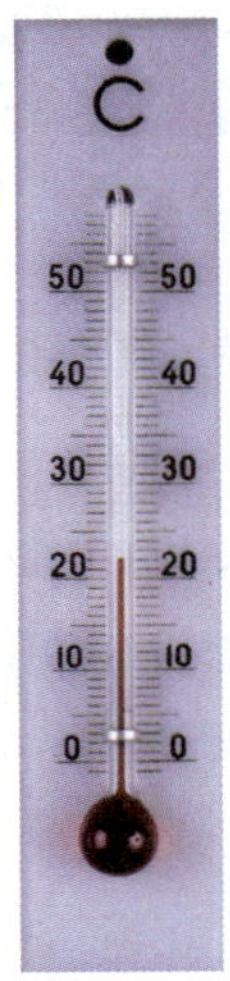

B. Un thermomètre

C. Une girouette

▶ Les principaux instruments de mesure

Le baromètre (A) annonce le temps : « beau », « mauvais » ou « variable ».
Le thermomètre (B) mesure la température de l'air.
La girouette (C) et l'anémomètre annoncent la direction et la force du vent.

▶ La prévision du temps

Grâce aux instruments de mesure, les spécialistes savent si le temps va changer ou non.
Ils établissent alors une carte de prévision météo pour le lendemain.

Ateliers

- Voici quelques mots en rapport avec la météorologie : *chaud – froid – glacial – neigeux – pluie – averse – orage…*
Essaie d'en trouver d'autres.
- Utilise ces mots pour décrire le temps d'aujourd'hui.

Objectif : Utiliser un tableau à double entrée pour résoudre des problèmes de logique.

Calcul mental : Proposer 3 nombres inférieurs à 100. Les faire mémoriser, puis écrire sur l'ardoise. Demander de les classer du plus petit au plus grand : 58, 36, 78 ; 88, 82, 80 ; 70, 40, 30.

Se repérer dans un tableau (2)

Comment classer des informations dans un tableau à double entrée ?

Observe la carte météo, puis **coche** dans le tableau le temps qu'il fait dans les villes indiquées.

temps / ville				
Lille		✗		
St-Brieuc	✗			
Strasbourg				
Paris				
Lyon				
Chambéry				
Toulouse				
Marseille				
Ajaccio				

1 **Observe** les présentateurs de la météo, puis **complète** le tableau.

lundi 8 avril	vendredi 7 octobre	dimanche 4 février
Mireille TF1	Paul France 3	Xavier Arte
Conseil du jour	Conseil du jour	Conseil du jour

indications / prénom	Chaîne	Jour	Date	Mois	Conseil
Mireille	....	....	....	....	....
....	France 3	....	....	....	....
....	....	Dimanche	4	....	....

2 **Complète** le tableau à l'aide du dessin et du texte. **Écris** les noms des enfants sur le dessin.

- Émilie n'a pas pris de boisson.
- Tom et John n'aiment pas les boissons gazeuses.
- John ne boit pas avec une paille.

prénom / choix	Émilie	Fatima	Tom	John
Menthe à l'eau				
Glace				
Limonade				
Grenadine				

Objectifs : Savoir utiliser le matériel de numération et un tableau « centaines – dizaines – unités » pour lire et écrire un nombre de 3 chiffres.

Calcul mental : Dicter un nombre de 3 chiffres. Par 2, les élèves représentent ce nombre avec le matériel de numération et la monnaie factice.

Les nombres supérieurs à 100 (1)

Comment utiliser le matériel de numération pour « visualiser » les nombres ?

Observe. **Écris** et **lis** les autres nombres sur le même modèle.

Selon la météo, cette artiste fait chaque jour un point d'une couleur différente sur son tableau. Elle a rempli 100 cases et il en reste 32.
Le tableau sera composé de **132 (cent trente-deux)** taches de couleurs.

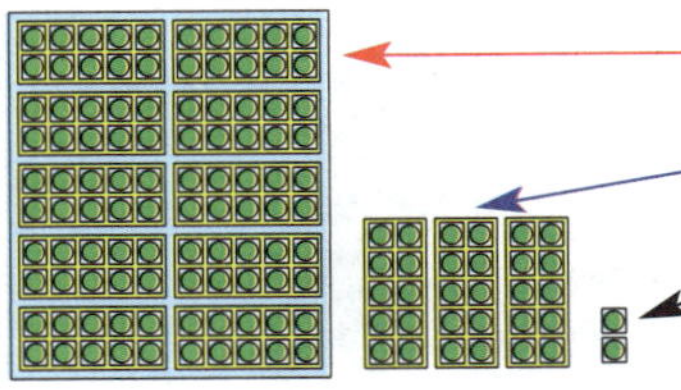

1 centaine → 100
3 dizaines → 30
2 unités → 2

c	d	u
1	3	2

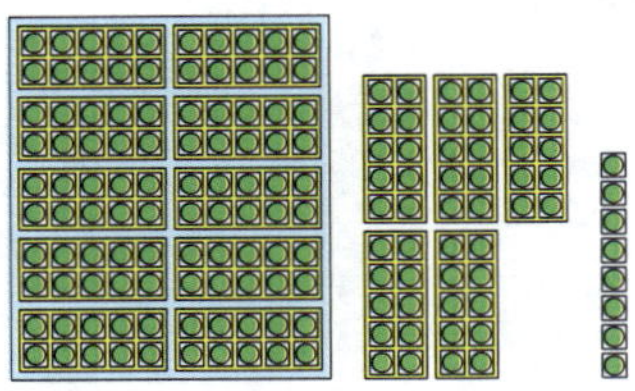

c	d	u
....	....	....

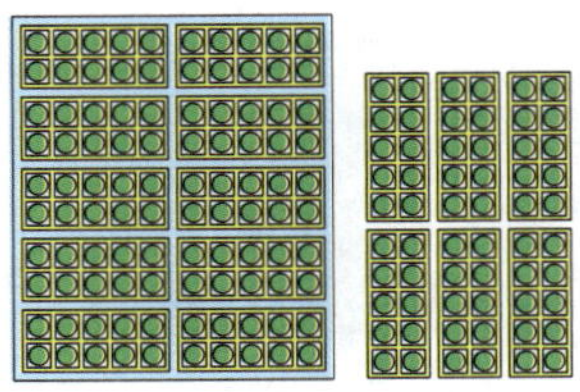

c	d	u
....	....	....

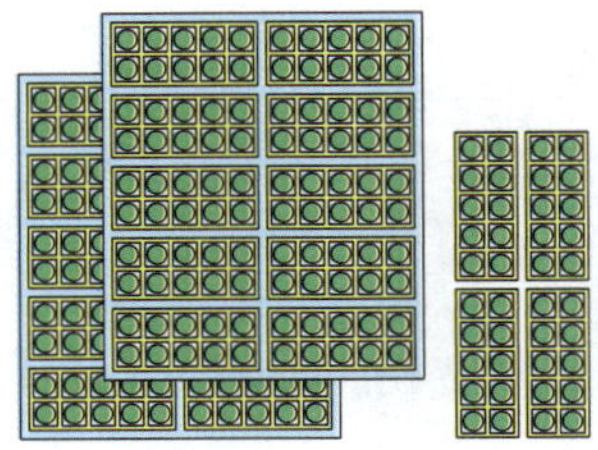

c	d	u
....	....	....

1 **Écris** les nombres qui correspondent à ces sommes d'argent.

....

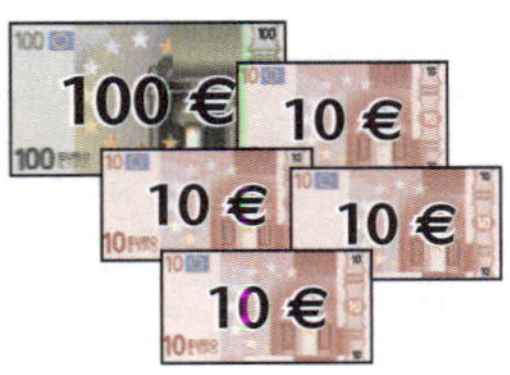

....

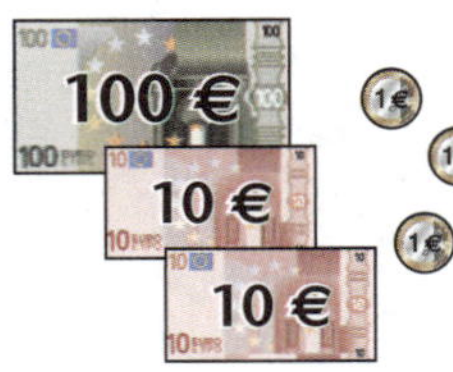

....

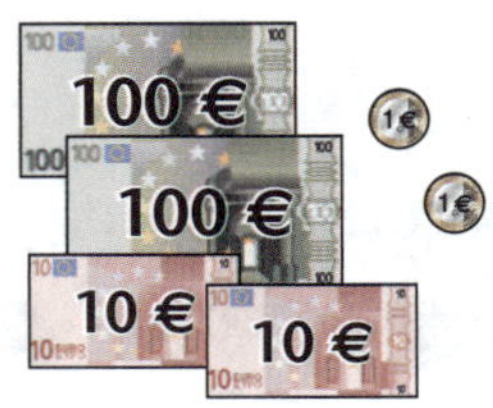

....

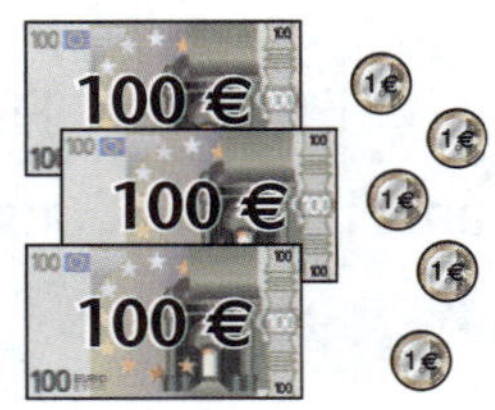

....

2 **Représente** ces nombres avec ton matériel de numération, puis **écris**-les en chiffres.

cent quarante-huit → ....
cent quarante → ....
cent huit → ....

deux cent vingt et un → ....
deux cent vingt → ....
deux cent un → ....

trois cent seize → ....
trois cent dix → ....
trois cent six → ....

3 **Écris** dans l'ordre les nombres de 245 à 265.

245 ....

.... 265

Objectifs : Décomposer un nombre de 3 chiffres en une somme (425 → 400 + 20 + 5). Différencier chiffre et nombre des unités, des dizaines, des centaines. Maîtriser le passage des centaines (199 → 200, 299 → 300…).
Calcul mental : Donner 1 nombre de 3 chiffres. Faire écrire le nombre qui vient juste avant ou juste après.

Les nombres supérieurs à 100 (2)

Comment transformer les centaines en dizaines et en unités ?

Aide Olivier à compter l'argent qu'il lui faudrait pour acheter ce tableau.

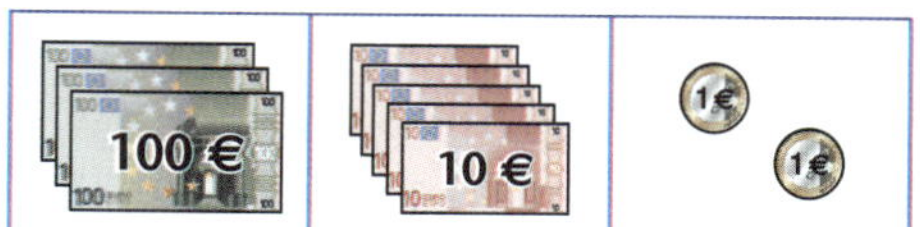

c	d	u
3	5	2

352 = 300 + 50 + 2

3 centaines 5 dizaines 2 unités

352 € → …… billets de 10 € et …… pièces de 1 € ou …… pièces de 1 €

352 = …… dizaines et 2 unités ou …… unités

1 Décompose les nombres selon le modèle.

746 = **700** + **40** + **6**

580 = …… + …… + ……

349 = …… + …… + ……

990 = …… + …… + ……

444 = …… + …… + ……

903 = …… + ……

2 Écris ces nombres de 3 chiffres selon le modèle.

	c	d	u	Nombre
4 centaines 1 dizaine et 7 unités	4	1	7	417
8 centaines 9 dizaines et 1 unité	……	……	……	……
3 centaines et 2 dizaines	……	……	……	……

	c	d	u	Nombre
4 centaines et 7 unités	……	……	……	……
8 centaines	……	……	……	……
2 dizaines	……	……	……	……

3 Écris le nombre qui vient juste avant et celui qui vient juste après.

…… 59 ……

…… 99 ……

…… 30 ……

…… 100 ……

…… 300 ……

…… 359 ……

…… 599 ……

…… 430 ……

…… 900 ……

…… 700 ……

Le coin du malin

Laura devait peindre un numéro différent sur les tenues de sport de ses 6 amies. Toutes voulaient les chiffres 1, 2 et 3. Comment Laura a-t-elle fait ?

Objectifs : Repérer et désigner (coder) les cases d'un quadrillage. Reproduire un dessin.
Calcul mental : Dictée de nombres : 145, 109, 123, 204, 254, 263, 356, 380, 306.

Coder les cases d'un quadrillage

Comment se repérer à l'aide d'un quadrillage ?

Observe, puis **écris** le code des pièces en désordre pour donner leur emplacement dans le quadrillage.

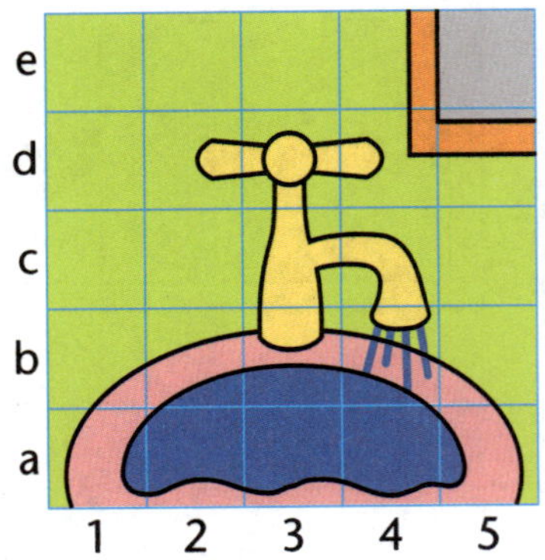

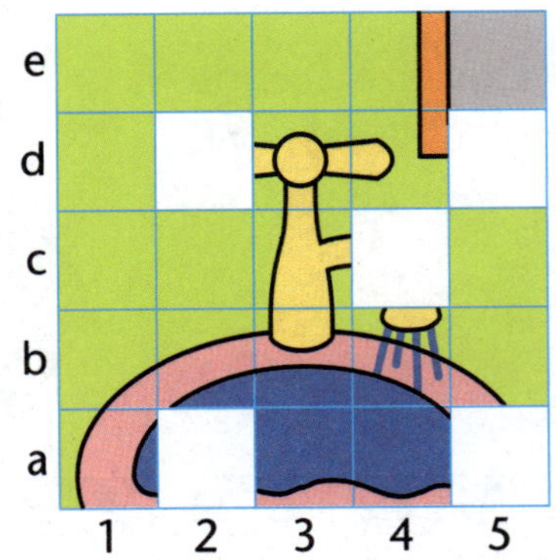

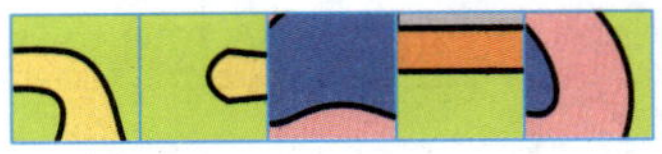

.... **a2** ....

Retiens bien

On distingue par une lettre ou un chiffre chaque ligne et chaque colonne du quadrillage.
La case d3 est au croisement de la ligne d et de la colonne 3.

1 **Reproduis** le premier dessin dans le second quadrillage.

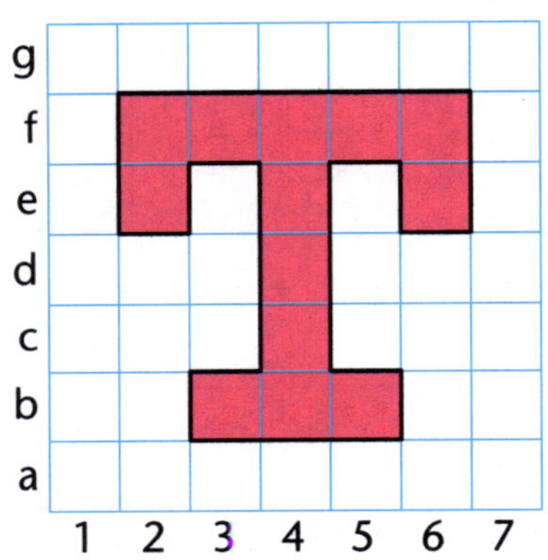

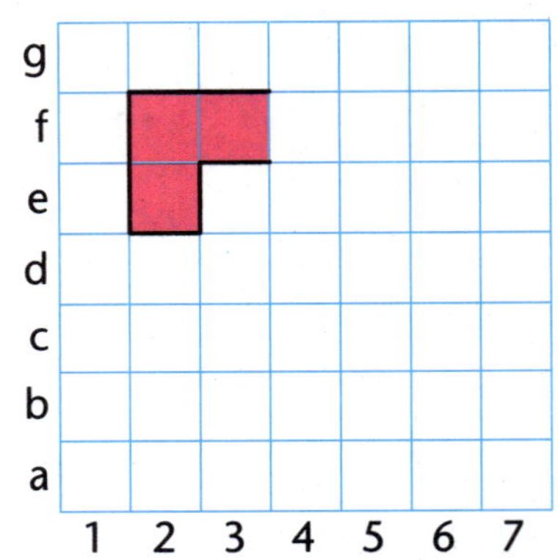

2 Élodie a fabriqué des glaçons à la menthe, à la grenadine et à la citronnade.
Continue de colorier les glaçons en utilisant ces renseignements.

menthe	d2	c5
grenadine	a1	b3
citronnade	a4	b6

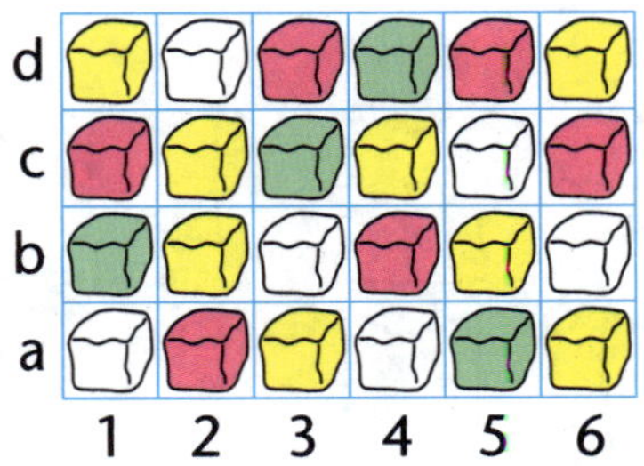

3 **Observe** le trajet de l'eau, puis **barre** les codes des cases par lesquelles elle n'est pas passée.

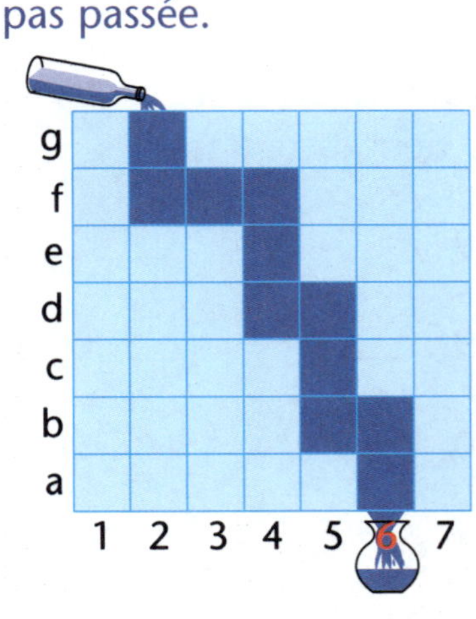

g1 – f2 – d3 – c5 – c6 – b5 – b3 – a5 – a6

Objectifs : Repérer et désigner (coder) les nœuds d'un quadrillage. Reproduire, agrandir ou déformer une figure.
Calcul mental : Dicter des nombres sous la forme : 400 + 60 + 4 ; 500 + 30 + 7 ; 200 + 40 + 8 ; 700 + 90 + 4.

Coder les nœuds d'un quadrillage

Comment se repérer à l'aide d'un quadrillage ?

Observe, puis **entoure** celui de ces 3 pions qui n'est pas rouge sur le quadrillage : a1 – b4 – c2.

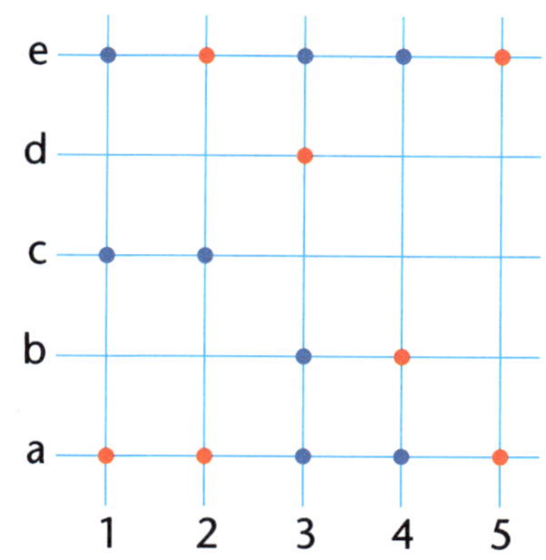

Retiens bien

L'intersection de 2 lignes du quadrillage est un nœud. Le nœud d3 est au croisement de la ligne d et de la ligne 3.

1 **Écris** le code des nœuds où sont placés ces 5 cerfs-volants.

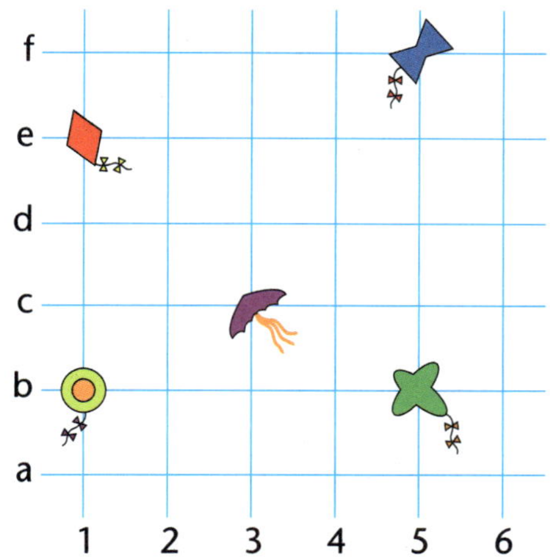

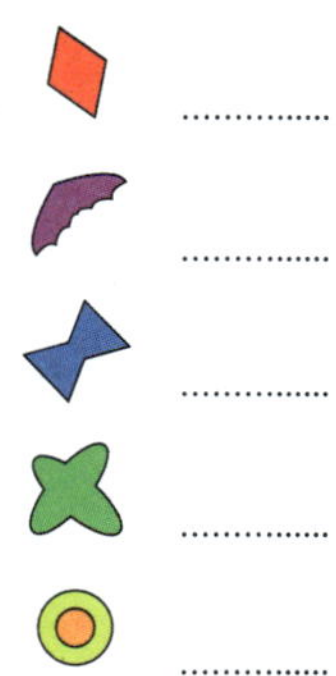

2 **Reproduis** la figure du premier quadrillage dans les 2 suivants.

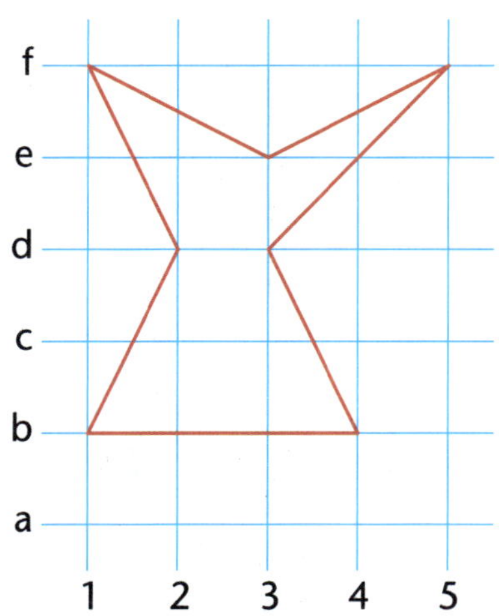

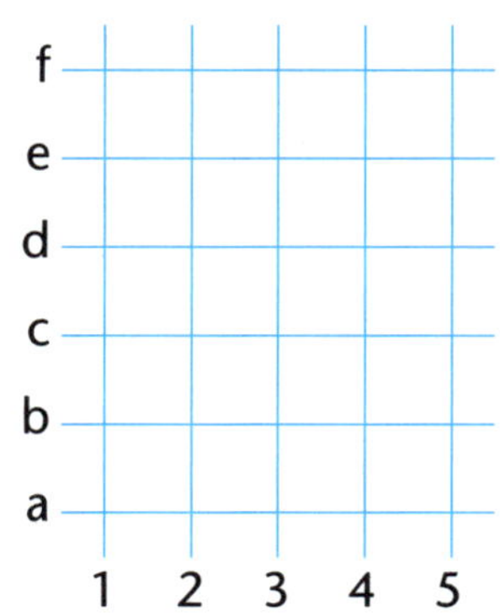

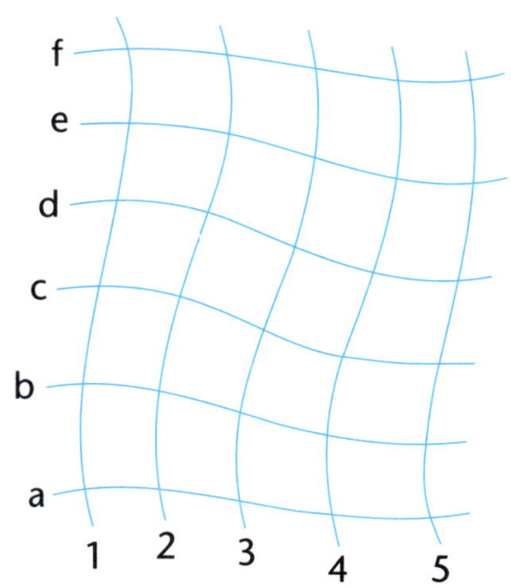

Écris ce que tu observes : La figure est .... La figure est ....

D'où viennent

Poussés par le vent,
de gros nuages envahissent le ciel…
Voici les premières gouttes de pluie.
Comment cela se produit-il ?

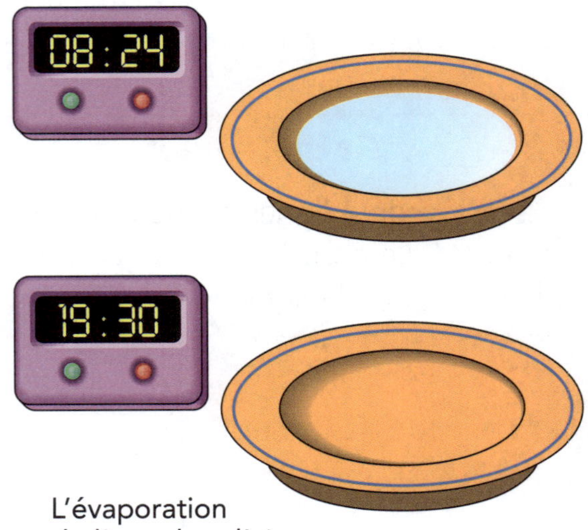

L'évaporation de l'eau dans l'air

L'évaporation de l'eau

Verse un peu d'eau dans une assiette et place-la à l'extérieur. En quelques heures, l'assiette est vide. L'eau s'est transformée en vapeur, elle s'est évaporée dans l'air.

Des gouttelettes d'eau (buée) sur une bouteille très fraîche

De l'eau dans l'air !

L'air qui nous entoure contient de l'eau, mais elle est invisible. Si tu souffles sur un miroir froid ou si tu sors une bouteille d'eau fraîche du réfrigérateur, de fines gouttelettes se déposent. C'est la buée.

Les océans et les nuages

Comme l'eau de l'assiette, l'eau des océans s'évapore sous l'effet de la chaleur du Soleil. Lorsque cet air humide se refroidit, de la buée se forme en grande quantité : c'est ainsi que naissent les nuages.
Les vents marins les poussent ensuite vers la terre.

Les nuages dans le ciel

les nuages ?

Cirrus et cumulo-nimbus

▸ Des nuages différents

Les nuages se forment plus ou moins haut dans le ciel. Tous n'ont pas la même forme, ni le même nom. Sur la photographie, on distingue en haut des « cirrus » et en bas des « cumulo-nimbus » qui annoncent l'orage.

▸ Le cycle de l'eau

Les minuscules gouttelettes d'eau des nuages finissent par se rassembler en gouttes plus lourdes. Elles tombent alors en pluie. Emportée dans des ruisseaux, des rivières et des fleuves, l'eau de pluie terminera un jour son voyage dans la mer… Et tout recommencera !

Le cycle de l'eau

Ateliers

- Observe plusieurs jours de suite les mouvements des nuages au-dessus de chez toi. De quelle direction viennent-ils ? Vers où se dirigent-ils ?
- Utilise un dictionnaire pour savoir si ces noms de pluies désignent la même chose : *une bruine – une averse – un déluge – un crachin – un orage – une giboulée.*

Retenir

- En t'aidant du dessin ci-dessus, explique ce que l'on appelle « le cycle de l'eau ».
- Relis ensuite les textes des 2 pages pour vérifier que tu as bien compris.

Comment bien grandir ?

Pour bien grandir, être actif et vivre en bonne santé, une alimentation riche et variée est nécessaire. Lorsque tu as faim, ton corps demande que tu lui donnes tout ce dont il a besoin.

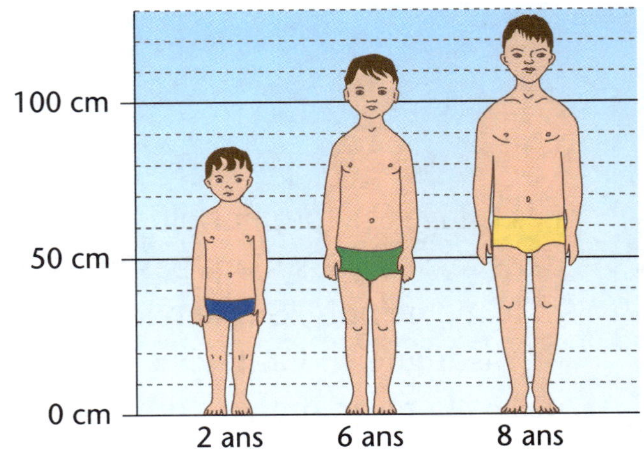

▶ Une croissance rapide

À 8 ans, tu es presque 3 fois plus grand(e) et environ 8 fois plus lourd(e) que le jour de ta naissance, grâce à l'alimentation que tu as reçue.

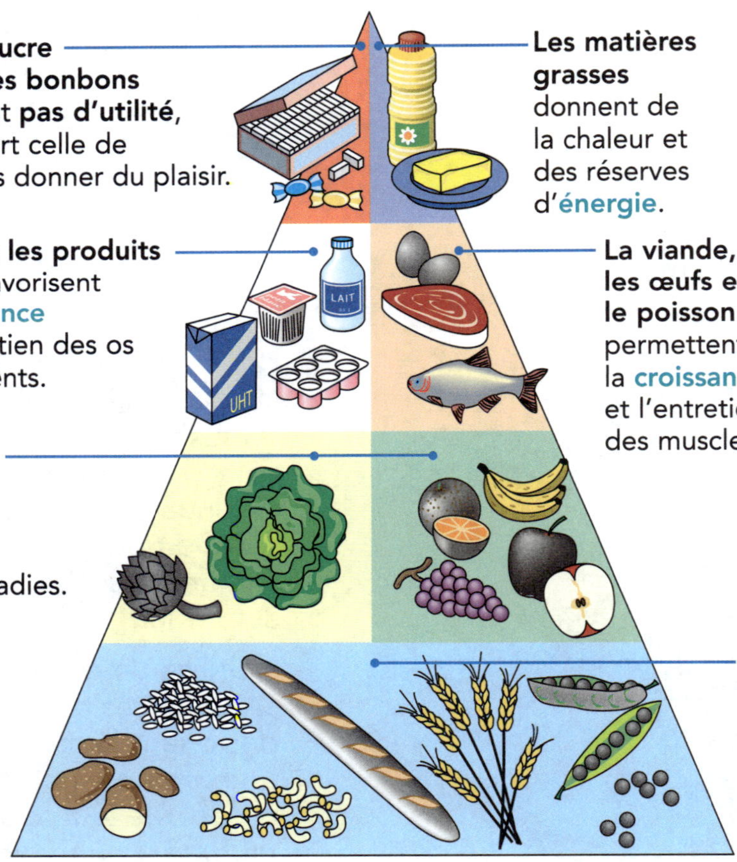

▶ Varier la nourriture

Chaque groupe d'aliments a un rôle différent.
Dans le triangle ci-contre, plus l'espace occupé par un groupe est grand, plus nous en avons besoin pour bien vivre.

Ateliers

- Procure-toi les menus des repas de la semaine à la cantine scolaire. Toutes les catégories d'aliments ont-elles été servies au moins une fois au cours de la semaine ?
- Par groupes, découpez des images d'aliments dans des journaux. Classez-les dans un tableau.

Objectif : Concevoir que la mesure de la longueur d'un objet ou d'un segment varie selon l'unité choisie.

Calcul mental : Concours de table d'addition. 2 élèves s'opposent. Le maître donne une somme (8 + 7, 7 + 9, etc.). L'élève qui répond le premier marque 1 point. Le premier qui a 6 points a gagné.

Mesurer des longueurs

Comment mesurer des longueurs avec des unités diverses ?

On dit que Tom est « haut comme 3 pommes ».
Ce n'est sûrement pas vrai. **Observe** le dessin.

Retiens bien

Pour mesurer une longueur, tu peux te servir d'un objet de ton choix. La longueur de cet objet sera **ton unité** de mesure.

On peut dire que Tom est haut comme .... pommes ou .... pastèques.

1 **Écris** la mesure de chaque segment en prenant pour unité la bande bleue.

unité

Décalque la bande bleue, puis **découpe**-la pour mesurer les segments.

a

a = ... unités

c

c = ... unités

b

b = ... unités

2 Dans ce quadrillage, l'unité de mesure est le côté du carreau. **Complète**.

- La ligne bleue mesure **8 unités**.
- La ligne rouge mesure .... unités.
- La ligne violette mesure .... unités.
- La ligne orange mesure .... unités.

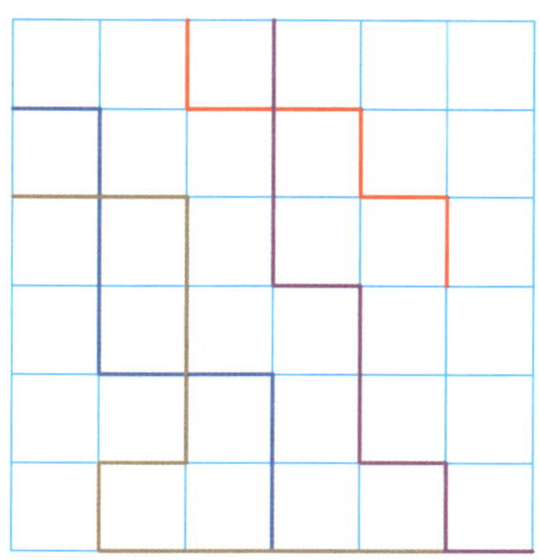

3 Quelle unité Franck a-t-il choisie pour mesurer ce segment ?

unité A

unité B

unité C

Ce segment mesure 7 unités ....

Objectifs : Utiliser la règle graduée en centimètres pour donner la mesure d'un segment. Utiliser la règle graduée en centimètres pour construire un segment d'une longueur donnée.

Calcul mental : Proposer 3 chiffres et demander d'écrire autant de nombres que possible avec ces 3 chiffres.

Mesurer en centimètres

Comment mesurer des longueurs en centimètres ?

Retiens bien

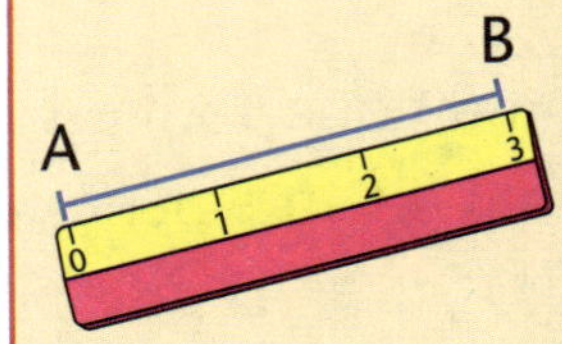

[AB] = 3 cm.
Place bien le 0 de ta règle au début du segment à mesurer.

Observe, puis **mesure** les segments.

La règle graduée de ton gabarit mesure 11 centimètres (cm).

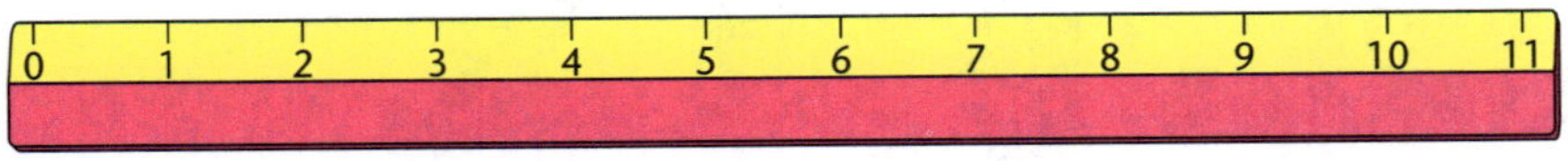

1 cm

C D .... cm

G H .... cm

E F .... cm

1 Prolonge les segments pour leur donner la mesure demandée.

A
3 cm

D
5 cm

F
4 cm

2 Construis les segments à la mesure demandée.

[AB] = 3 cm [CD] = 5 cm [EF] = 7 cm

3 Dessine un point rouge au milieu de chacun de ces segments.

A B

C D

E F

G H

Problème

Depuis lundi, Farah tricote une écharpe pour sa poupée. Tous les jours, elle en mesure la longueur.

Continue d'indiquer de combien de centimètres son écharpe s'allonge chaque jour.

- Lundi : 7 cm → + 7 cm
- Mardi : 11 cm → + 4 cm
- Mercredi : 20 cm → + ... cm
- Jeudi : 34 cm → + ... cm
- Vendredi : 40 cm → + ... cm
- Samedi : 51 cm → + ... cm

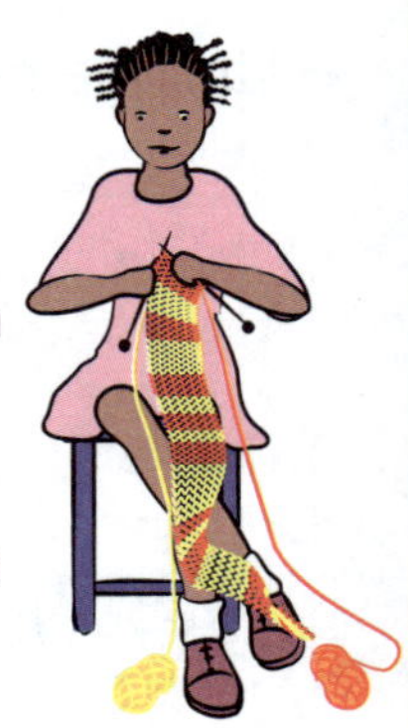

Quel jour Farah a-t-elle le plus tricoté ?

....

Objectifs : Isoler le nombre de dizaines dans un nombre. Décomposer le calcul d'une somme.

Calcul mental : Faire compter successivement les enfants de 10 en 10, de 20 en 20, à partir d'un nombre donné. Faire représenter un nombre de 3 chiffres avec le matériel de numération. Ajouter 2, 3, 4 dizaines. Trouver la somme.

Ajouter 10, 20, 30, 40, 50...

Comment décomposer un nombre pour ajouter un nombre entier de dizaines ?

Observe, puis **complète** le calcul.

Emma mesurait 105 cm et Julien mesurait 88 cm. Tous deux ont grandi de 30 cm. On calcule leur nouvelle taille :
105 + 30 et 88 + 30.

105 → 10 dizaines et 5 unités

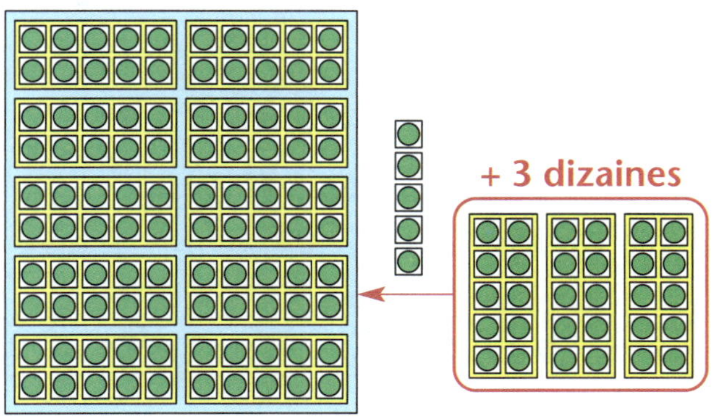

88 → 8 dizaines et 8 unités

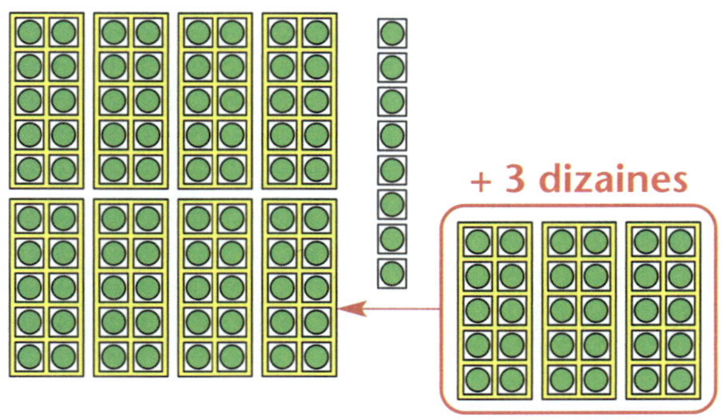

[1 0] 5 + [3] 0 = [.........] 5

[8] 8 + [3] 0 = [1 1] ......

1 **Effectue** ces additions.

[2 5] 7 + [2] 0 = [.........] ....

[6] 4 + [4] 0 = [.........] ....

[5 8] 5 + [2] 0 = [.........] ....

2 **Effectue** ces additions.

63 + 20 = ... 55 + 40 = ... 92 + 10 = ... 31 + 50 = ...

284 + 10 = ... 175 + 20 = ... 360 + 30 = ... 294 + 10 = ...

3 **Écris** les nombres qui suivent le nombre donné.

- en comptant de 10 en 10 → 68 ....
- en comptant de 20 en 20 → 68 ....

4 **Complète** les additions.

28 + ... = 48 25 + ... = 75 48 + ... = 78 81 + ... = 101

105 + ... = 165 369 + ... = 379 455 + ... = 495 299 + ... = 309

Objectifs : Trouver le complément d'un nombre inférieur à 100, puis d'un nombre inférieur à 1 000.

Calcul mental : Avec puis sans le matériel de numération : représenter un nombre, le compléter à la centaine supérieure (en passant par la dizaine supérieure). Écrire et lire le complément.

Compléter à 100

Comment approcher par l'addition la notion de différence ?

Observe comment on a fait le calcul, puis **complète** la règle.

Marco compte toujours **100 pas** entre sa maison et la boulangerie. Il a déjà fait **35 pas**. Combien lui en reste-t-il à faire ?

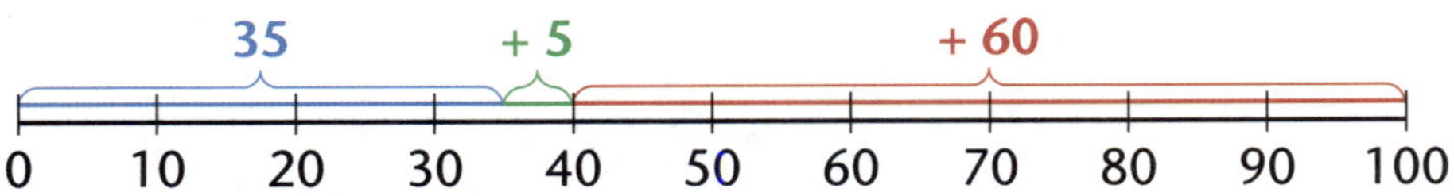

Marco fera **5** pas (jusqu'à 40), puis **60** pas (de 40 à 100), c'est-à-dire .... pas au total.

Retiens bien

On compte en 2 étapes.

35 + ... = 40　　40 + ... = 100

35 + ... = 100

1 Marque la place des nombres en couleur sur la ligne avant de compléter les additions.

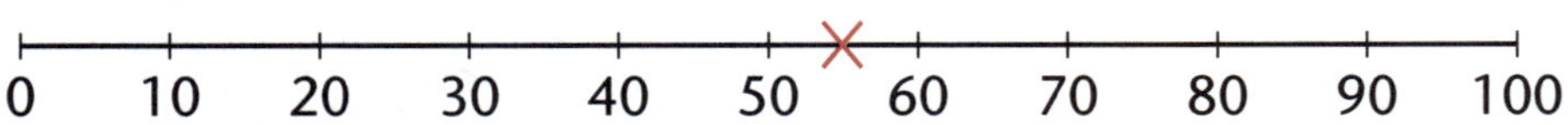

X 55 + ... = 100　　X 75 + ... = 100　　X 25 + ... = 100

X 45 + ... = 100　　X 85 + ... = 100　　X 65 + ... = 100

2 Ajoute ce qui manque pour obtenir 100.

18 —+ 2→ 20 —+ 80→ 100	**41** —+ ....→ 50 —+ ....→ 100	**66** —+ ....→ 70 —+ ....→ 100
54 —+ ....→ 60 —+ ....→ 100	**83** —+ ....→ 90 —+ ....→ 100	**77** —+ ....→ .... —+ ....→ 100
32 —+ ....→ .... —+ ....→ 100	**29** —+ ....→ .... —+ ....→ 100	**48** —+ ....→ .... —+ ....→ 100

Le coin du malin

Marco ne trace que la fin d'une ligne graduée pour calculer 265 + ? = 300.
Fais comme lui pour l'autre opération.

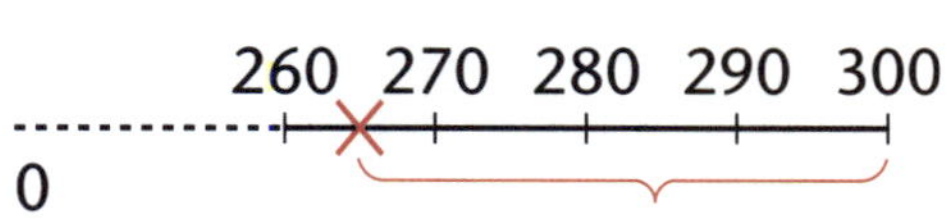

265 + 35 = 300

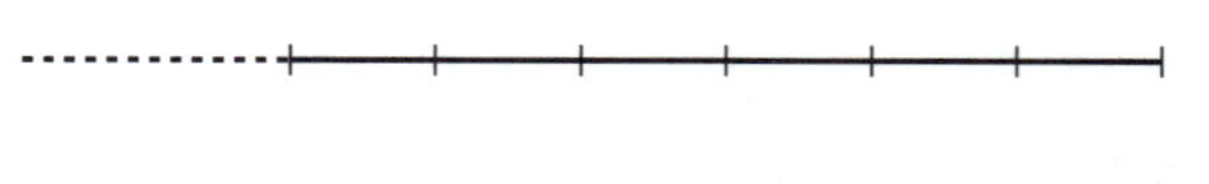

645 + ... = 700

Objectifs : Connaître et utiliser les unités de mesure de longueur.
Calcul mental : Faire deviner et écrire : un nombre de 3 chiffres qui possède 2 centaines, 8 dizaines et 5 unités ; un nombre de 3 chiffres qui possède 4 centaines, autant de dizaines et 3 unités ; un nombre de 3 chiffres qui possède 6 centaines et 5 unités.

Mesurer en mètres et en centimètres

Comment mesurer des longueurs ?

Retiens bien

Le mètre est l'unité de mesure des longueurs.
1 mètre = 100 centimètres (1 m = 100 cm).

Observe, puis **entoure** en bleu les plantes qui mesurent plus d'un mètre de hauteur.

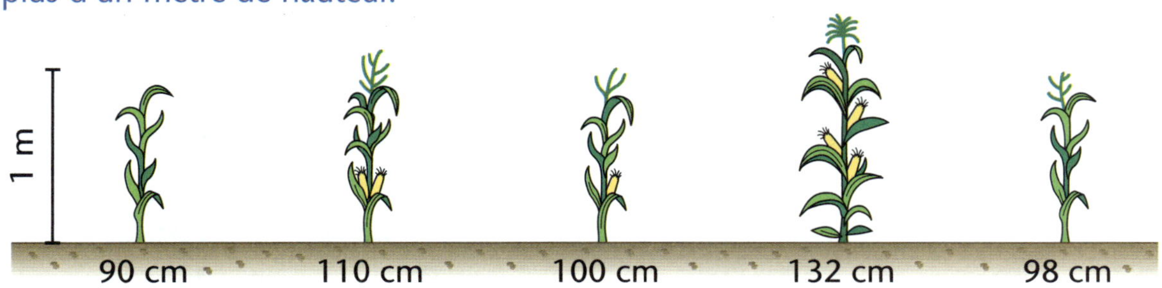

1 **Relie** chaque objet à sa mesure.

La longueur de la classe •	• 15 m
La longueur de la cour •	• 400 m
La hauteur d'un immeuble de 4 étages •	• 7 m
Le tour du stade •	• 32 m

2 **Entoure** la bonne mesure.

- La longueur de la baguette de pain

3 m – 60 cm – 38 m – 2 cm

- La hauteur du cerisier

45 m – 300 cm – 5 cm

- La largeur de la boîte de céréales

58 cm – 23 m – 21 cm

Problème

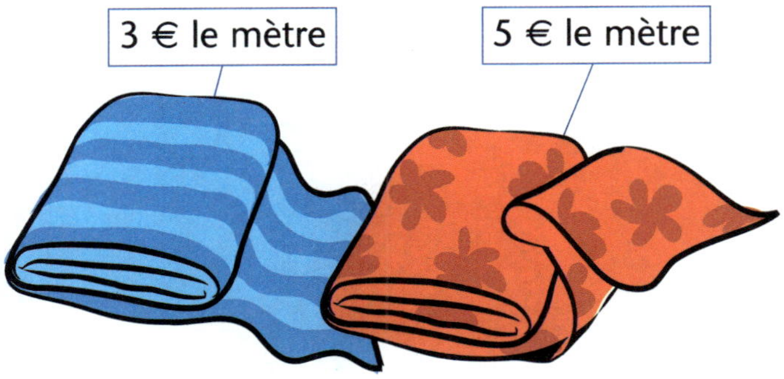

Madame Robin a acheté 2 m de tissu bleu et 3 m de tissu rouge.
Combien va-t-elle payer son achat ?

Prix du tissu bleu : ....

Prix du tissu rouge : ....

Elle va payer : ....

Quelles sont les

Le peintre Van Gogh s'est intéressé aux grandes étapes de la vie humaine, comme chacun de nous. Chaque âge a ses joies, ses peines et ses besoins…

Madame Roulin et son bébé,
Arles, 1888.

La petite enfance

Le tout-petit dépend des adultes pour tous les gestes de sa vie. Il mange souvent et dort beaucoup. Pendant ses moments de veille, il se familiarise avec les bruits, les mots, les visages…

L'Enfant à l'orange,
Auvers-sur-Oise, 1890.

L'enfance

À travers le jeu, en imitant les adultes, puis à l'école, l'enfant développe son langage, son habileté, sa réflexion… Il devient capable de satisfaire seul ses besoins, comme manger, boire et s'occuper.

L'adolescence

La croissance se termine et le corps prend ses formes adultes. Garçons et filles ont envie de choisir librement leurs amis, leur façon de s'habiller, leurs loisirs et leur futur métier…

Le Jeune Homme à la casquette,
Arles, 1888.

étapes de la vie ?

Les Premiers Pas, après Millet, Saint-Rémy, 1890.

▶ L'âge adulte

La plupart des hommes et des femmes travaillent. Ils vivent souvent en couples et beaucoup ont des enfants. Cette période de la vie assure la survie de l'espèce humaine.

La Mère de Vincent Van Gogh, Arles, 1888.

▶ L'âge de la retraite

Après une vie de travail, c'est le temps de la retraite : on s'arrête de travailler pour se reposer et profiter de la vie.

Le Vieil Homme dans la douleur, Saint-Rémy, 1890.

▶ La vieillesse

Petit à petit, le corps humain s'affaiblit et devient plus sensible aux maladies. Tous les êtres vivants disparaissent un jour, les personnes âgées aussi… Cette idée est difficile à accepter, mais la nature est ainsi. C'est pourquoi il faut les aider et les aimer.

Retenir

À quelles époques de la vie correspondent ces âges ?

35 ans – 16 ans – 6 mois – 60 ans – 80 ans – 8 ans.

Ateliers

- Cherche des photographies de la même personne à différents âges dans l'album de photos de ta famille.
- Imagine ce que font et ce que pensent les personnages des tableaux de Van Gogh. Raconte.

Objectifs : Chercher des renseignements numériques dans un texte et sur une image. Analyser des informations pour répondre à des questions et en poser.

Poser des questions et y répondre

Comment bien comprendre un énoncé de problème ?

1 Explique pourquoi on peut répondre à certaines questions et pas à d'autres.
Finis de tracer les flèches.

Le coffre à jouets mesure 80 cm de long.
Il contient déjà 8 jouets de Mathilde et 7 de Roberto.
8 autres jouets sont sur le tapis.
L'épée de Roberto mesure 120 cm.

- Combien y a-t-il de jouets de Mathilde dans le coffre ?
- Combien y a-t-il de jouets dans le coffre ?
- Combien y a-t-il de jouets en tout ?
- Mathilde a-t-elle plus de jouets que Roberto ?
- Quelle est la taille de Roberto ?
- Peut-on mettre l'épée dans le coffre ?

- On ne peut pas répondre.
- On peut répondre sans calculer.
- On peut répondre, mais il faut calculer.

2 Écris les réponses ou **barre** les questions si tu ne peux pas y répondre.

- C'est l'anniversaire de Quentin. Combien a-t-il prévu de bouteilles de jus d'orange ? ....
- Combien de bouteilles a-t-on bues avant l'arrivée du gâteau ? ....
- Combien reste-t-il de pommes à la fin de la fête ? ....
- Juliette et ses amies ont bu un jus d'orange chacune. Quentin et ses amis ont mangé une pomme chacun. Y avait-il plus de garçons ou plus de filles ? ....

3 Pose 2 questions pour lesquelles il faut faire un calcul. **Donne** les réponses.

Charles Oscar

Charles a pris 110 pièces. Il lui en reste 60 à utiliser.
Oscar a pris les 90 pièces qui restaient dans la boîte.

....

....

....

....

....

Objectif : Réinvestir les notions étudiées de la page 37 à la page 65.

BILAN 2

1 Écris ces nombres en chiffres.

cent cinquante → .... cent cinq → .... cent cinquante-cinq → ....

2 Dessine 3 pièces dans chaque ensemble pour obtenir les sommes demandées.

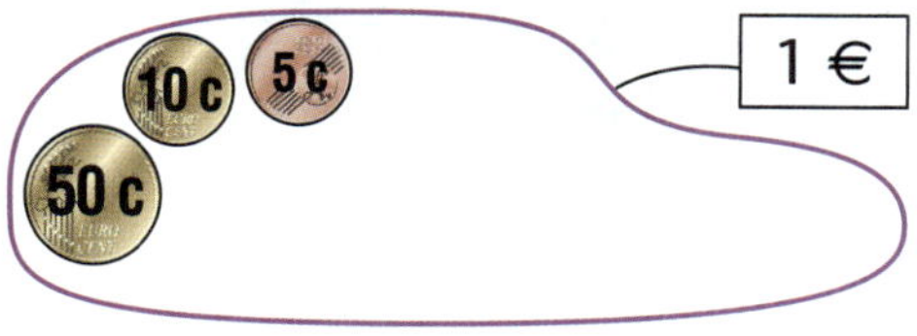

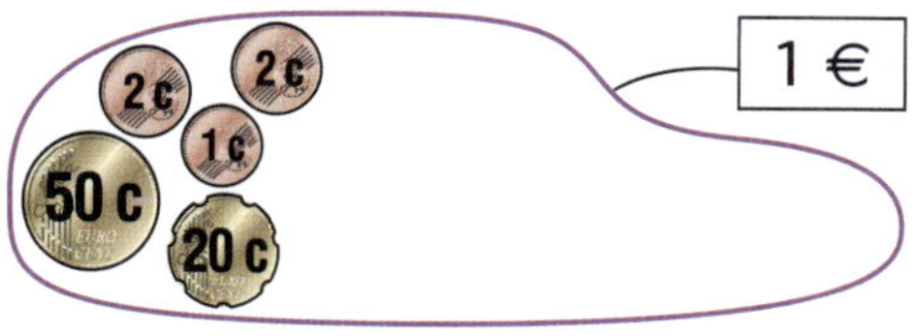

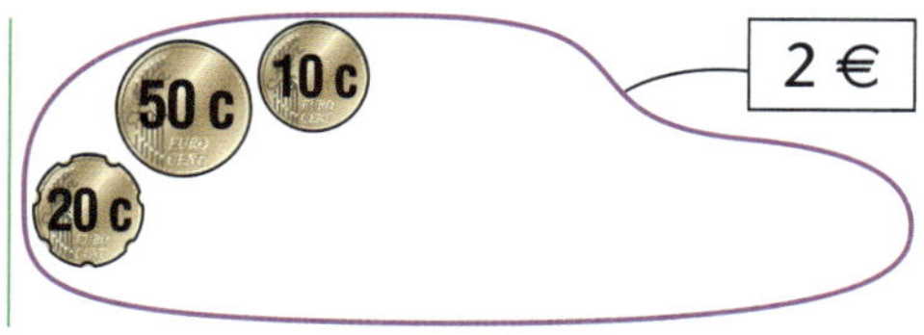

3 Complète ces additions.

5 + 7 + 3 + 5 = ... | 8 + 6 + 4 + 2 = ... | 19 + 8 + 1+ 2 = ... | 3 + 9 + 1 + ... = 20

4 Ajoute en 2 étapes ce qui manque pour obtenir 100.

32 —+ ....→ 40 —+ ....→ 100 | **81** —+ ....→ .... —+ ....→ 100 | **15** —+ ....→ .... —+ ....→ 100

5 Marque d'un point les angles droits dans les figures proposées.
(**Utilise** l'angle droit que tu as décalqué page 48.)

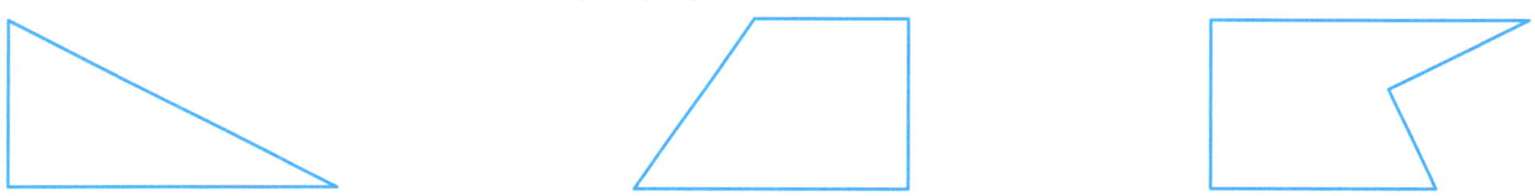

6 Écris « vrai » ou « faux ».

4		S				
3					O	
2						
1	E		R			
	a	**b**	**c**	**d**	**e**	**f**

La lettre R est dans la case c1 : ....

La lettre O est dans la case e4 : ....

La lettre S est dans la case b4 : ....

La lettre E est dans la case a2 : ....

7 Donne la mesure des segments en centimètres.

.... cm .... cm .... cm

Après la correction, note le nombre de bonnes réponses dans le rond vert et le nombre d'erreurs dans le rond rouge.

Comment se repérer dans la journée ?

Il existe plusieurs façons de se repérer dans la journée : en observant la course du Soleil, le mouvement des ombres au fil des heures ou en utilisant un cadran solaire.

La nuit tombe : le Soleil se couche.

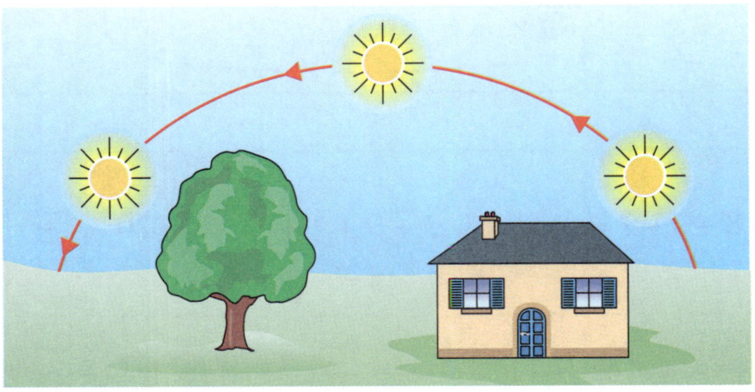

Le Soleil dans le ciel au cours de la journée

Se repérer grâce au Soleil

La Terre tourne sur elle-même et tu as l'impression que le Soleil traverse le ciel de son lever à son coucher. L'observation de ce mouvement te permet de te repérer dans la journée.

Se repérer grâce aux ombres

Tous les objets éclairés par le Soleil produisent une ombre. Au cours de la journée, cette ombre se déplace avec le Soleil autour de l'objet éclairé.

Statue et son ombre à 10 heures

Statue et son ombre à 16 heures

Utiliser un cadran solaire

Autrefois, on utilisait le cadran solaire pour se repérer dans la journée. L'ombre de la tige du cadran se déplace sur sa surface du lever au coucher du Soleil.

Un cadran solaire

Atelier

- Un jour de grand soleil, plante un bâton dans le sol. Marque toutes les heures l'emplacement de son ombre.

Objectifs : Connaître la correspondance heure/minutes. Comprendre et utiliser les expressions : « demi-heure », « quart d'heure », « trois quarts d'heure ».

Calcul mental : Calculer sur les durées : 1/4 d'heure + 1 minute = ? ; 1 demi-heure + 5 minutes = ? ; etc.

Heures et minutes

Comment approcher la lecture de l'heure ?

Observe.

1 heure, c'est 60 minutes. — 1 demi-heure, c'est 30 minutes. — 1 quart d'heure, c'est 15 minutes. — 3 quarts d'heure, c'est 45 minutes.

Complète :

- Paul loue une mini-moto une demi-heure ou 30 minutes.
- Yannick loue une mini-moto trois quarts d'heure ou …… minutes.
- Élodie loue une mini-moto une heure et quart ou …… minutes.
- Karine loue une mini-moto une heure et 30 minutes ou …… minutes.

1 **Relie** la durée et l'événement.

3 minutes •	• c'est la durée d'une mi-temps d'un match de football.
20 minutes •	• c'est la durée d'un cours de judo.
1 heure •	• c'est la durée d'une récréation.
45 minutes •	• c'est le temps de cuisson d'un œuf à la coque.

2 **Lis** l'affichette, puis **complète** le texte.

Lundi 6 mai

8 h 00	Éco Matin
8 h 30	Téléchat
9 h 15	Voyages
10 h 00	C'est à vous
11 h 00	Bon appétit
12 h 30	Le journal

- Il est 8 heures et 15 minutes. L'émission Téléchat commence dans …… minutes.
- Il est 9 heures et 30 minutes. L'émission Voyages est déjà commencée depuis …… minutes.
- Il est midi. Le journal commence dans …… minutes.
- Quelle émission dure une heure ?

……………………

3 **Observe** les durées colorées sur les cadrans, puis **complète** comme dans l'exemple.

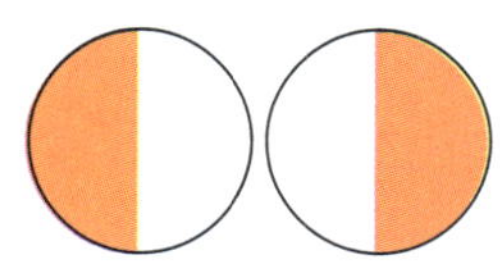

30 + 30 = 60 minutes

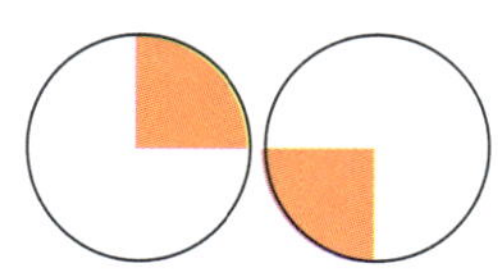

…… + …… = ……

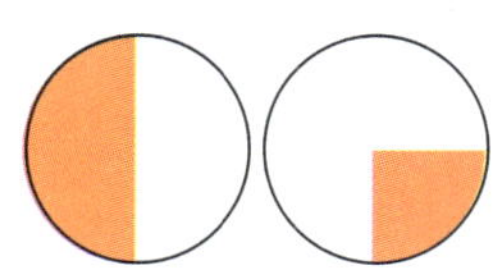

…… + …… = ……

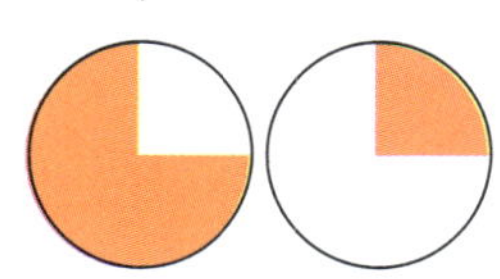

…… + …… = ……

Objectifs : Mémoriser les doubles des nombres de 0 à 10. Calculer le double d'un nombre de 2 chiffres en le décomposant en dizaines et en unités.

Calcul mental : Faire calculer le double de nombres inférieurs à 50, en décomposant oralement le calcul (double de 24 = double de 20 + double de 4).

Calculer le double d'un nombre

Comment utiliser la table d'addition pour le calcul du double ?

+	0	1	2	3	4	5	6	7	8	9	10
0	**0**	1	2	3	4	5	6	7	8	9	10
1	1	**2**	3	4	5	6	7	8	9	10	11
2	2	3	**4**	5	6	7	8	9	10	11	12
3	3	4	5	**6**	7	8	9	10	11	12	13
4	4	5	6	7	**8**	9	10	11	12	13	14
5	5	6	7	8	9	**10**	11	12	13	14	15
6	6	7	8	9	10	11	**12**	13	14	15	16
7	7	8	9	10	11	12	13	**14**	15	16	17
8	8	9	10	11	12	13	14	15	**16**	17	18
9	9	10	11	12	13	14	15	16	17	**18**	19
10	10	11	12	13	14	15	16	17	18	19	**20**

Observe, puis **calcule** de la même façon le double de 34.

Pamela met 26 minutes pour aller à la piscine et autant au retour. Elle calcule le temps du trajet aller-retour. Elle calcule **le double de 26 (26 + 26)**.

- 26 → 2 dizaines et 6 unités
- le double de 2 dizaines → 4 dizaines (40)
- le double de 6 unités → 12 unités (12)
- le double de 26 (26 + 26) → 40 + 12 = 52

- 34 → .... dizaines et .... unités
- le double de .... dizaines → .... dizaines (........)
- le double de .... unités → .... unités (........)
- le double de 34 (34 + 34) → .... + ... = ...

1 **Cherche** les résultats dans la table d'addition.

Le double de 4 est ....

Le double de .... est 12.

Le double de 7 est ....

Le double de .... est 10.

Le double de 9 est ....

Le double de .... est 16.

2 **Écris** les nombres qui manquent.

Le double de 23 est ....

Le double de 25 est ....

Le double de 34 est ....

Le double de 36 est ....

Le double de 50 est ....

Le double de 51 est ....

3 **Colorie** en jaune un nombre de balles qui soit le double du nombre de balles bleues.

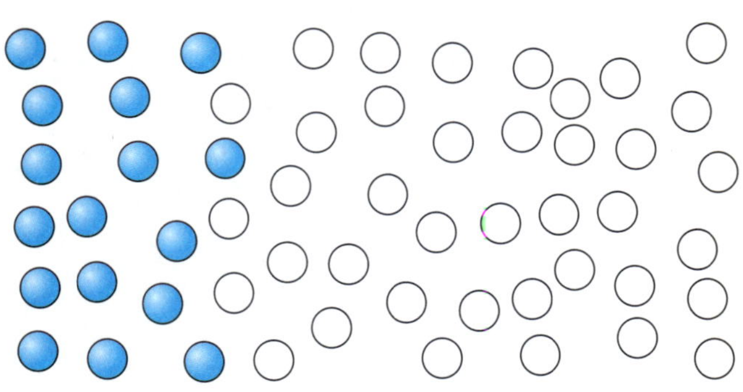

Nombre de balles : bleues .... – jaunes ....

Le coin du malin

Calcule le dernier temps d'arrêt de l'escargot. Il double son temps de repos à chaque marche.

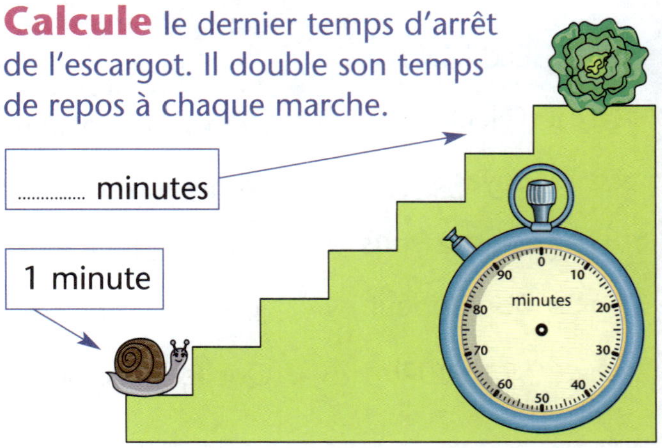

Objectifs : Calculer la moitié des nombres simples. Distinguer un nombre pair d'un nombre impair.

Calcul mental : Donner un nombre inférieur à 20. Calculer son double et sa moitié (constater, après plusieurs exemples, qu'on peut toujours trouver le double, mais pas toujours la moitié). Donner un nombre simple. De quel nombre est-il la moitié ?

La moitié
Les nombres pairs et impairs

Comment reconnaître les nombres pairs et impairs ?

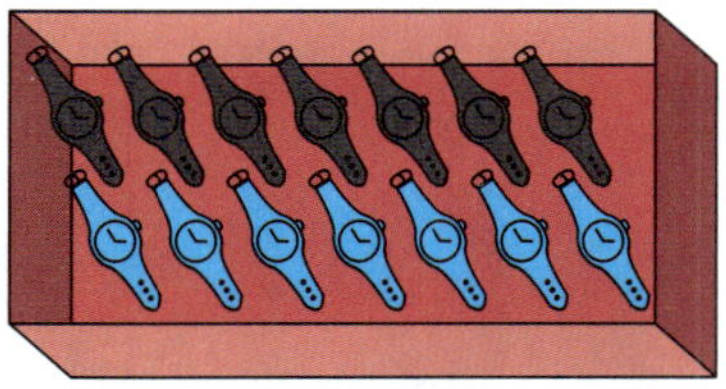

Il y a **14** montres dans la boîte rouge. **7** marron et **7** bleues.
7 est la moitié de 14 (14 = 7 + 7). 14 est un nombre pair.

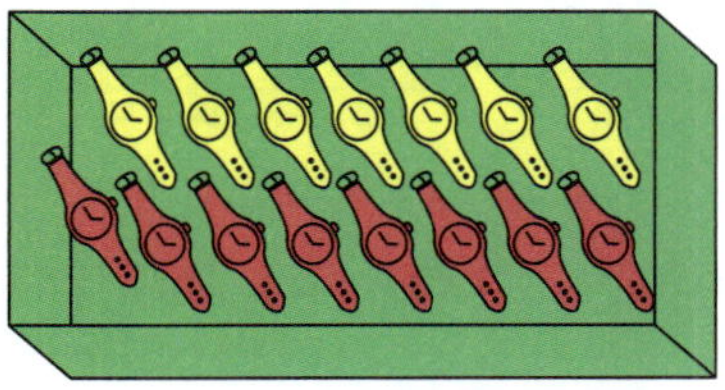

Il y a **15** montres dans la boîte verte.
15 n'a pas de moitié entière. 15 est un nombre impair.

Retiens bien

Les nombres pairs : 0, 2, 4, 6, 8, 10, 12…
Les nombres impairs : 1, 3, 5, 7, 9, 11, 13…

Colorie quand c'est possible la moitié des montres de chaque boîte A et B.
Complète le texte.

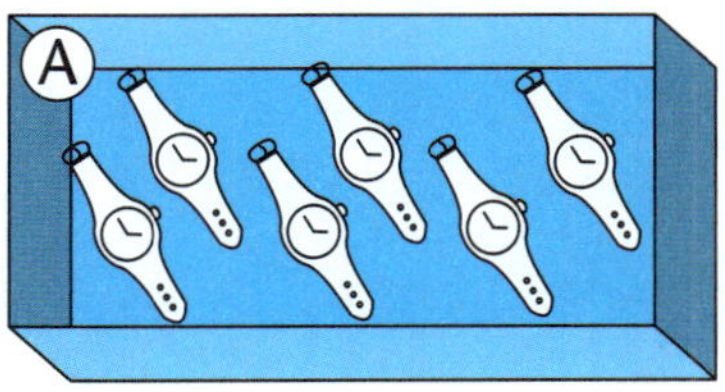

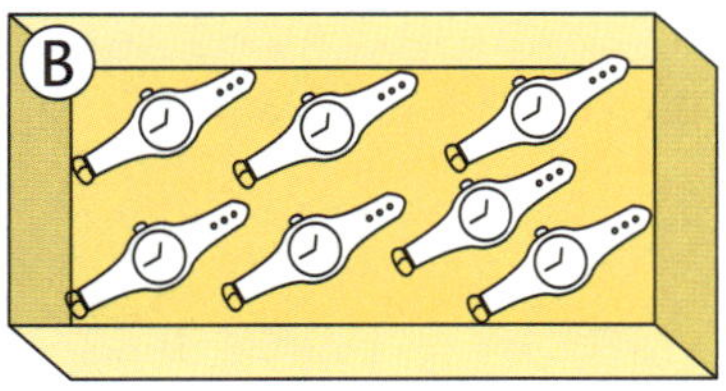

Il y a .... montres dans la boîte ....

C'est un nombre pair (.......... + ... = ...).

Il y a .... montres dans la boîte ....

C'est un nombre impair.

1 Colorie quand c'est possible la moitié des objets de chaque collection.

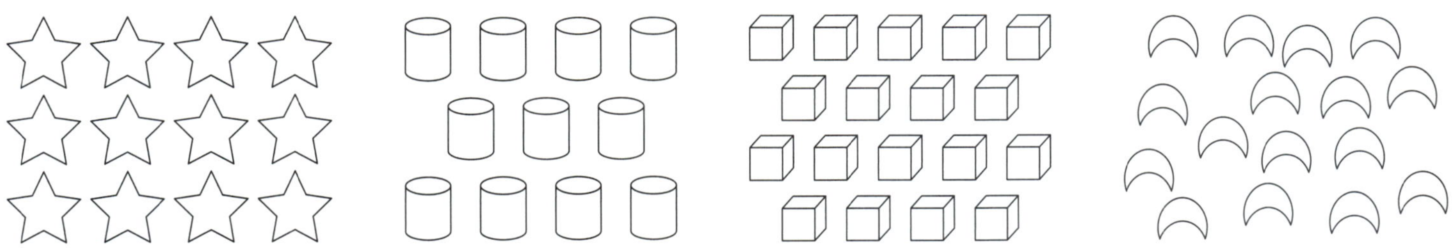

2 Décompose sous forme d'addition pour faire apparaître la moitié (si elle existe).

0 = 0 + 0	**2 = 1 + 1**	3 = ... + ...	4 = ... + ...	5 = ... + ...
6 = ... + ...	7 = ... + ...	8 = ... + ...	9 = ... + ...	10 = ... + ...
20 = ... + ...	21 = ... + ...	40 = ... + ...	43 = ... + ...	100 = ... + ...

3 Continue à entourer les nombres pairs.

1	(2)	3	(4)	5	(6)	7	(8)	9	(10)
11	(12)	13	(14)	15	(16)	17	(18)	19	(20)

…

22	25	23	29	30	21	24	27	26	28
47	50	37	42	35	80	61	60	49	44

Le coin du malin

Utilise la méthode de Sonia pour calculer la moitié de 68 et de 82.

68 → ....   82 → ....

Objectif : Lire l'heure sur un cadran à aiguilles.

Calcul mental : Faire calculer : 15 + 15, 30 + 15, 45 + 15, 30 + 30, 15 + 15 + 15. Travailler en vérifiant sur la pendule. « Il est 6 h 15. Quelle heure sera-t-il dans 10 minutes ? » ; « Il est 8 h 20. Quelle heure était-il il y a 10 minutes ? » ; « Il est midi. Quelle heure était-il il y a 30 minutes ? ».

Lire l'heure (1)

Comment lire l'heure sur une montre à aiguilles ?

Observe, puis **complète**.

Retiens bien

Sur la pendule, la petite aiguille rouge montre les heures, la grande aiguille verte montre les minutes.

Il est 6 heures. Il est .... heures. Il est .... heures. Il est .... heures ou midi.

1 **Observe** le mouvement des aiguilles, puis **écris** l'heure en chiffres.

8 h 00 | 8 h 05 | 8 h .... | 8 h .... | 8 h .... | 8 h .... | 8 h ....

2 **Écris** l'heure en chiffres ou **dessine** l'aiguille des minutes.

9 h 03 | 7 h .... | 11 h .... | 12 h .... | 8 h 07 | 9 h 35 | 6 h 55

Objectif : Lire l'heure (avant et après midi) sur un cadran à aiguilles.
Calcul mental : Dicter : 56 + 10, 32 + 20, 57 + 30, 21 + 40, 234 + 10, 521 + 30.

Lire l'heure (2)

Comment lire l'heure sur une montre à aiguilles ?

Observe.

Sur une montre à aiguilles,
on peut lire 10 h 00 dans la matinée
ou 22 h 00 dans la soirée.

Il est 10 heures.

Il est 22 heures.

Retiens bien

Un jour, c'est 24 heures.
Sur le cadran des montres à aiguilles, il n'y a pas 24 nombres pour indiquer toutes les heures de la journée.
À partir de midi, la petite aiguille fait un second tour du cadran.

Écris l'heure qu'indiquent ces pendules.

Il est 9 h 00 du matin. — Il est .... du matin. — C'est l'après-midi. Il est .... — C'est le soir. Il est ....

1 Observe le panneau de la gare, puis **écris** si ces voyageurs partiront dans la matinée, dans l'après-midi ou dans la soirée.

Départ des trains

Marseille	9 h 15
Lyon	11 h 19
Toulouse	14 h 45
Lille	17 h 00
Brest	21 h 32

- Je vais à Lille : je partirai dans ....
- Je vais à Lyon : je partirai dans ....
- Je vais à Brest : je partirai dans ....

2 Dessine les aiguilles des pendules selon l'heure indiquée.

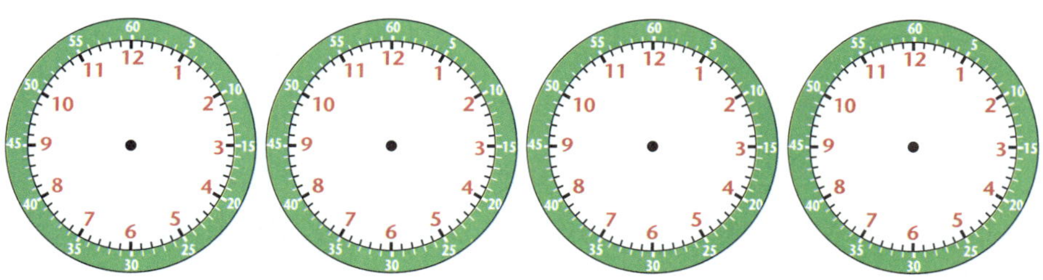

20 h 15 — minuit — 15 h 45 — 19 h 19

Problème Victor part pour Toulouse à 14 h 45. Son voyage doit durer 6 heures.

À quelle heure arrivera-t-il ?

Il arrivera à ....

....

Comment marchent

Aujourd'hui, on n'utilise plus les cadrans solaires pour lire l'heure. Les aiguilles et les nombres des montres ou des réveils te permettent de te repérer dans la journée.

Un réveil électrique

Une montre à aiguilles

Les aiguilles bougent

À l'intérieur du réveil ou de la montre à aiguilles, on découvre des roues dentelées de tailles différentes qui tournent et font avancer les aiguilles.

Un mécanisme à ressort

Les montres anciennes fonctionnaient grâce à un ressort qu'il fallait remonter tous les jours.

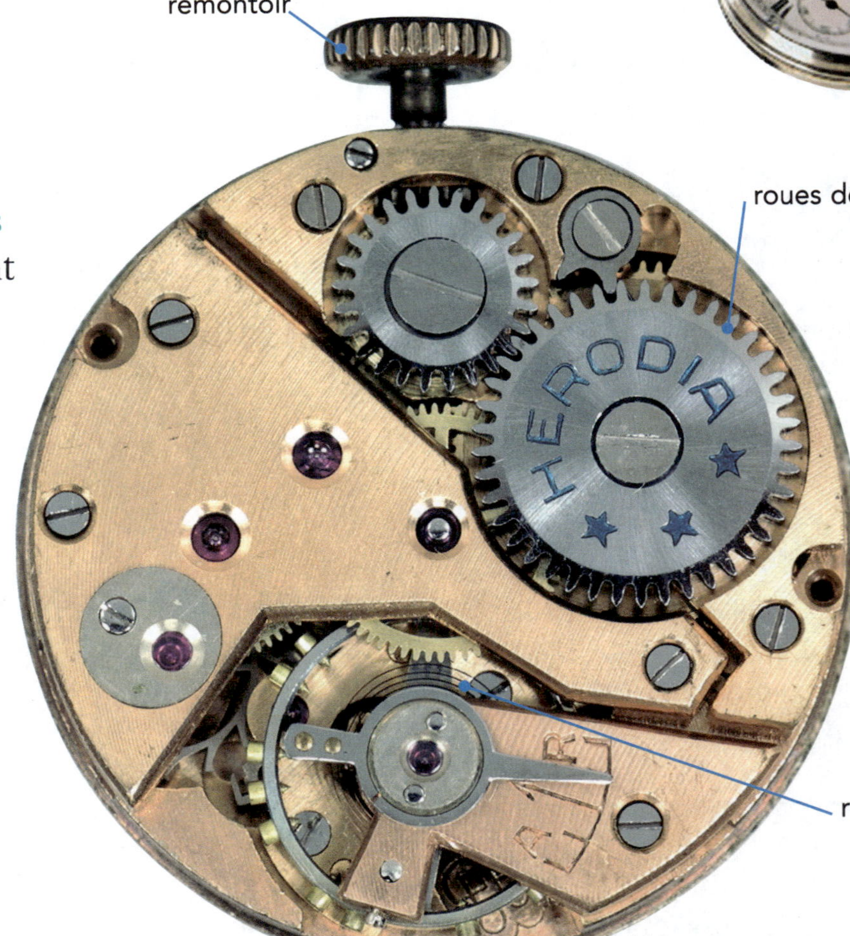

Une montre ouverte

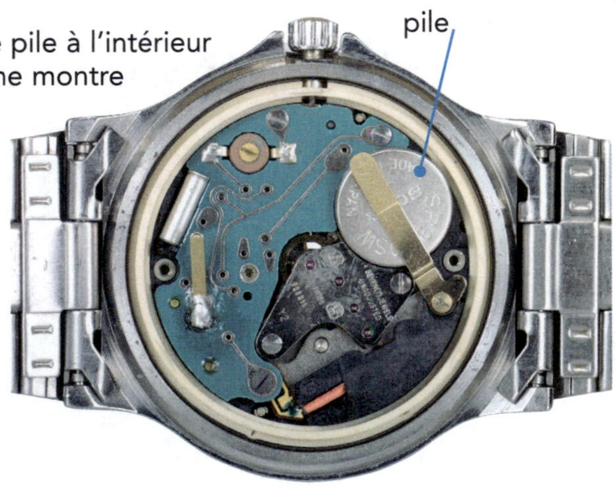

Une pile à l'intérieur d'une montre

Un mécanisme à pile

De nos jours, c'est une pile qui fournit l'énergie nécessaire au mouvement des aiguilles.

les horloges ?

Les nombres changent

À l'intérieur du réveil électrique, rien ne bouge. On découvre des composants électroniques qui permettent l'affichage des nombres.

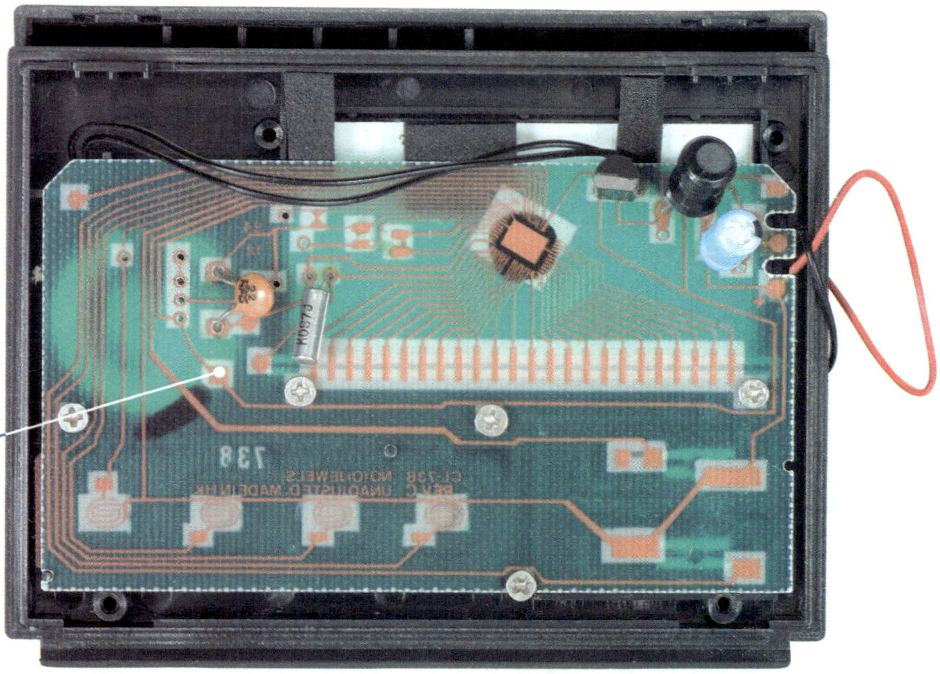

Un réveil électrique ouvert
avec ses composants électroniques

L'énergie électrique

Le courant électrique fournit l'énergie nécessaire au fonctionnement de ce réveil.

Une montre solaire
Grâce aux capteurs, l'énergie du Soleil recharge la pile de la montre.

L'énergie solaire

Le Soleil n'a pas fini de jouer son rôle dans la mesure du temps. On ne s'en sert plus pour lire l'heure mais il fournit l'énergie nécessaire à la bonne marche d'horloges et de montres.

Retenir

Entoure les sources d'énergie qui permettent de faire fonctionner les horloges :

une pile – le vent – le Soleil – le courant électrique.

Atelier

• Fais la liste de tous les objets sur lesquels tu peux lire l'heure : à la maison, dans la rue ou à l'école.

Pourquoi faut-il faire du sport ?

Pour rester en bonne santé et pour mieux respirer, il est important de pratiquer un sport.

▶ Pour rester en bonne santé

Nous avons besoin d'exercices physiques.
Le sport nous permet de dépenser l'énergie fournie par notre alimentation. Il nous évite ainsi de grossir.
Il nous permet d'augmenter la force et la souplesse de nos muscles.

Une sportive en transpiration

▶ Pour mieux éliminer

À la suite d'un effort violent, nous transpirons abondamment. La température de notre corps s'élève et nous avons besoin de perdre de la chaleur. La sueur s'échappe alors de notre corps.

Des sportifs essoufflés

▶ Pour mieux respirer

L'oxygène de l'air que nous respirons est nécessaire au bon fonctionnement de notre corps.
Lors d'un effort physique, nous absorbons une grande quantité d'oxygène. Notre respiration s'accélère et nous sommes essoufflés.
Nous inspirons et nous expirons ainsi trois fois plus vite que d'habitude.

Ateliers

- Quels sont les sports que tu pratiques ?
- À quel moment fournis-tu des efforts physiques violents ?
- T'arrive-t-il d'être essoufflé(e) ?
- Que fais-tu pour retrouver une respiration normale ?

Objectifs : Décomposer les nombres en centaines, dizaines et unités. Appliquer les règles d'associativité et de commutativité de l'addition.

Calcul mental : Faire appliquer la méthode de décomposition des nombres étudiée dans la page à des sommes de 2 nombres simples (total inférieur à 100). Faire décomposer oralement le calcul au moment de la correction.

Décomposer les nombres pour additionner

Comment se faciliter la vie pour effectuer des additions ?

Retiens bien

Rachid : 19 + 32 = 10 + 9 + 30 + 2

10 + 30 = 40
9 + 2 = 11 } 40 + 11 = 51

Observe le calcul du total des points de Rachid.
Complète les autres résultats.

	Arc	Rollers	Total
Rachid	19 points	32 points	51
Carole	16 points	46 points	......
Janice	31 points	31 points	......

Carole : 16 + 46 = 10 + 40 + 6 + 6

10 + 40 = ...
6 + 6 = ... } ...... + ... = ...

Janice : 31 + 31 = ... + ... + ... + ...

...... + ... = ...
...... + ... = ... } ...... + ... = ...

1 **Décompose** les nombres selon le modèle.

256 = 200 + 50 + 6

423 = ... + ... + ...

67 = ... + ...

550 = ... + ...

125 = ... + ... + ...

505 = ... + ...

2 **Décompose** les nombres pour les additionner.

45 + 23 = 40 + 20 + 5 + 3
60 + ... = ...

73 + 17 = ... + ... + ... + ...
80 + ... = ...

39 + 31 = ... + ... + ... + ...
...... + ... = ...

210 + 105 = ... + ... + ... + ...
...... + ... = ...

Le coin du malin

Calcule les additions de tête, comme Victor.

Pour calculer 236 + 123, je fais 200 + 100 = 300, 30 + 20 = 50, cela fait 350, 6 et 3 = 9, en tout 359 !

78 + 12 = ...

150 + 310 = ...

125 + 221 = ...

Problème

Les bleus ont marqué 38 points en première mi-temps et 22 en seconde mi-temps. Les rouges ont marqué 32 points à chaque mi-temps. Qui a gagné le match ?

...... + ... = ...

...... + ... = ...

Réponse : ......

Objectifs : Reconnaître le cercle. Tracer un cercle à l'aide d'un compas.
Calcul mental : Dicter les nombres : 342, 756, 321, 893, 344, 208, 900. Faire entourer les nombres pairs.

Le cercle

Qu'est-ce qu'un cercle ?

Retiens bien

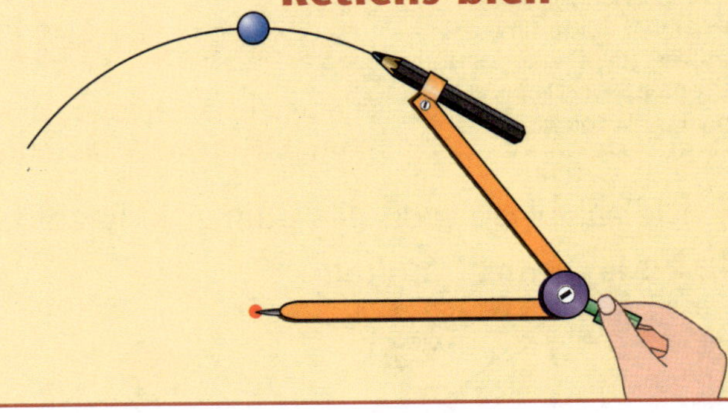

Observe. Kenza a accroché une perle de bois au bout d'une ficelle. Elle la fait tourner au bout de ses doigts. La perle tourne en formant **un cercle**. Les doigts de Kenza sont situés **au centre du cercle**.

Utilise un compas pour reproduire le cercle formé par la perle qui tourne.

Le point rouge est le centre du cercle.
Pose la mine de ton compas sur la perle bleue.

1 **Continue** la frise en utilisant ton compas.

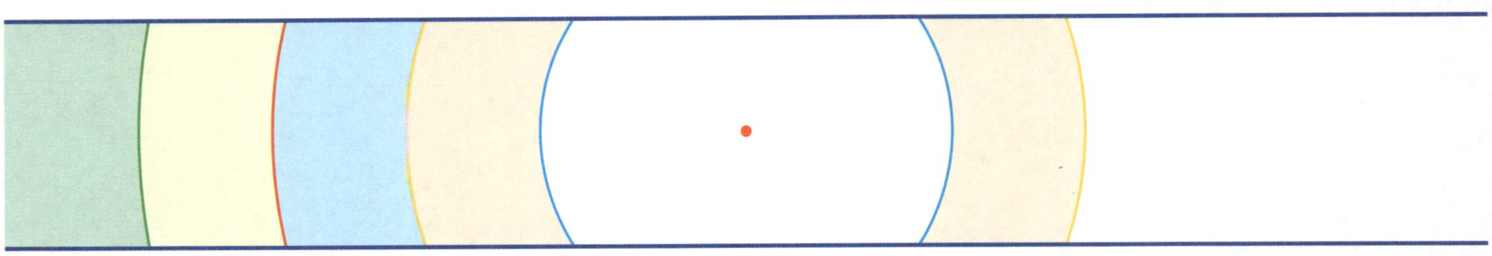

2 **Reproduis** le dessin en utilisant ton compas.

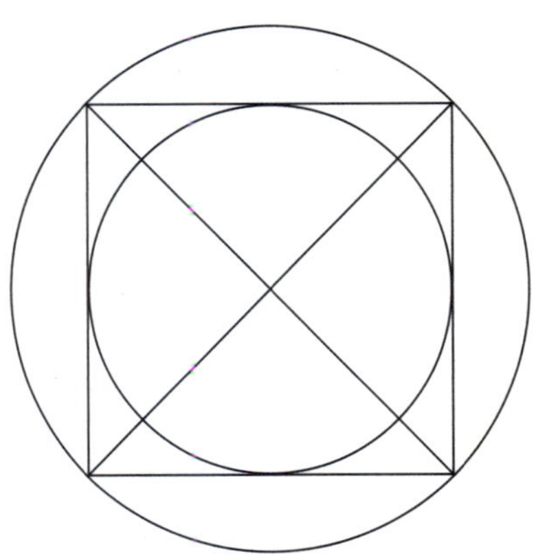

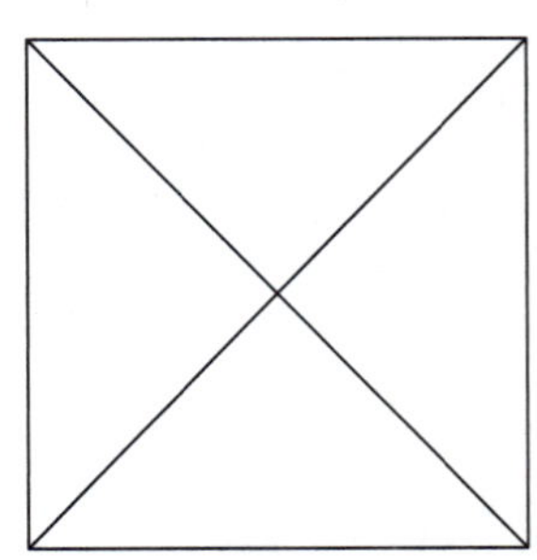

Objectifs : Savoir poser une addition en colonnes (aligner les chiffres, effectuer colonne par colonne, de droite à gauche).

Calcul mental : Exercices de mémorisation des tables avec puis sans la table d'addition sous les yeux : un enfant interroge un de ses camarades, qui interroge le suivant, et ainsi de suite.

Poser une addition en colonnes (1)

Comment bien aligner les nombres pour calculer en colonnes ?

Retiens bien

Lorsqu'une addition semble trop difficile, tu peux la poser « en colonnes ».

Observe, puis **termine** les calculs.

Nombre de participants à cette course de rollers :

Hommes : 122

Femmes : 113

Enfants : 54

Total : 122 + 113 + 54

1. On aligne bien les chiffres.

	c	d	u
	1	2	2
+	1	1	3
+		5	4
=			

2. On additionne les unités.

	c	d	u
	1	2	2
+	1	1	3
+		5	4
=			....

3. On additionne les dizaines.

	c	d	u
	1	2	2
+	1	1	3
+		5	4
=		....	9

4. On additionne les centaines.

	c	d	u
	1	2	2
+	1	1	3
+		5	4
=	....	8	9

1 **Pose** ces additions en colonnes en alignant bien les chiffres, puis **effectue**-les.

54 + 32 + 13

	c	d	u
	....	....	....
+	....	....	....
+	....	....	....
=	....	....	....

131 + 25 + 223

	c	d	u
	....	....	....
+	....	....	....
+	....	....	....
=	....	....	....

42 + 210 + 35

	c	d	u
	....	....	....
+	....	....	....
+	....	....	....
=	....	....	....

2 **Pose** ces additions en colonnes, puis **effectue**-les.

24 + 253 + 22

201 + 65 + 32

40 + 55 + 103

232 + 162 + 5

Problème

Papa ne veut pas dépenser plus de 150 € pour acheter à Céline cet équipement de rollers.

Pourra-t-elle en faire aujourd'hui ?

Calcul

Réponse :

....

....

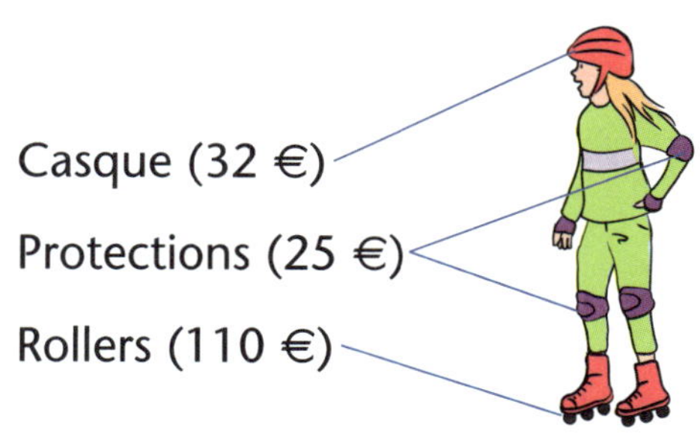

Objectifs : Comprendre et utiliser le principe de la retenue (1 seule dizaine dans chaque addition). Poser une addition en colonnes.

Calcul mental : Poser un jeton sur une bande numérique. Jeter un dé 3 fois de suite. Il faut retenir les 3 nombres, les ajouter au nombre de la case de départ et dire sur quelle nouvelle case on devra poser le jeton.

Poser une addition en colonnes (2) : la retenue

Comment matérialiser avec la monnaie la retenue d'une addition ?

3 enfants ont mis leur argent ensemble pour acheter un ballon.

Observe ce que fait leur maman.

Le total est de **4 billets** de 10 €
et **18 pièces** de 1 €.
Maman remplace **10 pièces par 1 billet**.
Il reste **8 pièces**.
Cela fait **58 €** (**5 billets et 8 pièces**).

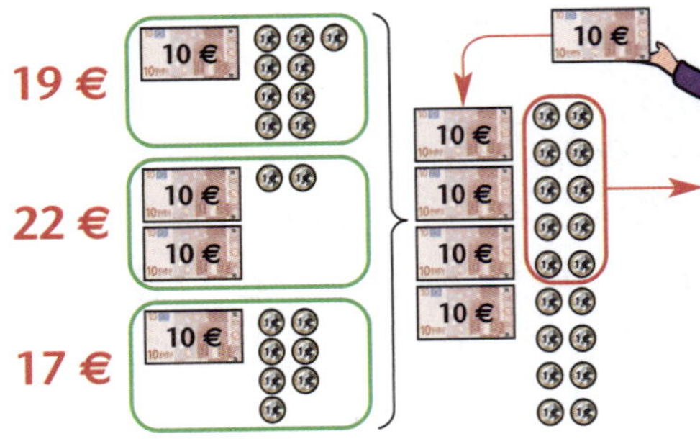

Complète l'addition.

Retiens bien

Je pose l'addition.

	1	9
+	2	2
+	1	7
=		

	......	
	1	9
+	2	2
+	1	7
=		......

J'additionne les unités.

9 + 2 = 11 → 11 + 7 = 18

Je pose 8 unités dans la colonne des **unités**.

J'écris (je retiens) **1 dizaine au-dessus des dizaines.**

	1	
	1	9
+	2	2
+	1	7
=	......	8

J'additionne les dizaines **sans oublier la retenue**.

1 **Termine** ces additions.

	1	
	5	8
+	3	4
=	......	2

	1	
	2	5
+	6	7
=	......	......

	7	6
+	1	4
=	......	......

	3	6
+	4	5
=	......	......

	6	2
+	2	6
=	......	......

2 **Pose** ces additions en colonnes, puis **effectue**-les.

- 68 + 34
- 123 + 58 + 14
- 49 + 21 + 24

Objectifs : Mesurer des durées courtes. Utiliser un chronomètre.
Calcul mental : Faire calculer en décomposant : 32 + 26 = 30 + 20 + 2 + 6 ; 40 + 38 = 40 + 30 + 8 ; 56 + 12 = … + … + … + … .

Mesurer des durées courtes

Comment mesurer des durées courtes ?

Observe, puis **classe** ces coureurs selon le temps que chacun a réalisé.

Nom du coureur	Chrono-mètre	Temps réalisé	Place
Edson	01.13	1 minute et 13 secondes	....
Clara	00.57	57 secondes	1
Léo	01.08	1 minute et 08 secondes	....
Mina	02.00	2 minutes	....
Luc	01.39	1 minute et 39 secondes	....

Retiens bien

1 minute = 60 secondes
Pour mesurer des durées courtes, on utilise un chronomètre qui affiche le temps écoulé en minutes et en secondes.

Ce chronomètre indique un temps de 2 minutes et 24 secondes.

1 **Coche** ce qui dure moins d'une minute.

- ❑ Un coup de tonnerre
- ❑ Le 100 mètres d'un champion de course à pied
- ❑ Le flash de l'appareil photo
- ❑ Le brossage des dents
- ❑ Le repas du soir

2 **Relie** chaque chronomètre au temps qu'il indique.

• • 4 secondes

• • 10 minutes et 50 secondes

• • 2 minutes et 55 secondes

• • 3 minutes

• • 12 minutes et 32 secondes

3 **Écris** les temps réalisés par ces coureurs sur les chronomètres.

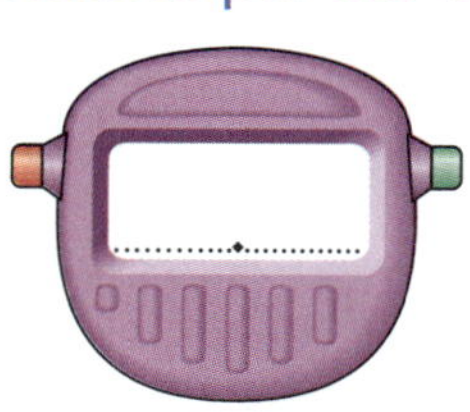

3 minutes et 27 secondes

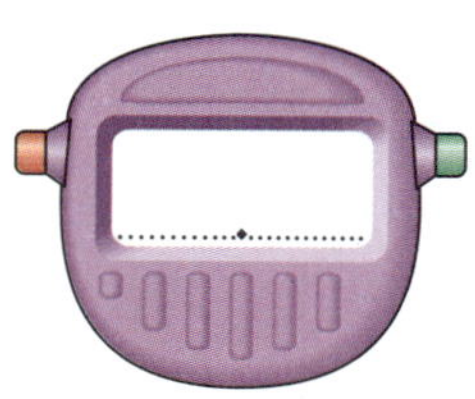

2 minutes et 5 secondes

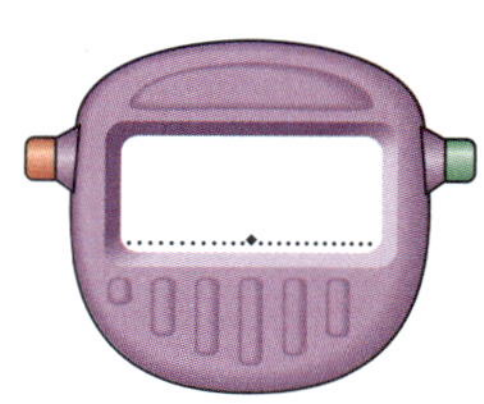

56 secondes

Le sport peut-il

Certaines personnes ont fait d'un sport leur métier. D'autres pratiquent un sport uniquement pour le plaisir.

Le sport de haut niveau

Le sport est un métier pour plus de 3 000 athlètes en France. Grâce à leurs performances, ces sportifs de haut niveau gagnent leur vie. Ce sont des professionnels. Avant d'être renommés, admirés et payés, ils ont débuté en amateurs dans des petits clubs sans gagner d'argent.

Un footballeur professionnel : Zinedine Zidane

Des sportifs amateurs

Des débuts difficiles

Souvent, les grands champions ont commencé dès l'âge de 6 ou 7 ans à pratiquer régulièrement leur sport. C'est à force de discipline et d'efforts qu'ils sont devenus les meilleurs.
Les entraînements, les compétitions et les tournois ont occupé une grande partie de leur temps.

Un jeune garçon à l'entraînement

Une carrière rapide

Généralement, une carrière sportive de haut niveau se termine entre 30 et 35 ans. Les athlètes deviennent moins performants et ils pensent à se reconvertir. Si certains d'entre eux changent de métier, d'autres trouvent des emplois dans le sport.

être un métier ?

▶ D'autres métiers liés au sport

Beaucoup d'autres personnes gagnent leur vie grâce au sport. Les professeurs d'éducation physique travaillent dans les écoles, les collèges et les lycées. Ils sont performants dans plusieurs disciplines sportives. Les moniteurs travaillent dans des clubs sportifs. Ils donnent des cours.

Des professeurs d'éducation physique

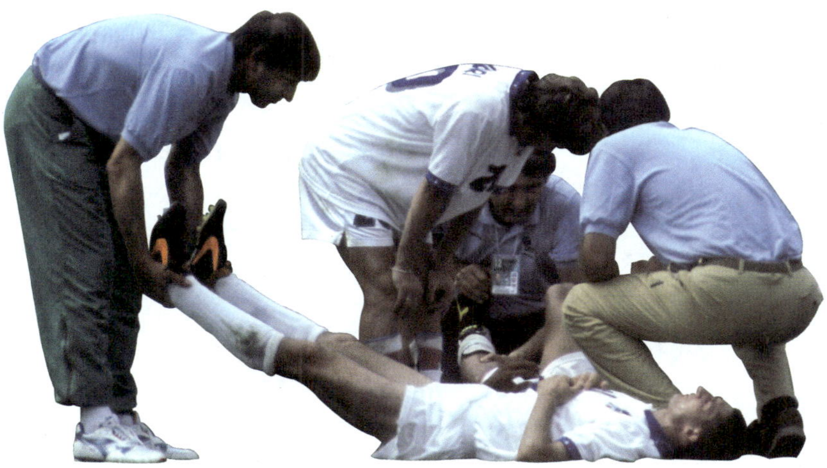

Des médecins sportifs soignent des joueurs.

▶ Des professionnels qui s'occupent des sportifs

Les entraîneurs s'occupent généralement de l'entraînement des athlètes amateurs ou professionnels. Ce sont souvent d'anciens champions. Les médecins sportifs soignent un joueur blessé sur un terrain ou un cycliste qui a fait une chute.

Retenir

- Écris quelle est la différence entre un sportif amateur et un sportif professionnel.

....

....

....

....

- Remets dans l'ordre les lettres de ce métier du sport. (Il fait respecter les règles sur les terrains.)

T	A	B	R	R	I	E

Atelier

- Interroge ton professeur d'éducation physique ou un moniteur de ton club sportif pour savoir quelles études il a dû faire avant de pratiquer son métier.

Qu'est-ce que la masse d'un objet ?

Deux objets qui occupent autant de place l'un que l'autre ne sont pas forcément constitués de la même quantité de matière : ils n'ont pas la même masse.

Une masse marquée

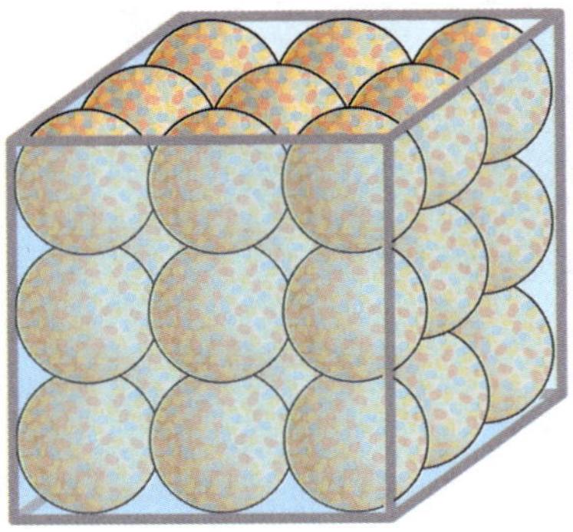

Cube 1 : On pose les balles en mousse sans les tasser.

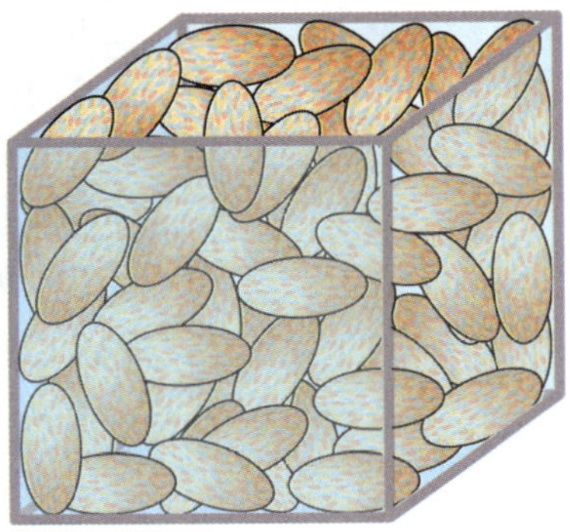

Cube 2 : On tasse les balles sous le couvercle. Il contient plus de balles.

▶ Pour bien comprendre

Les deux cubes contiennent des balles en mousse et occupent le même espace. Mais le cube 2 est plus lourd : sa masse est plus grande car la mousse y est plus « serrée » (dense).

▶ Comparer les masses

On mesure les masses en kilogrammes (kg). La différence de taille entre deux objets se voit facilement. Mais la différence de masse ne peut se mesurer qu'avec une balance, surtout si les objets sont de formes différentes ou constitués de matériaux différents.

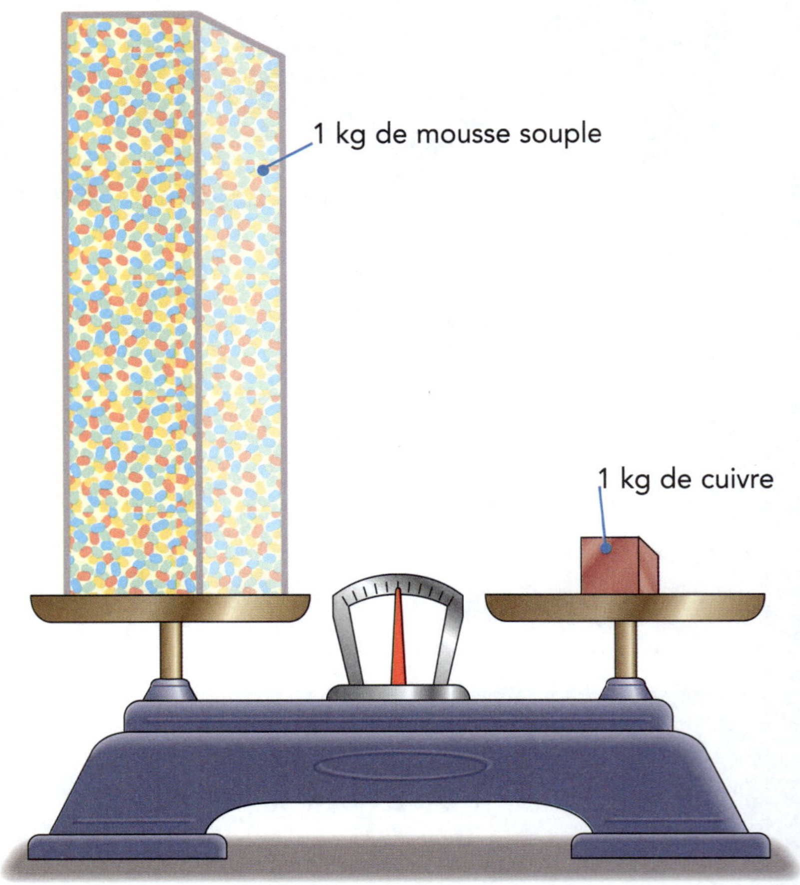

Atelier

• Exerce-toi à comparer la masse de 2 objets, en les soupesant d'abord à la main, puis en vérifiant avec une balance.

Objectif : Utiliser une balance Roberval pour comparer des masses.

Calcul mental : Proposer une somme et deux résultats. Faire entourer le bon résultat. On travaille ici l'ordre de grandeur : 35 + 12 = 103 ou 47 ; 58 + 31 = 89 ou 32 ; etc.

Comparer les masses

Quel est l'objet le plus lourd ou le plus léger ?

Observe, puis **entoure** sur la seconde balance la boîte dans laquelle Magali a mis ses chaussures.

- Les chaussures sont **plus lourdes** que les sandales.
- Les sandales sont **plus légères** que les chaussures.

1 **Entoure** l'objet le plus lourd sur chaque balance, puis **dessine** l'aiguille de la balance.

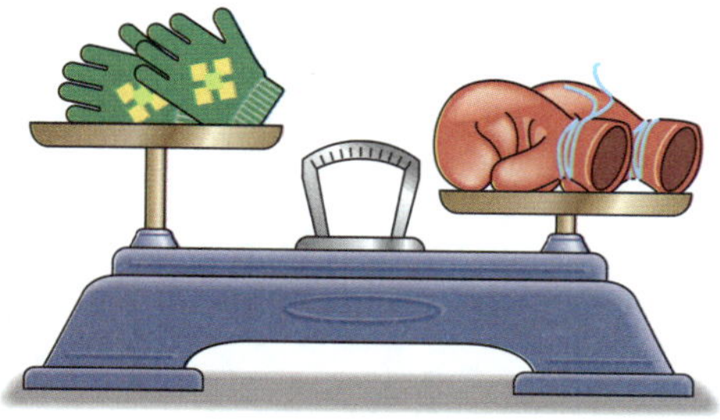

2 **Observe** la seconde balance, puis **entoure** le plateau dans lequel François a pris des balles de ping-pong.

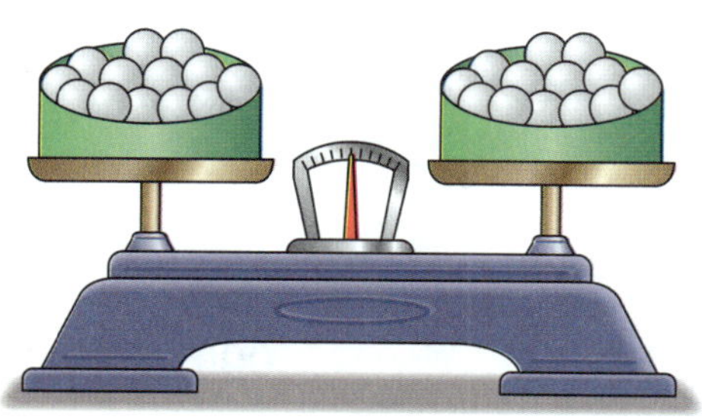

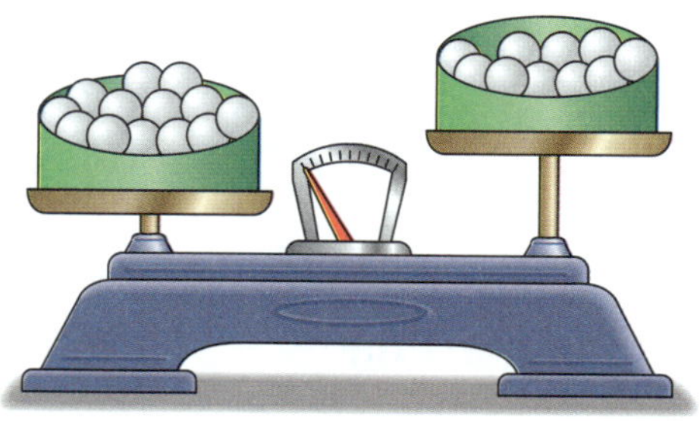

3 Les enfants arrêtent de se balancer pour comparer leur poids. Lequel est le plus lourd ? le plus léger ?

Anton Hugo

Anton Éva

Hugo Éva

- .... est le plus lourd.
- .... est le plus léger.

Objectifs : Connaître, lire et écrire le nombre 1 000. Décomposer 1 000 en centaines et en dizaines. Trouver le complément à 1 000 d'un nombre simple.

Calcul mental : Trouver le complément à 1 000 de nombres comme 100, 200, 300… ; 910, 920, 930… ; 990, 991, 992… 999.

Le nombre 1 000 (mille)

Comment faire un millier avec les nombres connus ?

Dans une usine, on emballe des craies pour les envoyer dans les écoles.

Observe, puis **complète**.

10 craies  → 1 **boîte** 

1 **carton** (10 **boîtes**)

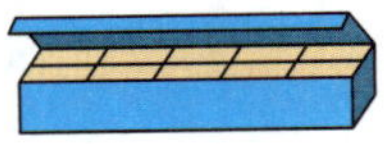

1 **colis** (10 **cartons**)

1 **boîte** contient .... craies.

1 **carton** contient .... **boîtes** ou .... craies.

1 **colis** contient .... **cartons**, ou .... **boîtes**, ou .... craies.

Retiens bien

Colonne des **milliers**

	m	c	d	u
mille	1	0	0	0

1 **Écris** le nombre qui suit chacun des nombres donnés.

9 – .... 49 – .... 99 – .... 199 – .... 599 – .... 999 – ....

2 **Continue** ces suites régulières de nombres jusqu'à 1000.

100 – 200 – ....

500 – 550 – ....

880 – 890 – ....

988 – 989 – ....

3 **Complète** ces sommes.

100 + 100 + 100 + 100 + 100 + 100 + 100 + 100 + 100 + 100 = ...

900 + 100 = ... 800 + 200 = ... 700 + 300 = ...

400 + ... = 1 000 600 + ... = 1 000 500 + ... = 1 000

Le coin du malin

Daniel joue avec des cubes.

Entoure les bonnes réponses.

- Quelle est la hauteur de sa construction ? 8 cubes 10 cubes 15 cubes
- Combien voit-on de cubes jaunes ? 20 50 100 1 000
- Quel est le nombre total de cubes ? 100 200 500 1 000

Objectifs : Mesurer des masses. Connaître et utiliser une unité usuelle : le kilogramme.

Calcul mental : Faire continuer les suites jusqu'à 100 : 10, 20, 30… ; jusqu'à 1 000 : 100, 200, 300… ; jusqu'à 50 : 5, 10, 15… ; jusqu'à 1 000 : 500, 550, 600… ; jusqu'à 500 : 50, 100, 150… ; jusqu'à 1 000 : 810, 820, 830…

Mesurer des masses (1)
Le kilogramme (kg)

Comment utiliser les mesures de masses ?

Observe. Théo pèse 34 kg et Gaëlle pèse 30 kg.

La masse de Théo
est plus grande que celle de Gaëlle.

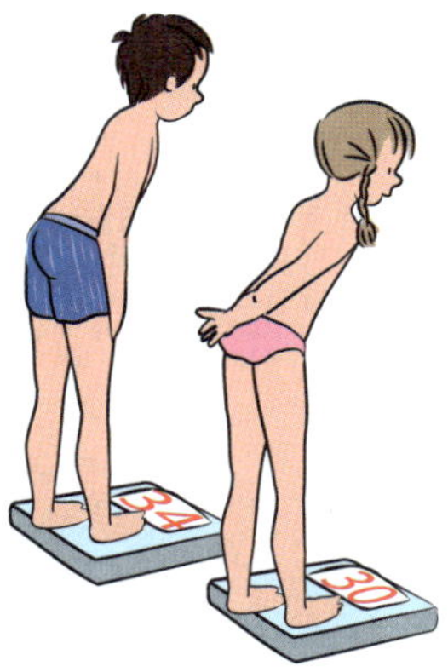

Théo est le plus lourd :
la balançoire penche
de son côté.

Observe les enfants sur les balançoires arrêtées, puis **donne** à chacun sa masse.

25 kg 27 kg	 ....
59 kg 70 kg	 ....

1 **Calcule** la masse de Pauline.

la maman de Pauline	Fabrice	Pauline
57 kg	30 kg	.... kg

2 Tous ces passagers peuvent-ils monter sur le bateau ?

Barre ce qui est faux :

- Ils peuvent tous monter.
- Ils ne peuvent pas tous monter.

3 **Observe** l'écriteau, puis les balances.
Calcule ce que Jeanne a dépensé chez le marchand de légumes.

Vente au kilogramme

Poireaux : 3 euros le kg
Artichauts : 4 euros le kg
Tomates : 2 euros le kg

1 kg

Jeanne a dépensé :

.... + ... + ... = ... euros.

Objectifs : Mesurer des masses. Connaître et utiliser les unités usuelles : le g et le kg. Choisir l'unité la plus adaptée pour effectuer une pesée.

Calcul mental : « Combien faut-il ajouter à 200 pour avoir 1000 ? à 300 ? à 400 ? à 500 ? à 600 ? etc. » Faire calculer : le double de 100, de 200, de 300, de 400, de 500 ; la moitié de 100, de 200, de 300, etc.

Mesurer des masses (2)
Le gramme (g) et le kilogramme (kg)

Comment utiliser les mesures de masses ?

Observe.

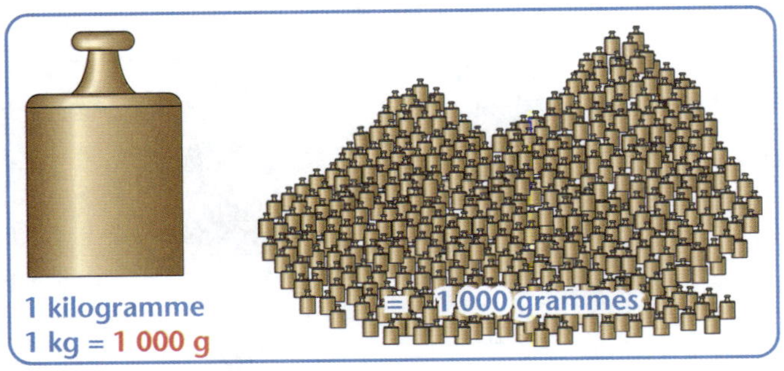

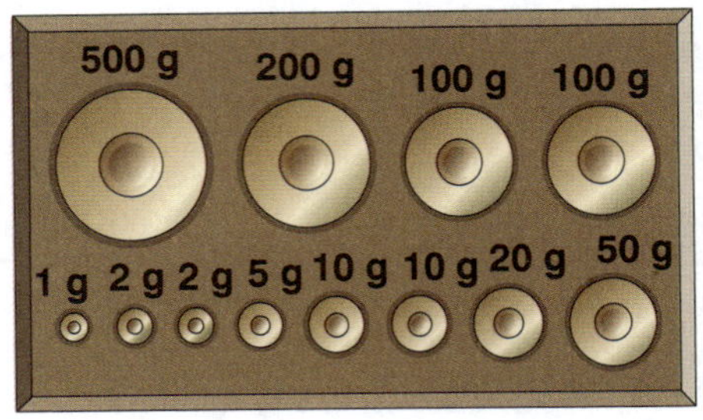

Retiens bien
1 kg = 1 000 g

Combien de grammes contient cette boîte de masses marquées ?

....

Elle contient .... g ou .... kg.

1 Complète la mesure des masses en écrivant g ou kg.

500	18	2	800	200	450 ....

2 Calcule la masse des objets pesés.

La peluche

pèse .... g.

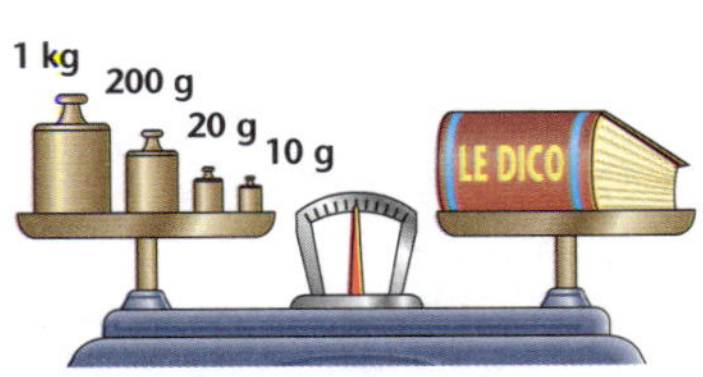

Le dictionnaire

pèse .... kg et .... g.

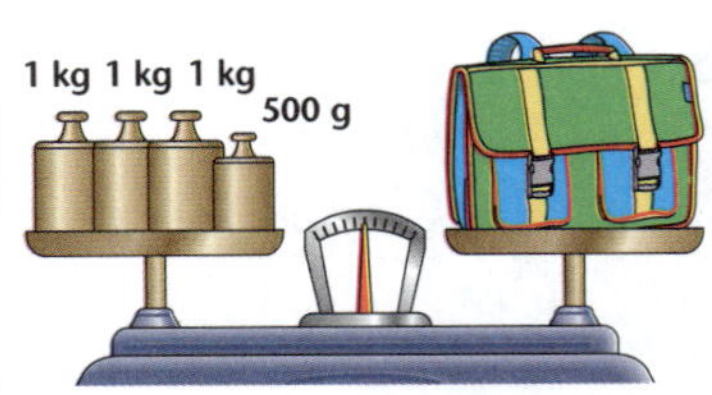

Le cartable

pèse .... kg et .... g.

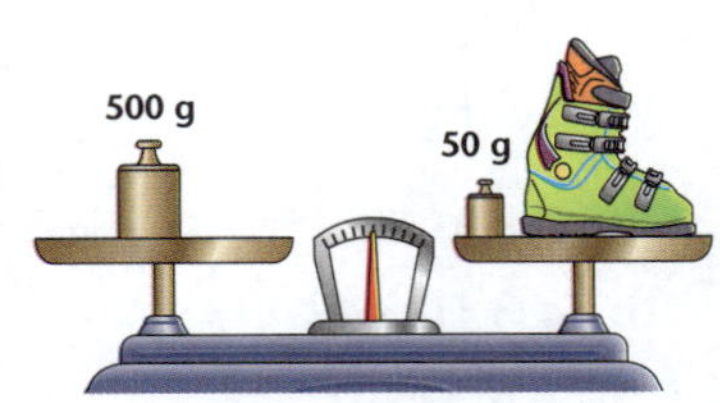

La chaussure de ski

pèse .... g.

Problème 4 enfants ont essayé de deviner la masse de la langouste avant de la peser.
Entoure celui qui a donné la réponse la plus proche.

- Hakim : 8 kg
- Sonia : 85 g
- Noémie : 855 g
- Olivier : 848 g

Objectifs : Comprendre et utiliser le principe de la retenue (retenue supérieure à 1, plusieurs retenues dans la même addition). Poser une addition en colonnes.

Calcul mental : Dire un nombre de 3 chiffres. Il faut l'encadrer par les nombres entiers de dizaines les plus proches (*ex. :* 356 est entre 350 et 360).

Poser une addition en colonnes (3) : les retenues

Comment faire lorsqu'il y a plusieurs retenues dans une addition ?

Quelle est la charge en kg de cette voiture ?

Observe, puis **termine** le calcul.

On calcule la somme :
76 + 54 + 35 + 108 = ?

On pose :

		7	6
+		5	4
+		3	5
+	1	0	8
=	?	?	?

Retiens bien

6 + 4 + 5 + 8 = 23 (unités)

		......	
		7	6
+		5	4
+		3	5
+	1	0	8
=			....

Je pose 3 sous les unités.

Je retiens 2 au-dessus des dizaines.

2 + 7 + 5 + 3 + 0 = 17 (dizaines)

	......	2	
		7	6
+		5	4
+		3	5
+	1	0	8
=		....	3

Je pose 7 sous les dizaines.

Je retiens 1 au-dessus des centaines.

1 + 1 = 2 (centaines)

	1	2	
		7	6
+		5	4
+		3	5
+	1	0	8
=	....	7	3

Je pose 2 sous les centaines.

1 **Termine** ces additions. **N'oublie pas** les retenues (s'il en faut).

	1	1	
	2	3	7
+	3	7	7
=	....	....	4

		1	
	4	8	5
+	3	2	5
=	....	....	0

	6	9	2
+	1	2	8
=	....	....	....

	3	7	1
+	4	3	3
=	....	....	....

2 **Pose** ces additions en colonnes, puis **effectue**-les.

- 145 + 56 + 32
- 28 + 34 + 68
- 395 + 144

Comment mesurer

Des plus gros aux plus petits,
tous les objets ont une masse.
Mais pour mesurer cette masse,
on utilise des appareils très différents.
Au fil du temps, trois types d'instruments
ont été imaginés.

▶ Les balances utilisant des masses marquées

Deux plateaux sont sur ou sous une barre horizontale en équilibre (le fléau). Lorsqu'on pose un objet sur un plateau, il faut rétablir l'équilibre en ajoutant des masses marquées sur l'autre plateau.

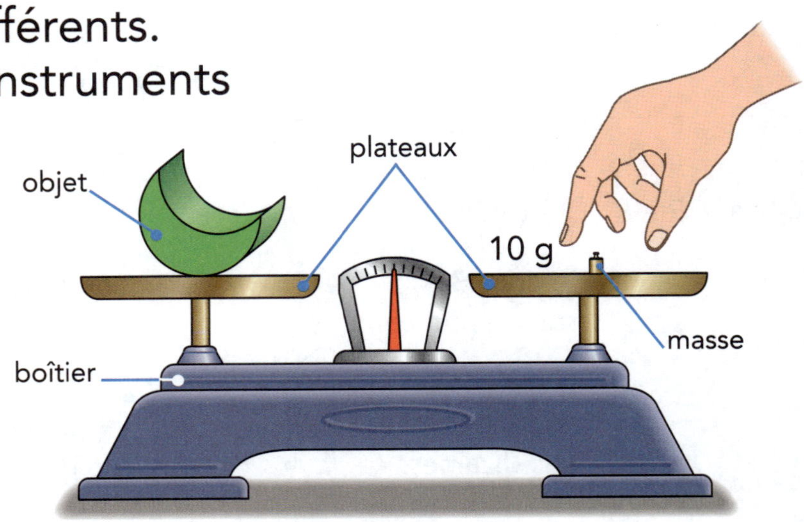

Une pesée

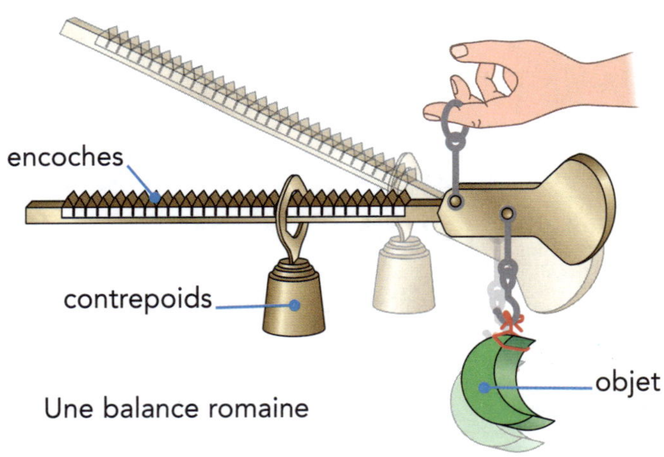

Une balance romaine

▶ Les balances à contrepoids

On accroche l'objet à peser sous la balance. Pour mettre l'ensemble en équilibre, on déplace un contrepoids sur une barre qui porte des encoches régulières. On compte les encoches (graduations) pour connaître la masse.

▶ Les balances à lecture directe

La masse de l'objet étire (ou parfois compresse) un ressort. Au bout du ressort, une aiguille se déplace devant une graduation numérotée. Les plus modernes de ces appareils indiquent la masse sur un cadran électronique.

Un peson à ressort

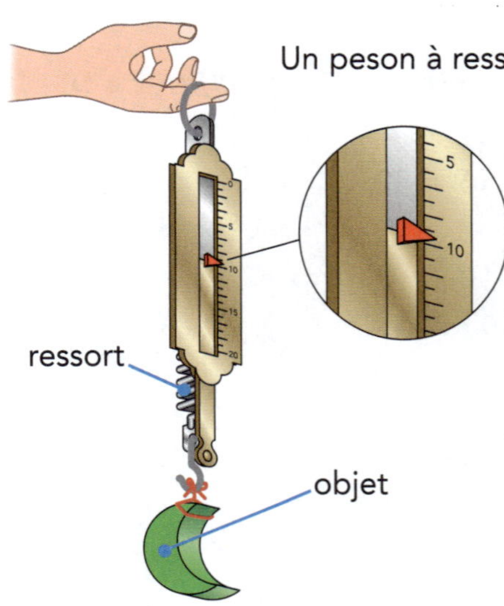

la masse ?

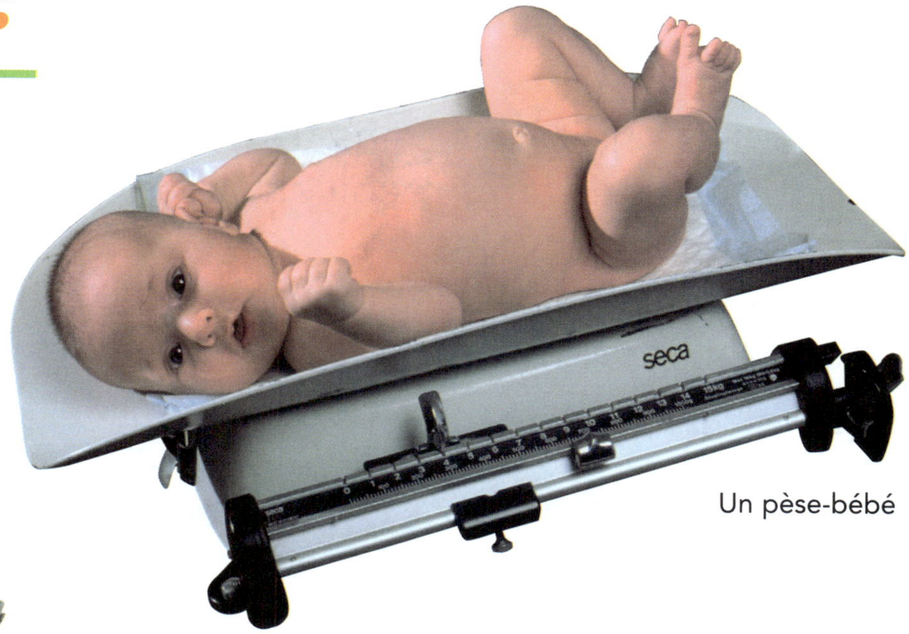

Un pèse-bébé

▶ Les balances de ménage

Le pèse-personne, le pèse-bébé ou la balance de cuisine sont souvent utilisés à la maison.

Une balance Roberval

▶ D'autres balances

Il existe des balances pour peser toutes sortes de choses, des plus légères aux plus lourdes.

Un pèse-lettre

▶ Les balances chez les commerçants

Au marché ou chez d'autres commerçants, on rencontre différentes balances.
Les balances modernes, plus précises, indiquent en même temps le poids et le prix des marchandises.

Une balance automatique

Retenir

On mesure la masse des objets (en grammes ou en kilogrammes) en utilisant une balance ou un peson.

Ateliers

- Certaines balances sont plus précises que d'autres. Lesquelles et pourquoi ?
- Dans un jardin public, quel jeu ressemble beaucoup à une balance ?

Comment voyage le courrier ?

Toute la nuit, des gens travaillent pour que tes amis reçoivent les lettres que tu leur envoies.
Elles empruntent de nombreux moyens de transport avant de leur parvenir.

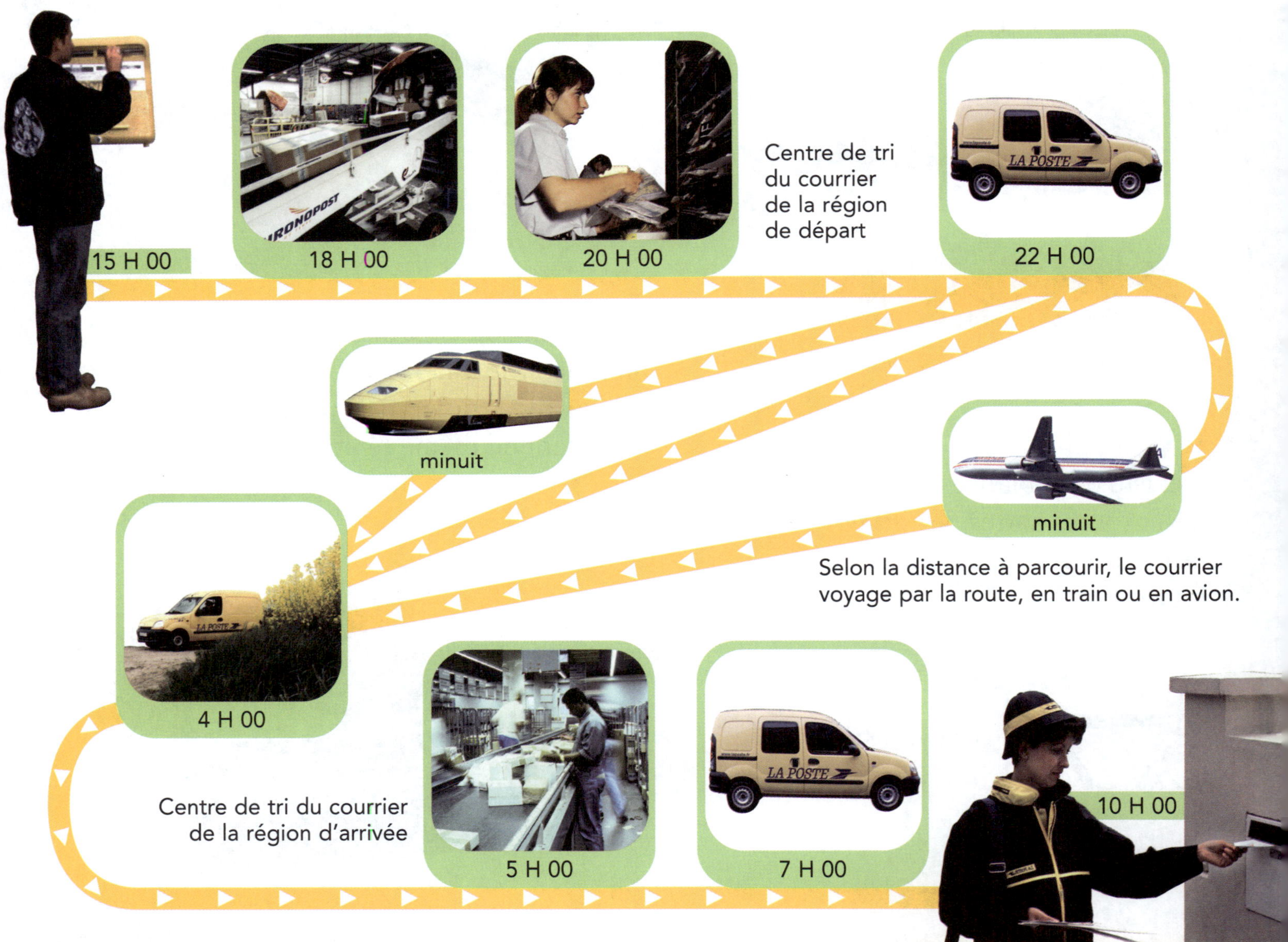

Ateliers

- En suivant les flèches blanches, explique les 3 chemins que peut prendre la lettre.
- Quand tu reçois une carte, as-tu déjà remarqué l'inscription au tampon qui se trouve sur le timbre ou juste à côté ? Qu'est-ce qui est écrit ?

Objectifs : Coder et décoder un déplacement de case en case sur quadrillage.

Calcul mental : Faire deviner un nombre : son double est 16 et sa moitié est 4, c'est .... ; sa moitié est 15 et son double est 60, c'est .... ; son double est 100 et sa moitié est 25, c'est ....

Se déplacer de case en case sur un quadrillage

Comment coder et décoder un déplacement de case en case sur quadrillage ?

Observe, puis **entoure** le pilote qui a suivi cette route.

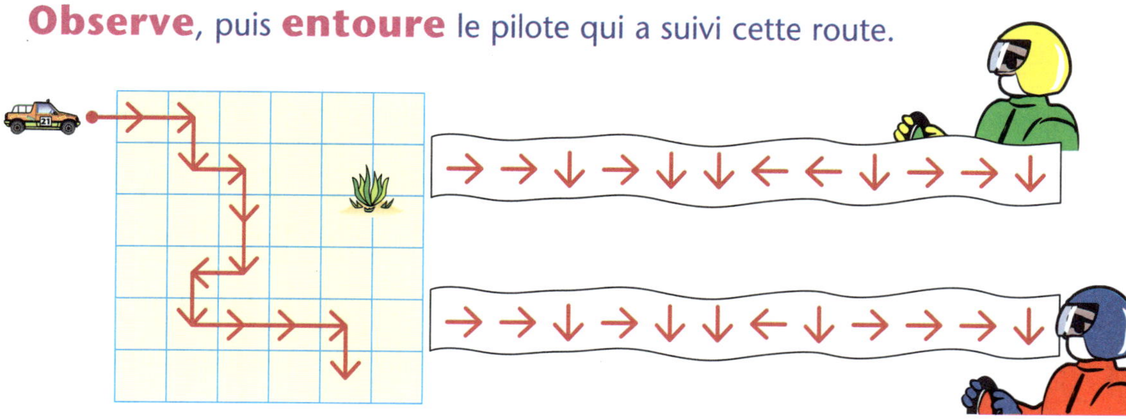

Retiens bien

On code un déplacement de case en case sur un quadrillage à l'aide de flèches.
Chaque flèche indique un déplacement d'une case à l'autre vers la droite, la gauche, le haut ou le bas.

1 **Trace** la route de cette automobile en suivant le code.

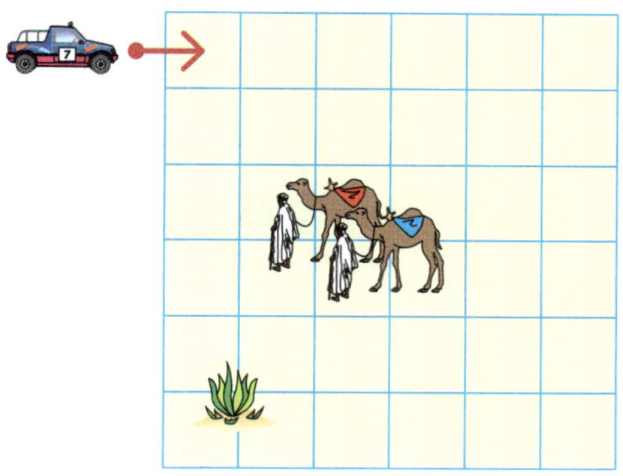

→	→	↓	→	→	→	↓	↓	→	↓	↓

A-t-elle rencontré la caravane de Bédouins ?

Oui – Non.

2 **Code** le chemin de la caravane jusqu'à l'oasis.

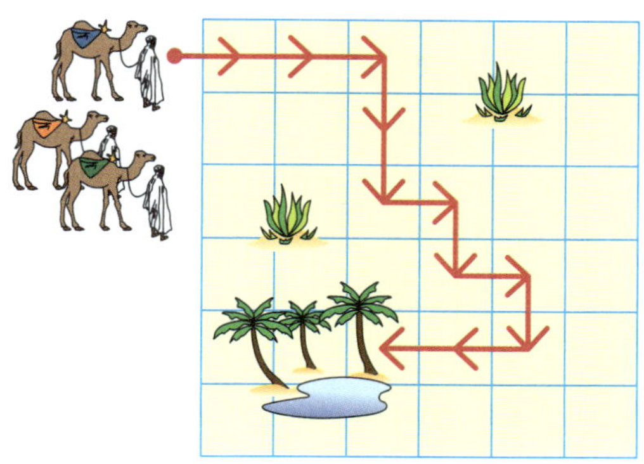

3 **Trace** le trajet de ces 2 Touaregs jusqu'à leur campement.

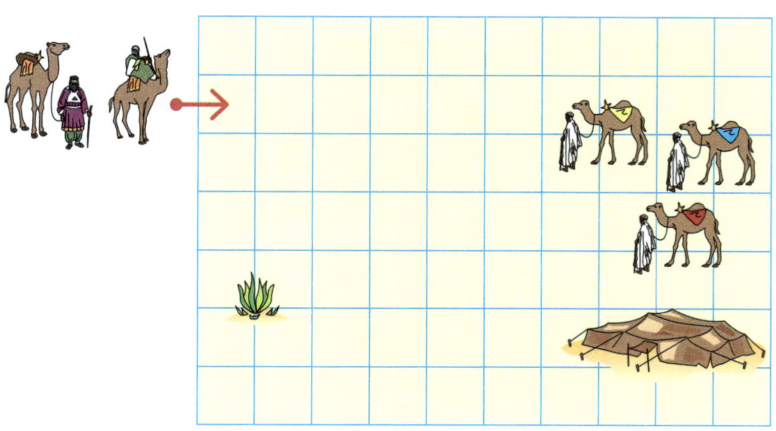

2 →	3 ↓	1 →	2 →	1 ↓	2 →

Objectifs : Savoir transformer une somme en produit et inversement. Reconnaître dans un arrangement d'objets une situation multiplicative.

Calcul mental : Donner un nombre (< 6). Calculer 2 fois, 3 fois, 4 fois, 5 fois ce nombre par additions successives (3 fois 4 → 4 + 4 → 8 + 4 → 12).

De la somme au produit : la multiplication

Comment simplifier les écritures mathématiques ?

Observe le calcul du nombre de sacs de courrier transportés par les voitures.
Fais la même chose avec les camions.

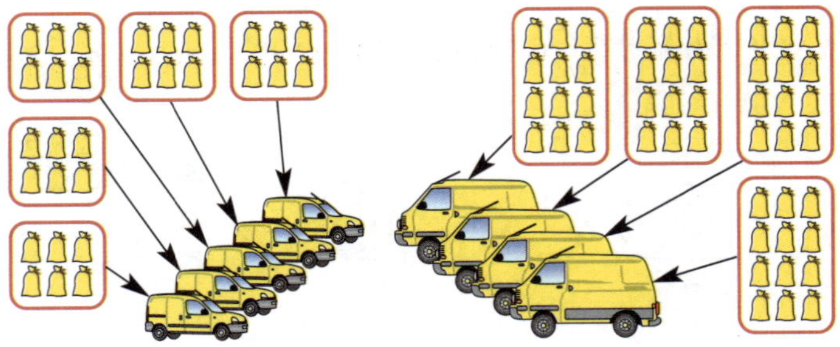

Retiens bien

Tu peux remplacer une addition de nombres égaux par une multiplication.

5 voitures transportent **6 sacs** chacune.

Nombre de sacs : 6 + 6 + 6 + 6 + 6 = 30

Ou : 6 × 5

On dit 6 **multiplié par** 5 ou 5 **fois** 6.

.... **camions** transportent .... sacs chacun.

Nombre de sacs : .... + ... + ... + ... = ...

ou : .... × ....

On dit .... multiplié par .... ou .... fois ....

1 Écris les nombres de timbres sous forme d'une addition, puis d'une multiplication.

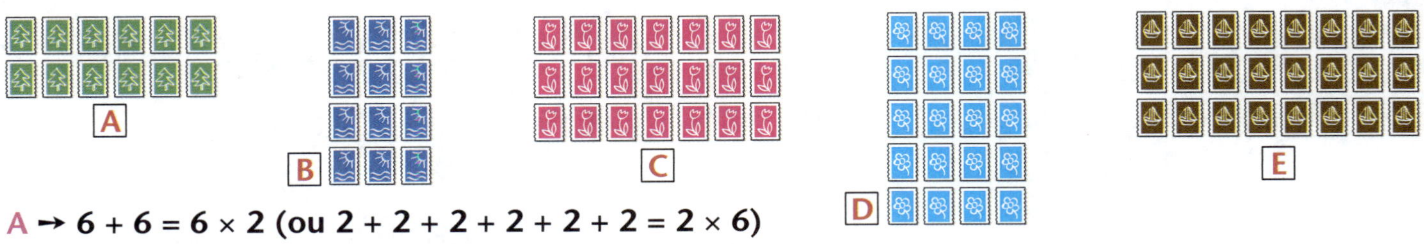

A → **6 + 6 = 6 × 2 (ou 2 + 2 + 2 + 2 + 2 + 2 = 2 × 6)**

B → ....

C → ....

D → ....

E → ....

2 Transforme ces additions en multiplications (quand c'est possible).

5 + 5 + 5 + 5 + 5 = ... × ....

21 + 21 + 21 + 21 = ... × ....

12 + 12 + 12 = ... × ....

7 + 7 + 7 + 7 = ... × ....

8 + 8 + 8 + 8 + 8 + 6 = ... × ....

10 + 10 + 10 + 10 = ... × ....

3 Transforme ces multiplications en additions.

6 × 3 = ...

3 × 6 = ...

23 × 3 = ...

100 × 4 = ...

Le coin du malin

Oscar compte les timbres ligne par ligne. Il écrit :

3 + 3 + 3 + 3 + 3 + 3 + 3 + 3 + 3 = 3 × 9

Simplifie son travail en comptant colonne par colonne.

....

Objectifs : Créer les tables de multiplication et les utiliser. Commencer la mémorisation.

Calcul mental : Pour mémoriser les tables de la page, interroger successivement tous les élèves (tables dans l'ordre, en désordre, avec puis sans les références sous les yeux).

Les tables de multiplication (1) : 2, 3 et 5

Comment constituer une table par additions successives ?

Complète les nombres de personnes qui montent dans 1, 2, 3… 10 voitures jaunes.
Tu obtiens une table de multiplication (table de 2).

Nombre de voitures	1	2	3	4	5	6	7	8	9	10
Nombre de personnes	2 × 1 = 2	2 × 2 = 4	2 × 3 = 6	2 × 4 = 8	2 × 5 = 10	2 × 6 = ...	2 × 7 = ...	2 × 8 = ...	2 × 9 = ...	2 × 10 = ...

+ 2 + 2 + 2 + 2 + 2 + 2 + 2 + 2 + 2

1 Complète de la même façon la table de 3.

1	2	3	4	5	6	7	8	9	10
3 × 1 = 3	3 × 2 = 6	3 × 3 = 9	3 × ...... = 12	3 × ...... = ...	3 × ...... = ...	3 × ...... = ...	3 × ...... = ...	3 × ...... = ...	3 × ...... = ...

+ 3 + 3 + 3 + 3 + 3 + 3 + 3 + 3 + 3

2 Complète de la même façon la table de 5.

5 × 1 = 5	5 × 2 = ...	5 × 3 = ...	...... = ...	...... = ...	...... = ...	...... = ...	...... = ...	...... = ...	...... = ...

+ 5 + 5 + 5 + 5 + 5 + 5 + 5 + 5 + 5

3 Trouve les nombres en rose dans les tables. **Complète** les égalités.

- 20 = 2 × ...... 20 = 5 × ......
- 18 = ... × 6 18 = ... × 9
- 10 = ... × 5 10 = ... × 2
- 15 = ... × 3 15 = ... × 5
- 12 = ... × 6 12 = 3 × ......

Le coin du malin

Sur le parking, il y a 3 voitures vides.
Le nombre d'automobilistes est donc :
0 + 0 + 0 = 0 × 3 = 0
Combien y aurait-il d'automobilistes s'il y avait 5, 10 ou 1000 voitures vides sur le parking ?

0 × 5 = ... 0 × 10 = ... 0 × 1000 = ...

Objectifs : Coder et décoder un déplacement de nœud en nœud sur quadrillage.

Calcul mental : Faire écrire sous forme d'addition et faire calculer : 3 × 5 ; 5 × 2 ; 8 × 3. Faire écrire sous forme de multiplication : 6 + 6 + 6 + 6 ; 8 + 8 + 8 + 8 + 8 + 8 ; 3 + 3 + 3 ; 9 + 9 + 9 + 9 + 9 + 9.

Se déplacer de nœud en nœud sur un quadrillage

Comment coder et décoder un déplacement de nœud en nœud sur quadrillage ?

Observe, puis **trace** le trajet suivant le code.
Colorie en rouge tous les points rencontrés.

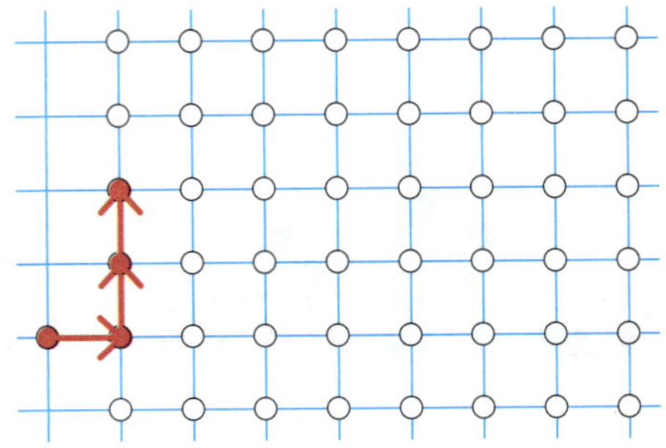

1 →	2 ↑	3 →	2 ↑	2 →	2 ↓	1 →	2 ↓	1 ←	1 ↓	1 ←
1 ↑	2 ←	1 ↓	1 ←	1 ↑	1 ←					

Retiens bien

On code un déplacement de nœud en nœud sur un quadrillage à l'aide de flèches.
Chaque flèche indique un déplacement d'un nœud à l'autre vers la droite, la gauche, le haut ou le bas.

1 **Donne** le code du trajet.

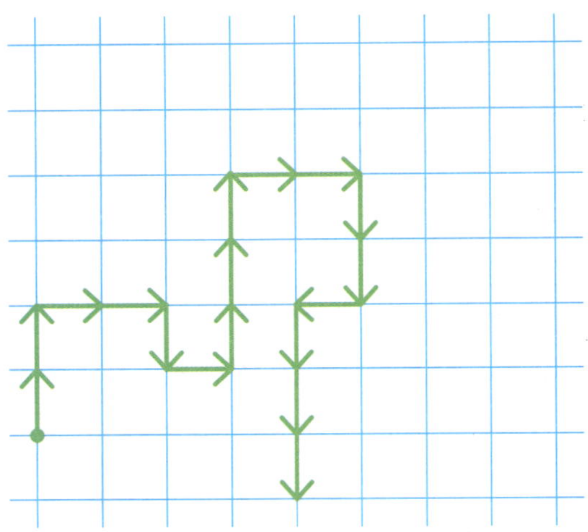

2 ↑								

2 **Relie** en rouge les points a1, a4, d4, d1, a1, puis f2, f4, h4, h2, f2.

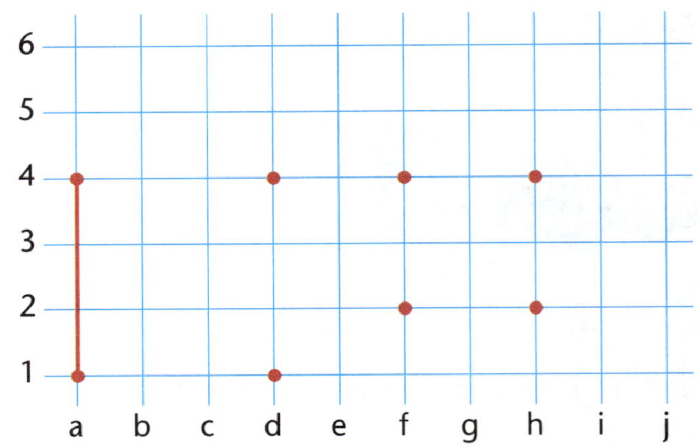

Comment se nomment ces figures ?

Des ....

3 **Trace** de nœud en nœud cette ligne de métro imaginaire selon le code : a7, b7, b6, c6, c4, d4, d3, f3, f2, h2, h4.

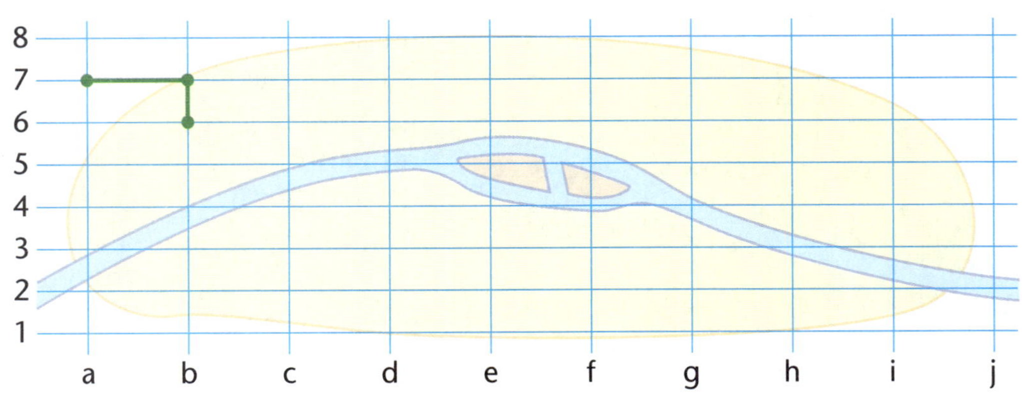

Objectif : Déterminer un axe de symétrie.

Calcul mental : Dicter des produits (tables de 2, 3 et 5) : 2 × 4, 3 × 6, 5 × 6, 3 × 0. Demander : « 15, c'est 5 × ? ; 18, c'est 3 × ? ; 12, c'est 2 × ? »

Symétrie (1)

Comment découvrir un axe de symétrie ?

Reproduis ce bateau sur un papier calque et **plie**-le selon les pointillés.

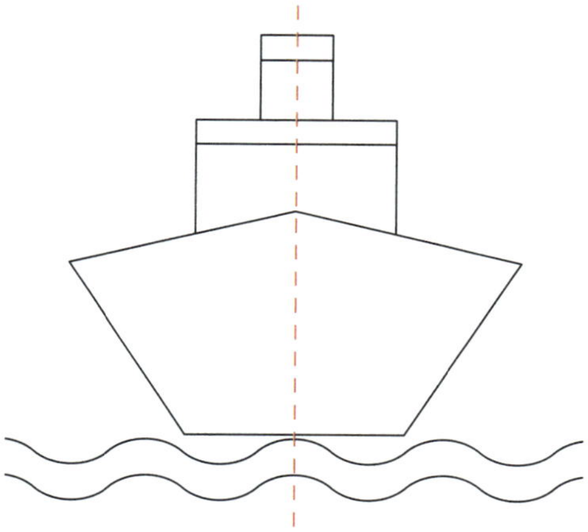

Colle ton pliage en posant la pliure sur la ligne rouge.

La pliure marque l'axe de symétrie de ton dessin.

Retiens bien

Les 2 moitiés de cette lettre A sont symétriques. Le trait figure l'axe de symétrie de la lettre A.

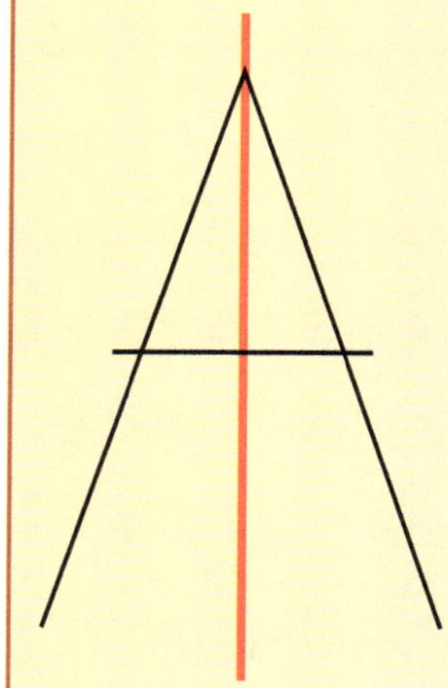

1 Utilise un calque pour tracer l'axe de symétrie de ces dessins.

ancre marine

longue-vue

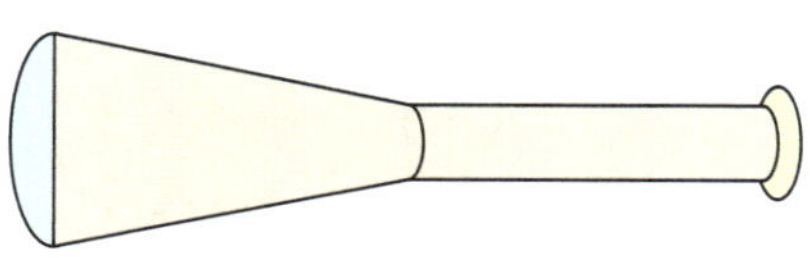

casquette du capitaine

2 Le personnage découpé était parfaitement symétrique. **Entoure** les 2 moitiés.

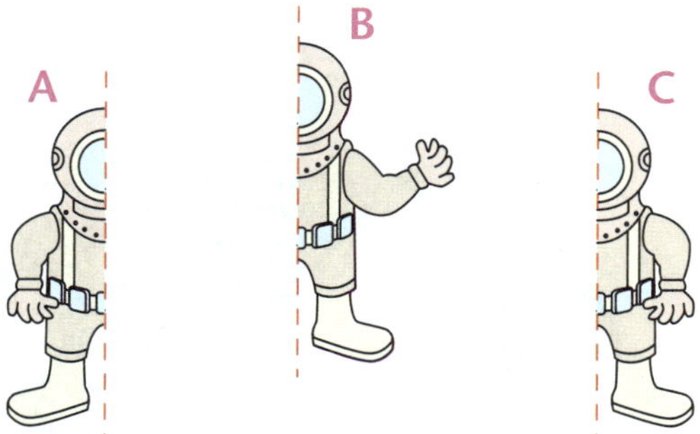

3 Décalque cette rose des vents, puis **plie**-la pour découvrir 4 axes de symétrie. **Trace**-les sur le dessin.

Les routes sont-

En mettant bout à bout toutes les routes de France, on peut faire 25 fois le tour de la Terre. Mais toutes ces routes sont bien différentes.

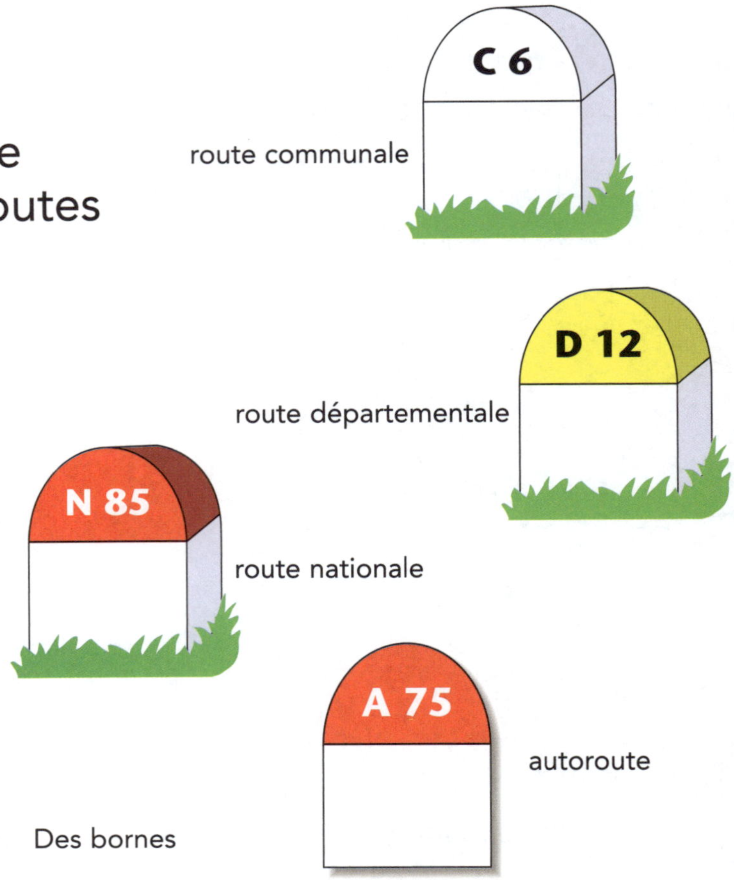

Des bornes

Petites routes, grandes routes, autoroutes

Les routes sont classées selon l'importance de la circulation (le nombre de voitures qui y circulent). Des bornes permettent de les reconnaître.

Les lacets d'une route de montagne

Des environnements différents

On préfère de nos jours la sécurité des autoroutes au charme des vieilles routes. Dans les régions de montagne, on construisait autrefois des routes en lacets. Aujourd'hui, de grands viaducs permettent de franchir facilement les vallées.

Un viaduc

elles les mêmes ?

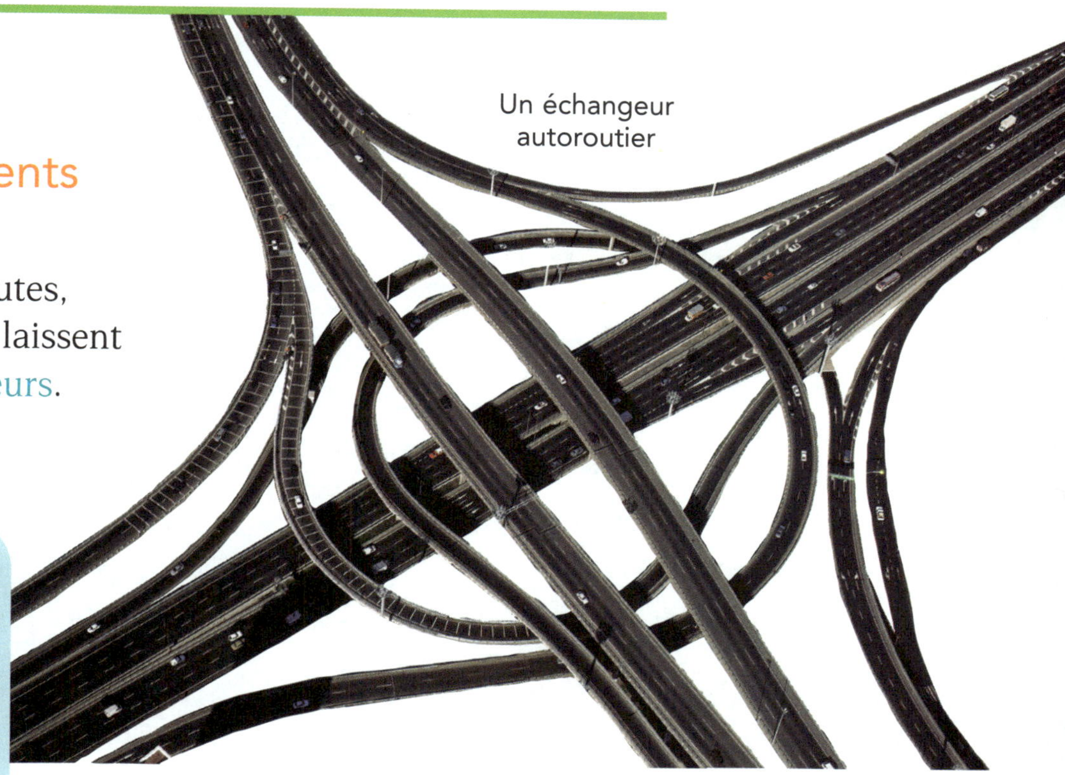

Un échangeur autoroutier

Des aménagements différents

Les croisements de routes, jugés trop dangereux, laissent la place à des échangeurs.

Un embouteillage

Des encombrements fréquents

Malgré les efforts pour rendre la circulation plus facile, les embouteillages sur les grandes routes sont très fréquents.

Des utilisateurs différents

Route	oui	oui	oui	oui	oui
Autoroute	non	non	oui	oui	oui

Retenir

Associe chacun de ces mots à une des photographies de ces 2 pages :

embouteillage – échangeur – lacet – viaduc.

Ateliers

- Trouve les principales différences entre une route et une autoroute.
- Connais-tu les numéros de routes qui passent près de chez toi ou qui conduisent jusqu'à ta ville ou ton village ? Renseigne-toi.

Objectifs : Bien lire un énoncé. Clarifier une situation mathématique en utilisant un schéma adapté.

Comprendre grâce à un schéma

Comment s'aider du dessin pour se représenter une situation ?

> **Retiens bien**
> Tu peux faire un schéma pour mieux comprendre l'énoncé d'un problème.

1 **Colorie** le schéma qui permet de mieux comprendre le problème.

Lydie prend 5 bonbons (jaunes). Melchior en prend 3 de plus que Lydie (verts). Il en reste 7 (rouges). Combien y en avait-il dans le paquet ?

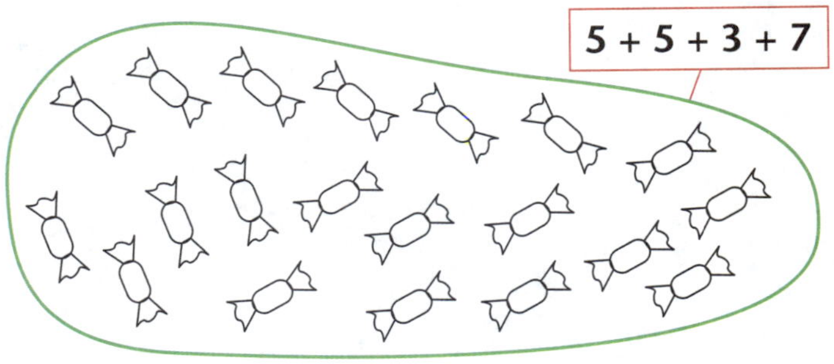

Lydie + Melchior + Reste

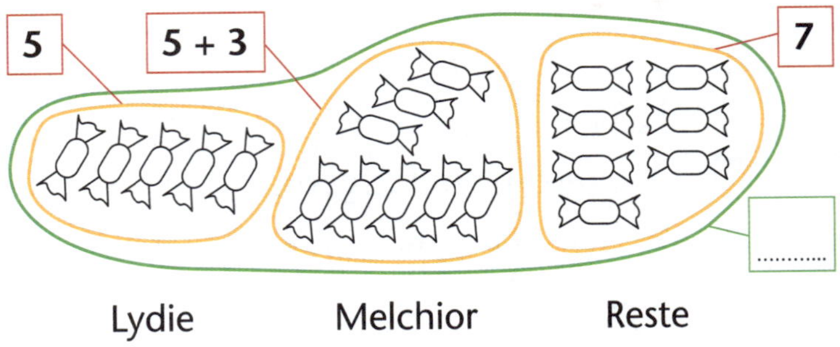

Le paquet contenait .... bonbons.

2 Chaque situation est représentée par 2 dessins, mais un seul est juste. **Colorie**-le.

- Le ruban de Clio est rouge. Il mesure 20 cm de plus que celui d'Isabelle.

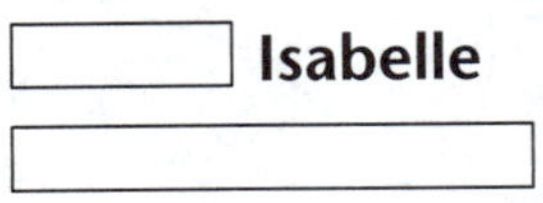

- Le train d'Olivier a 3 wagons de voyageurs. Il y a 1 wagon de marchandises entre chaque wagon de voyageurs.

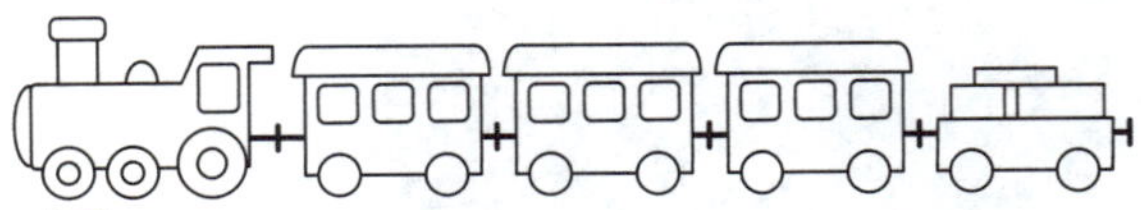

- Camille a 5 billes. Valérie en a 5 de plus. Xavier en a 5 de moins que Valérie.

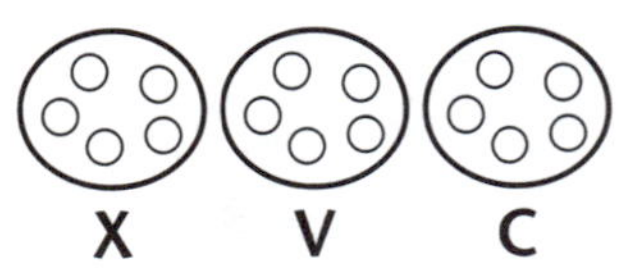

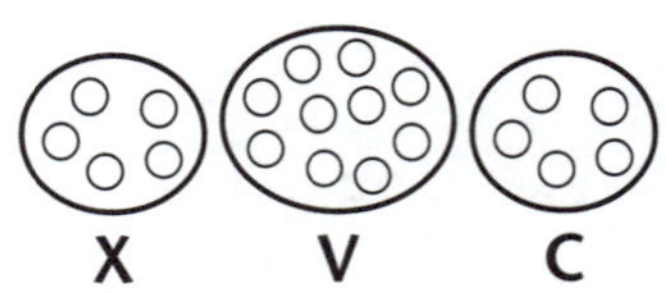

3 **Dessine** les situations, puis **réponds** aux questions.

- 4 voitures transportent 3 personnes chacune. Combien de personnes y a-t-il dans les 4 voitures ?

....

- Il y avait 15 gâteaux. Tout le monde en a mangé 2, sauf Noël, qui en a mangé 3. Combien y avait-il de personnes ?

....

Objectif : Réinvestir les notions étudiées de la page 71 à la page 99.

BILAN 3

1 Écris l'heure sous les pendules.

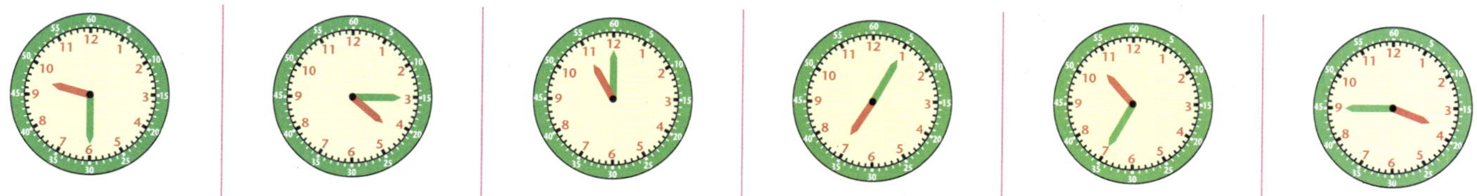

....	....	....	....	....	....
le matin	l'après-midi	le matin	le soir	le matin	l'après-midi

2 Complète ces décompositions du nombre 1 000.

1 000 = 400 + 300 + ... | 1 000 = 200 + ... + 600 | 1 000 = 940 + 30 + ...

3 Pose en colonnes, puis **effectue** ces additions.

- 235 + 64
- 125 + 54 + 216
- 148 + 177

4 Écris la masse des fruits pesés.

.... g

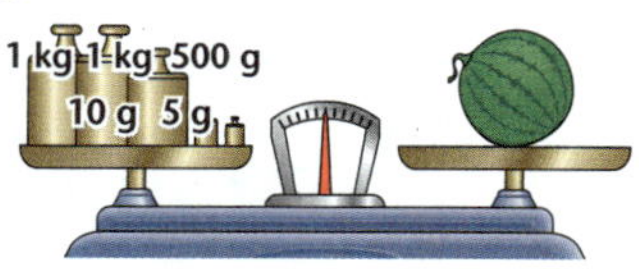

.... kg et .... g

.... kg et .... g

.... g

5 Remplace, quand c'est possible, ces additions par des multiplications.

8 + 8 + 8 = ... × ....

6 + 6 + 4 + 6 = ...

5 + 5 + 5 + 5 = ...

35 + 35 + 35 + 35 + 35 = ...

10 + 10 + 10 + 10 + 12 = ...

6 Trace l'axe de symétrie de ces 2 figures. (**Utilise** un calque comme à la page 99.)

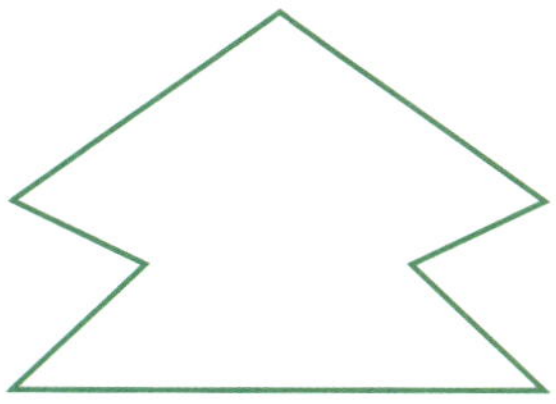

Après la correction, note le nombre de bonnes réponses dans le rond vert et le nombre d'erreurs dans le rond rouge.

Module 12 L'ESPACE

Les maisons se ressemblent-elles ?

Tous les hommes ont besoin d'une maison, qu'elle soit en pierre, en glace, en terre ou en toile. Chaque maison est adaptée au climat et au mode de vie de ses habitants.

Dans les grandes villes

Dans les grandes villes, des tours en verre et en béton s'élèvent parfois très haut vers le ciel.

Dans les campagnes

Dans les campagnes, les maisons sont basses, construites en pierres du pays ou en briques. Leurs toits sont en tuiles, en chaume ou en ardoises.

Dans les régions polaires

Les Esquimaux construisent des igloos avec des blocs de glace. Ils y entassent des peaux de phoque pour se tenir chaud.

Dans les déserts

Dans les déserts, les nomades utilisent des tentes. Ces maisons de toile sont faciles à transporter sur le dos des chameaux.

Ateliers

- **Renseigne-toi.** Quels matériaux a-t-on utilisés pour construire les maisons de ta ville ou ton village ?
- Relis l'histoire des *Trois Petits Cochons*. En quoi étaient construites leurs 3 maisons ? Laquelle fut la plus solide face aux attaques du loup ?

En Afrique

Dans les villages africains, les maisons sont en terre sèche. La terre isole du froid et du chaud. Elle est facile à travailler et à sculpter.

Objectif : Compléter une figure ou un dessin par symétrie sur un quadrillage.
Calcul mental : La table de 2, c'est la table des doubles. La table de 3, c'est la table des triples. Faire écrire le double de 4, le triple de 5, le double de 8, le triple de 7.

Symétrie (2) sur quadrillage

Comment dessiner une symétrie sur un quadrillage ?

Observe, puis **continue** de dessiner le reflet du village dans l'eau. (**Utilise** un calque.)

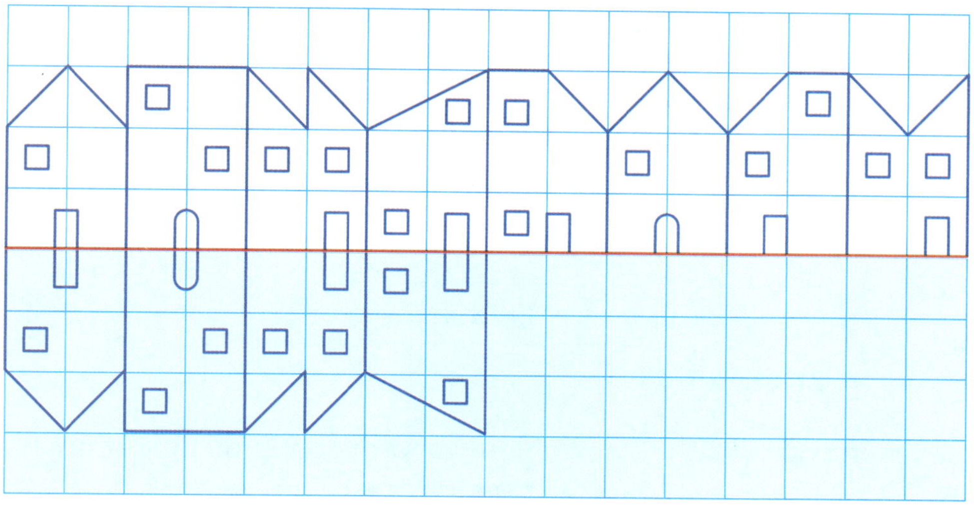

1 **Construis** la partie symétrique de ce bâtiment par rapport à l'axe rouge. (**Utilise** un calque.)

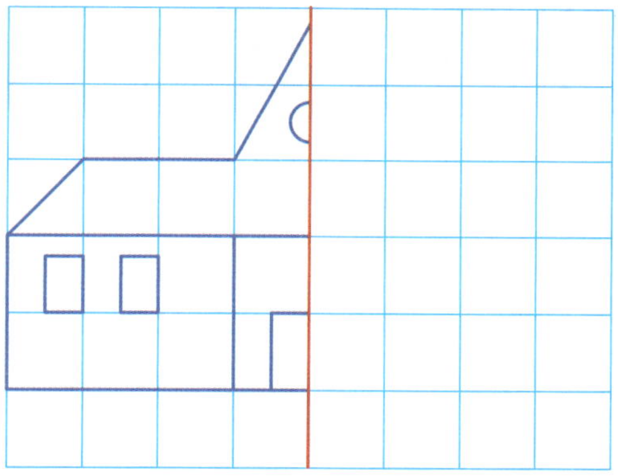

2 **Construis** le symétrique de ces bâtiments par rapport à l'axe rouge. (**Utilise** un calque.)

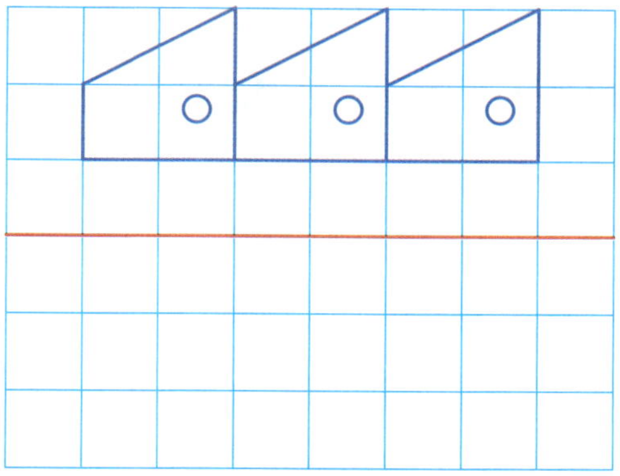

3 **Construis** le symétrique de cette figure par rapport à 2 axes différents. (**Utilise** un calque si nécessaire.)

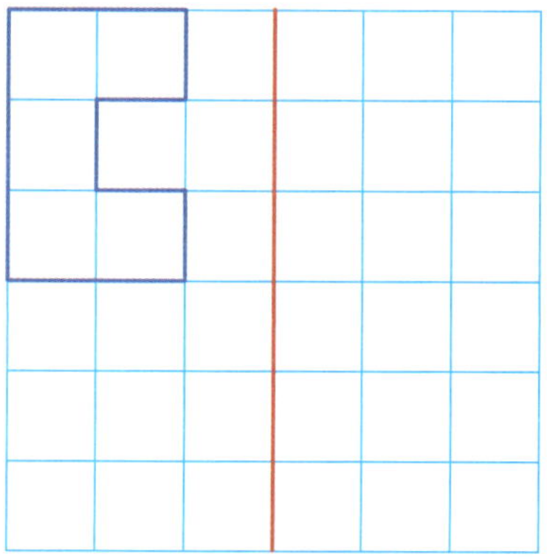

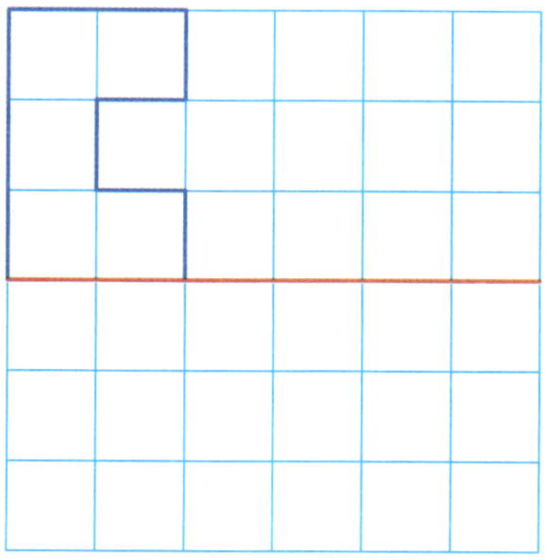

Objectifs : Comprendre et utiliser la commutativité de la multiplication. Savoir calculer un produit par additions successives. Savoir choisir la façon la plus simple d'écrire et calculer un produit.

Calcul mental : Donner un nombre pris dans une table de multiplication (de 2, 3 et 5). Les enfants doivent trouver quelle multiplication donne ce résultat.

Une propriété de la multiplication

Peut-on poser une multiplication comme on le souhaite ?

Observe, puis **complète** la règle à retenir.
En comptant ces maisons, Kim a trouvé une propriété de la multiplication. Laquelle ?

1. Il y a 3 lignes de 7 maisons :
$7 + 7 + 7 = 21 = 7 \times 3$
2. Il y a 7 colonnes de 3 maisons :
$3 + 3 + 3 + 3 + 3 + 3 + 3 = 21 = 3 \times 7$

$7 \times 3 = 3 \times 7$

Retiens bien

Dans une multiplication, on peut .... sans changer le résultat.

1 **Écris** le nombre de fenêtres de chaque immeuble sous forme de 2 multiplications.

A → .... × .... = ... × .... B → .... × .... = ... × .... C → .... × .... = ... × .... D → .... × .... = ... × ....

2 **Transforme** ces longues additions en additions plus courtes.

$3 + 3 + 3 + 3 + 3 + 3 + 3 + 3 + 3 + 3 + 3 + 3 = 3 \times 12 = 12 + 12 + 12$

$2 + 2 + 2 + 2 + 2 + 2 + 2 + 2 + 2 + 2 + 2 + 2 + 2 + 2 + 2 =$ .... × .... = ...

$4 + 4 + 4 + 4 + 4 + 4 + 4 + 4 =$ .... × .... = ...

$5 + 5 + 5 + 5 + 5 + 5 + 5 + 5 + 5 + 5 =$ .... × .... = ...

3 **Compte** le nombre de carreaux de chaque couleur. **Écris**-le en utilisant le signe ×.

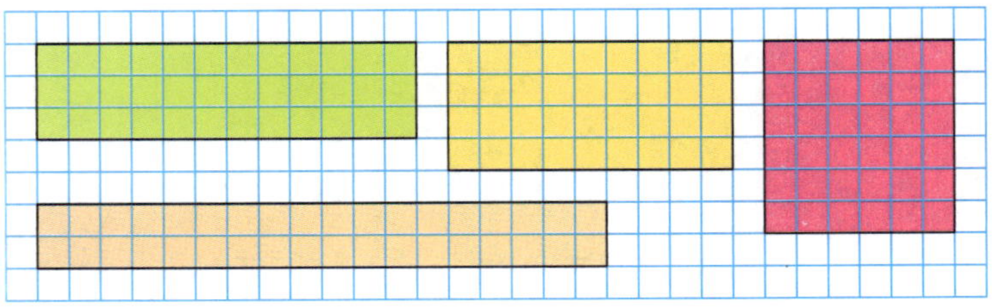

(vert) .... = ... × .... = ... × ....
(jaune) .... = ... = ...
(rouge) .... = ... = ...
(beige) .... = ... = ...

Objectifs : Utiliser la table de Pythagore. Approcher la notion de multiple d'un nombre. Résoudre des problèmes multiplicatifs en cherchant les résultats dans la table.
Calcul mental : Chercher dans la table le produit de 2 nombres. Compléter une multiplication (36 = ? × 9). Chercher les produits qui donnent 20 (ou un autre nombre) comme résultat.

Les tables de multiplication (2)

Pourquoi et comment utiliser une table de Pythagore ?

On a colorié une table de multiplication (× 5) dans ce tableau.
Colorie les tables que tu connais (× 2 et × 3).

×	0	1	2	3	4	5	6	7	8	9	10
0	0	0	0	0	0	0	0	0	0	0	0
1	0	1	2	3	4	5	6	7	8	9	10
2	0	2	4	6	8	10	12	14	16	18	20
3	0	3	6	9	12	15	18	21	24	27	30
4	0	4	8	12	16	20	24	28	32	36	40
5	0	5	10	15	20	25	30	35	40	45	50
6	0	6	12	18	24	30	36	42	48	54	60
7	0	7	14	21	28	35	42	49	56	63	70
8	0	8	16	24	32	40	48	56	64	72	80
9	0	9	18	27	36	45	54	63	72	81	90
10	0	10	20	30	40	50	60	70	80	90	100

une table de Pythagore →

Observe, puis **complète**.

7 × 9 = **63** ou 9 × 7 = **63**

6 × 8 = 8 × 6 = ...

4 × 6 = 6 × 4 = ...

10 × 8 = 8 × 10 = ...

42 = 6 × .... = ... × 6

27 = 3 × .... = ... × 3

9 × .... = 81

5 × .... = 25

1 **Trouve** ces nombres dans la table de Pythagore, puis **écris**-les en utilisant le signe ×.

36 = ... × ....
64 = ...

24 = ... × ....
81 = ...

35 = ...
100 = ...

48 = ...
72 = ...

2 Un nombre s'est glissé par erreur dans chaque liste. **Entoure**-le.

- 7 – 14 – 21 – 28 – 35 – 42 – 49 – 54 – 63
- 4 – 8 – 12 – 16 – 22 – 24 – 28 – 32 – 36
- 0 – 5 – 10 – 12 – 20 – 25 – 30 – 35 – 40
- 6 – 12 – 18 – 24 – 30 – 36 – 40 – 42 – 48

Problème **Termine** la résolution du problème.

- Chaque case de ce village africain abrite 4 personnes. Combien y a-t-il d'habitants ?

4 × .... = ...

Il y a .... habitants.

- Les 32 habitants montent 8 par 8 dans des pirogues. Combien faut-il de pirogues ?

8 × .... = 32

Il faut .... pirogues.

Problème **Résous** ce problème.

- Chaque igloo abrite 8 personnes. Combien y a-t-il d'habitants ?

.... = ...

....

- Il faut 6 chiens pour tirer un traîneau. Combien de traîneaux tireront 60 chiens ?

.... = ...

....

Objectifs : Comprendre et utiliser la représentation d'un espace sous forme de plan.

Calcul mental : Concours de table de multiplication. Deux élèves s'opposent. Le maître donne un produit (8×2 ; 7×3 ; etc.). L'élève qui répond le premier marque 1 point. Le premier qui a 6 points a gagné.

Le plan d'un appartement

Comment lire et utiliser un plan ?

Observe.

- Combien de chambres à coucher comptes-tu dans cet appartement ?

....

- Quelle pièce s'ouvre sur le balcon ?

....

Dessine une croix sur la porte d'entrée.

1 **Relie** les objets réels à leurs représentations vues du dessus.

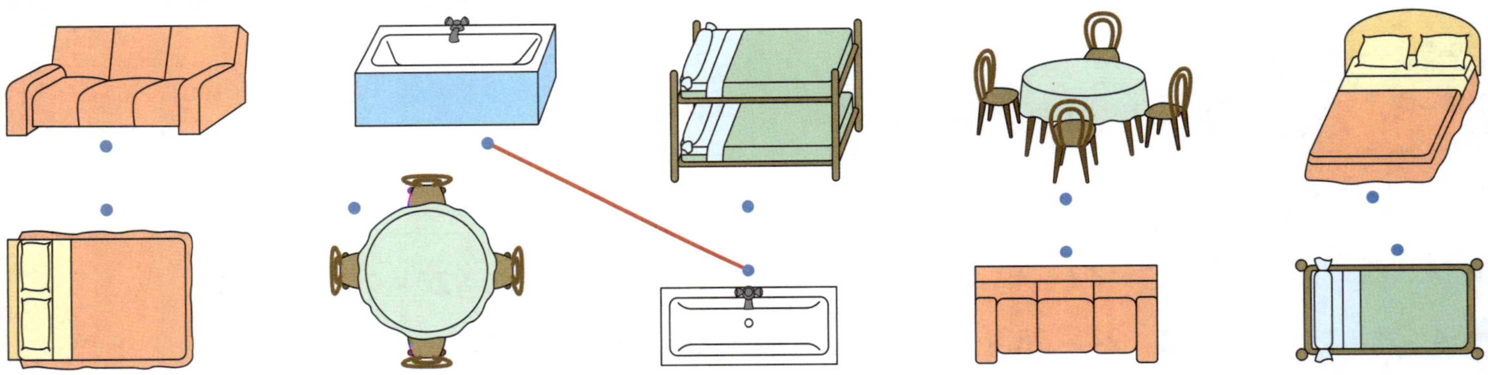

2 **Écris** sur le plan les noms des pièces, puis **colorie** le balcon en jaune.

- chambre
- cuisine
- salle de séjour
- salle de bains
- toilettes (W.-C.)

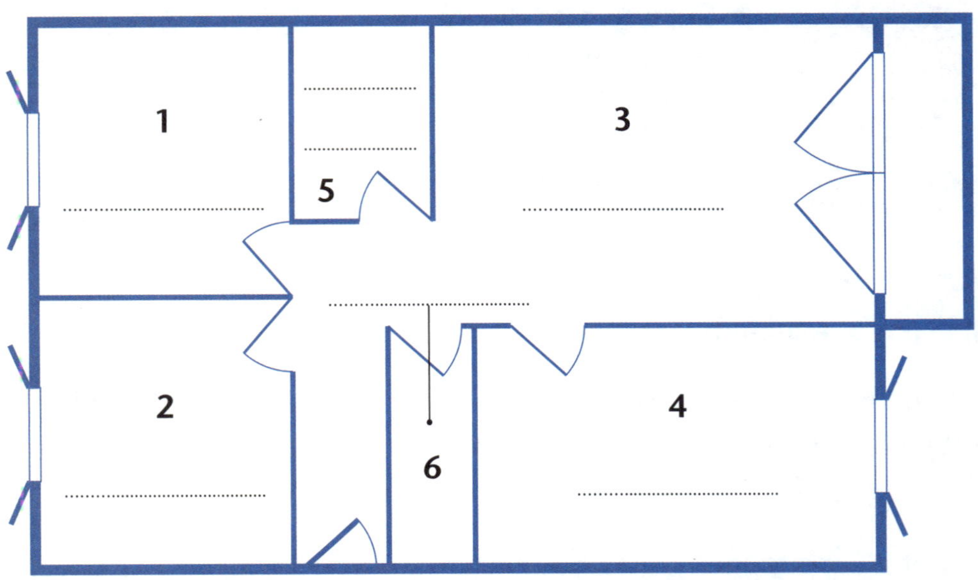

Objectifs : Comprendre et utiliser la distributivité de la multiplication par rapport à la somme. Savoir décomposer un nombre pour calculer un produit.

Calcul mental : Réciter les tables × 2, × 3 et × 5 (dans l'ordre et le désordre). Décomposer des nombres compris entre 10 et 20 pour les multiplier par 2, 3 ou 5 [13 × 3 = (10 × 3) + (3 × 3) = 39].

Une autre propriété de la multiplication

Peut-on effectuer le même calcul de plusieurs manières ?

Observe le plan, puis **complète** ces 2 façons de calculer le nombre total de maisons.

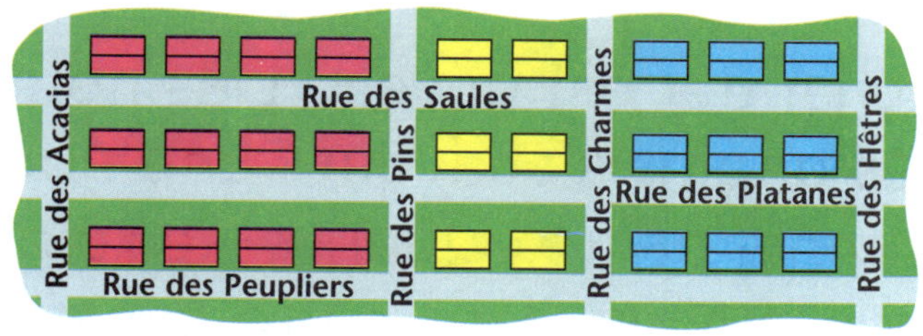

Dans le quartier rose, il y a → **4** × **3** maisons.

Dans le quartier jaune, il y a → **2** × **3** maisons.

Dans le quartier bleu, il y a → **3** × **3** maisons.

Le nombre total de maisons est :

(4 × 3) + **(2 × 3)** + **(3 × 3)** = ... + ... + ... = ...

Dans chaque rue horizontale, il y a :

4 + **2** + **3** maisons.

Le nombre total de maisons est :

(4 + 2 + 3) × **3** = ... × **3** = ...

Retiens bien

On peut calculer une multiplication de plusieurs façons.

1 **Calcule** de 2 façons le nombre des engins de chantier.

A. camions + bétonnières + bulldozers :

(........ × 3) + (........ × 3) + (........ × 3) =

.... + ... + ... = ...

B. par lignes : (.......... + ... + ...) × 3 =

.... × 3 = ...

2 **Utilise** les 2 manières de calculer (**sers-toi** de la table de multiplication à la fin de ton fichier).

- (2 + 4 + 3) × 5 = ... × 5 = ...

  (2 + 4 + 3) × 5 = (2 × 5) + (4 × ....) + (3 × ....)

  = ... + ... + ... = ...

- (3 + 5 + 2) × 8 = ... × 8 = ...

  (3 + 5 + 2) × 8 = (.......... × ....) + (.......... × ....) + (.......... × ....)

  = ... + ... + ... = ...

3 **Calcule**.

- (10 + 4) × 2 = (........ × ....) + (........ × ....) = ...
- (10 + 8) × 5 = (10 × ....) + (8 × ....) = ...
- (6 + 5) × 5 = (........ × ....) + (........ × ....) = ...

Le coin du malin

Calcule de tête selon la méthode de Mélissa.

Pour faire 15 × 3,
je décompose 15.
Je fais 10 × 3 = 30,
puis 5 × 3 = 15.
30 + 15 = 45.

12 × 5 = ... 19 × 2 = ...

Comment construire

Le chantier est ouvert. Des hommes et des engins s'activent : une nouvelle maison va naître. Quel est le rôle de chaque ouvrier dans cette construction ? À quoi servent tous ces engins ?

L'architecte et le chef de chantier

L'architecte a dessiné les plans de la future construction. Avec le chef de chantier, il organise les travaux.

La pelleteuse et le camion-benne

La pelleteuse creuse les parties construites dans le sol et qui supportent les murs (les fondations). Un camion-benne évacue la terre.

La grue

La grue transporte les matériaux de construction comme les sacs de ciment.

une maison ?

La bétonnière

Dans la bétonnière, avec de l'eau, du sable, des graviers et du ciment, on prépare le béton qui servira à construire les murs.

Les maçons

Les maçons dressent les murs.

Les autres ouvriers du chantier

D'autres ouvriers vont finir le chantier.
Les couvreurs posent les ardoises sur le toit.
Le plombier installe la salle de bains et la cuisine.
L'électricien installe des prises électriques.
Le menuisier pose les portes et les fenêtres.

Atelier

- Recherche à quelle époque a été construite la maison où tu habites ou ton école et avec quels matériaux.

Retenir

- Entoure les ouvriers qu'on peut rencontrer sur un chantier :

le maçon – le menuisier – le tailleur – l'électricien – le cordonnier – le plombier – le pompiste.

- Barre les engins qu'on ne trouve pas sur un chantier :

la pelleteuse – la bétonnière – la moissonneuse – le téléphérique – le camion-benne – la grue.

Les objets ont-ils une histoire ?

Comme les hommes, les objets ont une histoire. Après leur invention, ils se modifient grâce aux progrès techniques. Ainsi, ils vieillissent mais restent toujours modernes.

Une vieille automobile

▶ Méconnaissables...

Ces objets sont encore utilisés de nos jours, mais ils ont bien changé. Reconnais-tu : la machine à laver le linge, la radio, le téléphone et l'appareil photo ?

Une voiture d'aujourd'hui

▶ Disparus...

Certains objets ont totalement disparu. Et c'est tant mieux pour toi !

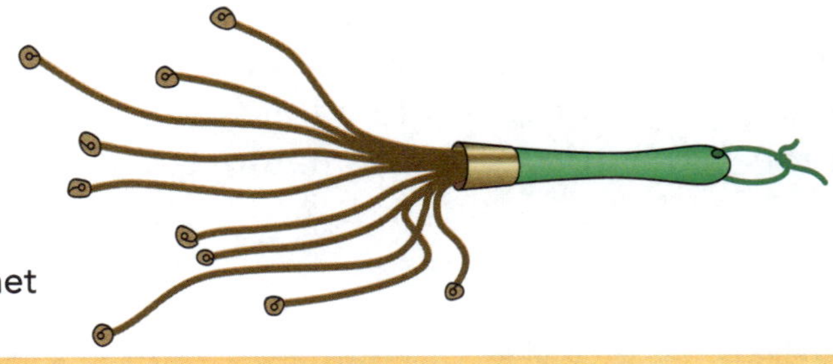
Le martinet

Le bonnet d'âne

Ateliers

- Compare la voiture d'aujourd'hui et celle du passé. Quelles transformations peux-tu remarquer ?
- Le fer à repasser moderne chauffe quand on le branche sur le courant électrique. Son ancêtre ignorait l'électricité. Alors comment le chauffait-on ?

Objectif : Comprendre une représentation du temps qui passe.
Calcul mental : Faire calculer en décomposant : 12 × 3, c'est (10 × 3) + (2 × 3) = 30 + 6 = 36. Proposer : 15 × 2, 11 × 3, 19 × 2.

L'arbre généalogique

Qu'est-ce qu'un arbre généalogique ?

Observe.

- Cette photographie rassemble 3 générations d'une même famille.
Yann est le plus jeune : il a 7 ans.
Éric est le père de Yann : il a 31 ans.
Georges est le grand-père de Yann et le père d'Éric : il a 58 ans.

Retiens bien
Une génération est le temps qui sépare parents et enfants (environ 25 ans).

- Yann, Éric et Georges ne sont pas les seuls membres de la famille.

Fais connaissance avec les autres en observant cet arbre généalogique.

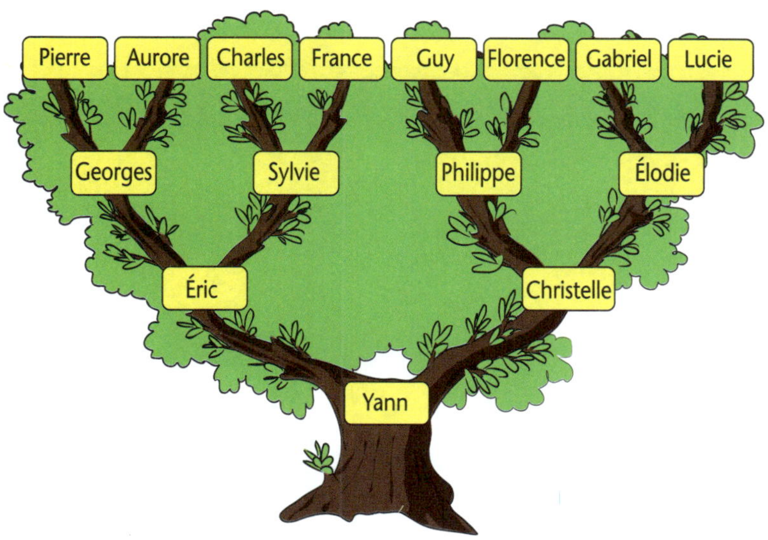

1 Écris comment se nomment :
- La mère de Yann : ....
- La grand-mère paternelle de Yann : ....
- Le grand-père maternel de Yann : ....
- Le père de Georges : ....

2 Complète avec 2, 3, 4, 6 ou 8.

Yann a .... parents, ... grands-parents et .... arrière-grands-parents.

3 Regarde l'arbre généalogique, puis **barre** ce qui est faux.

- Florence est la mère de Philippe.
- Gabriel est le père d'Élodie.
- Guy est le grand-père de Yann.
- Pierre est le mari de Lucie.
- Éric est le frère de Christelle.
- Aurore est la mère de Georges.
- Sylvie est la fille de Charles et France.
- Aurore est la fille de Gabriel et Lucie.
- Pierre est l'arrière-grand-père de Yann.

Objectifs : Réviser les règles d'associativité et de commutativité de l'addition. Savoir calculer simplement et rapidement, par écrit et mentalement.

Calcul mental : Donner 3 nombres dont il faut faire la somme de tête. Choisir les nombres de façon à être contraint d'appliquer les règles de calcul de cette page (*ex.* : 17, 19 et 3 > 17 et 3 = 20, 20 + 19 = 39).

Arbres à calcul

Comment s'organiser pour effectuer simplement des suites d'additions ?

6 + 7 + 5 + 4 + 3 + 5 + 4 + 2

13 + 9 + 8 + 6

22 + 14

36

Sylvain a décidé de faire l'arbre du nombre 36.

Essaie de faire comme lui…

6 + 7 + 5 + 4 + 3 + 5 + 4 + 2

……… + ……… + ……… + ………

……… + ………

………

un arbre à calcul

1 **Effectue** les calculs demandés.

12 + 10 + 8 + 5 + 7 + 11 + 3 + 4

……… + ……… + ……… + ………

……… + ………

………

12 + 10 + 8 + 5 + 7 + 11 + 3 + 4

……… + ……… + ……… + ………

……… + ………

………

2 **Complète** ces arbres à calcul.

10 + ……… + ……… + 1 + 5 + ……… + 4 + ………

18 + ……… + 13 + ………

20 + ………

40

10 + 11 + ……… + 9 + 15 + 14 + ……… + 5

20 + ……… + 20 + ………

……… + ………

80

3 **Groupe** les nombres de la manière la plus simple possible avant de faire les calculs.

18 + 27 + 15 + 2 + 3

……… + ……… + ………

……… + ………

………

13 + 10 + 24 + 7 + 10 + 6

……… + ……… + ………

……… + ………

………

22 + 8 + 33 + 16 + 4 + 7

……… + ……… + ………

……… + ………

………

Objectifs : Revoir les relations entre la somme et le produit. Calculer un produit par additions successives.

Calcul mental : Dicter des sommes prises dans la table d'addition. Les élèves écrivent le résultat. Même exercice avec des nombres entiers de dizaines (< 100), particulièrement la table des doubles (30 et 30, 60 et 60…).

Arbres et techniques de calculs rapides

Comment mobiliser sa connaissance de l'addition pour faire des multiplications ?

Observe et **complète**.
Chaque coffret contient 120 pièces d'or.
Calcule le nombre de pièces.

120 × 5 = 120 + 120 + 120 + 120 + 120

100 + 20 + 100 + 20 + 100 + 20 + 100 + 20 + 100 + 20

.... + ... + ... + ... + 100 + 20

.... + ...

Il y a .... pièces d'or.

Retiens bien
Tu peux utiliser un arbre à calcul pour simplifier une opération trop difficile.

1 **Termine** ces calculs.

- 35 × 3 = 35 + 35 + 35

  30 + 5 + 30 + 5 + 30 + 5

  .... + ...

  ....

- 150 × 3 = 150 + ... + ...

  .... + ... + ... + ... + ... + ...

  .... + ...

  ....

2 **Calcule** selon le modèle.

42 × 3 = 42 + 42 + 42
40 + 40 + 40 + 2 + 2 + 2
120 + 6 = 126

105 × 4 = ... + ... + ... + ...
.... + ... + ... + ... + ... + ... + ... + ...
.... + ... = ...

3 **Entoure** la plus chère de ces 2 collections de livres. **Aide-toi** d'arbres à calcul.

....
....
....
....
....
....

Objectif : Décomposer un nombre entier de dizaines en ($n \times 10$) pour le multiplier par un nombre d'un chiffre.

Calcul mental : Résoudre des problèmes simples de multiplication (« Combien faut-il d'objets si j'en donne n à 10 enfants ? ») et de distribution (« Si je distribue n objets à 10 enfants, combien chacun en aura-t-il ? »).

Multiplier par 10 et par 100

Pourquoi est-il inutile de poser les multiplications par 10 et par 100 ?

Observe le calcul fait par Iris et son grand-père, puis **complète** la règle à retenir.

– J'ai **7 ans** et tu en as **70**. Tu es **10 fois plus** âgé que moi, dit Iris.

7 × 10 = 70

– Ce n'est pas très vieux, dit le grand-père. Le château est **100 fois plus** vieux que toi… Le château a 700 ans :

7 × 100 = 700

Retiens bien

Pour multiplier un nombre par 10, il suffit d'écrire un zéro à la droite du nombre.

Pour multiplier un nombre par 100, il suffit ....

....

à la droite du nombre.

1 Complète ces tables de multiplication.

×	1	2	3	4	5	6	7	8	9	10	11	12	13	14	15	16	17
10	10	20	30	40	....	....	....	....	....	....	....	....	....	....	....	....	....

×	1	2	3	4	5	6	7	8	9	10
100	100	200	300	....	....	....	....	....	....	....

2 Complète ces multiplications.

23 × 10 = ...

.... × 100 = 300

85 × 10 = ...

.... × 10 = 900

.... × 10 = 600

.... × 100 = 1000

.... × 10 = 750

.... × 10 = 1000

3 Décompose selon le modèle pour calculer facilement.

- 6 × 20 = 6 × 2 × 10 = 12 × 10 = 120
- 5 × 30 = 5 × 3 × 10 = ... × .... = ...
- 8 × 50 = ... × .... × .... = ... × .... = ...
- 4 × 30 = ... × .... × .... = ... × .... = ...

Le coin du malin

Au musée de l'Histoire, Charly questionne ses parents.
« La "grand-mère des automobiles" a presque 250 ans.
La dame du tableau a plus de 8 siècles. Est-ce qu'elle conduisait la voiture ? »
Entoure, puis **explique** la réponse des parents.

Oui Non parce que ....

Objectifs : Utiliser le vocabulaire temporel. Savoir représenter le temps qui passe.

Calcul mental : Faire calculer : 8 × 10 ; 9 × 10 ; 7 × 100 ; 8 × 100 ; 5 × 100 ; 21 × 10 ; 32 × 10 ; 10 × 100 ; 92 × 10 ; 89 × 10.

Le siècle

Comment se représenter un siècle ?

Observe. Un siècle ou 100 ans séparent ces 2 photographies.

Le forum des Halles à Paris en l'an 1900

Le forum des Halles à Paris en l'an 2000

1 On peut représenter le temps qui passe par **une ligne droite** (la ligne du temps). Celle-ci représente le siècle écoulé entre les années 1900 et 2000. L'espace entre 2 traits représente 10 années.
Complète en écrivant le numéro des années.

2 **Colorie** les ronds sur la ligne du temps à la couleur de l'événement.

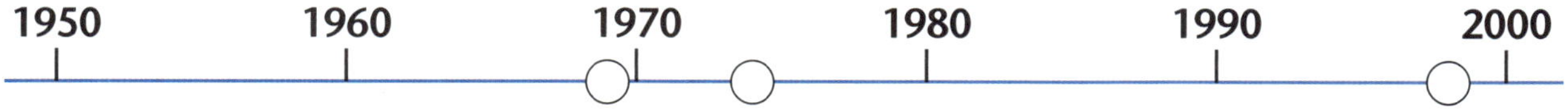

- En 1969, un premier homme marche sur la Lune. (jaune)
- En 1998, la France gagne la coupe du monde de football. (rouge)
- En 1974, le premier TGV est mis en service. (vert)

Le coin du malin

Depuis l'an 2000, nous sommes entrés dans le 21e siècle. De 1900 à 2000, c'était le 20e siècle.
Complète :

- de 1800 à 1900, c'était le ....e siècle.
- de 1700 à 1800, c'était le ....e siècle.
- Léonard de Vinci a peint la ***Joconde*** en 1503, au ....e siècle.

Comment connaître

De ses origines à nos jours, l'homme a laissé de nombreuses traces de ses activités sur la Terre. C'est en étudiant ces traces que l'on peut comprendre ses différents modes de vie, ses progrès et son histoire.

Un silex taillé

En fouillant le sol

Les premiers hommes sont apparus en Afrique. Ils se sont déplacés lentement vers l'Asie et l'Europe à la recherche de leur nourriture. Pour chasser, ils utilisaient des outils de pierre taillée. Plus tard, ils ont bâti des villages, s'y sont installés et ont cultivé la terre. C'est en fouillant le sol que les historiens ont fait ces découvertes.

Une tablette à pictogrammes

Une tablette phénicienne comprenant un alphabet

En parcourant les écrits

Tout ce que l'on sait de l'histoire de l'homme avant l'invention de l'écriture est nommé « Préhistoire ». Les premiers textes étaient constitués de dessins simplifiés d'objets, de personnes ou d'actions (les pictogrammes). Puis les premiers alphabets sont apparus. Ces écrits nous renseignent sur les événements et les personnages puissants qui ont marqué leur époque.

l'histoire de l'homme ?

▶ En utilisant l'œuvre des artistes

Les tableaux, les sculptures et les romans conservés dans les musées ou les bibliothèques font des artistes des témoins privilégiés de leur temps.

Le Repas familial, peint par Le Brun

▶ En recueillant des témoignages directs

Nos parents et nos grands-parents peuvent encore nous expliquer comment ils vivaient autrefois. De nombreux objets qu'ils ont utilisés, des journaux, des photographies ou des films sont de riches témoignages d'un passé récent.

Des journaux anciens

Une lampe à pétrole, un appareil photo et un réveil anciens

Retenir

Entoure l'invention qui marque la fin de la Préhistoire :

la photographie – l'écriture – le téléphone.

Ateliers

- Dans la BCD de ton école, cherche où sont rangés les livres d'histoire. Comment sont-ils classés ?
- Feuillette plusieurs de ces livres et découvre les documents qui te sont présentés (récits, tableaux, objets dessinés, photographies, etc.).

Qu'est-ce qu'un bâtiment public ?

Au centre de ta ville ou de ton village, il existe des bâtiments où tout le monde peut entrer : ce sont des bâtiments publics. Ils abritent des services organisés par la municipalité ou l'État qui sont indispensables à notre vie de tous les jours.

La mairie

La mairie

À la mairie siège le conseil municipal. On y délivre des passeports et des cartes d'identité. On s'y marie. On y déclare les décès et les enfants à leur naissance.

La Poste

La Poste

À la Poste, on envoie des colis ou des lettres, on retire de l'argent et on achète des timbres. Les facteurs y trient le courrier avant de le distribuer.

Le commissariat

Le commissariat

Le commissariat (ou la gendarmerie dans beaucoup de villages) est le bâtiment de la police. On y dépose plainte en cas de vol ou d'agression. On y conduit les malfaiteurs.

L'école

L'école

Il n'est pas très utile de te dire ce qu'on y fait ! Elle est très importante dans la vie de ton quartier.

L'hôpital

L'hôpital reçoit les urgences médicales. On y soigne les maladies et les blessures graves. C'est aussi là que naissent la plupart des bébés !

L'hôpital

Atelier

- En te promenant dans ton quartier, ta ville ou ton village, repère les bâtiments publics et note leurs adresses. Repère-les ensuite sur un plan. Si tu es plus curieux(euse), visite-les.

Objectifs : Comprendre et utiliser la représentation d'un espace sous forme de plan.

Calcul mental : Dicter et faire écrire : 6 + 3 + 5 + 7 + 5 + 2. Demander de bien observer et de calculer dans sa tête : 8 + 2 + 7 + 3 + 8 + 1 ; 9 + 3 + 7 + 8 + 3 + 2 + 1.

Le plan d'un quartier d'une grande ville

Comment lire et utiliser un plan ?

Observe. Le plan et la photo ont la même orientation.
Trace une croix sur l'avenue des Champs-Élysées de la photo.

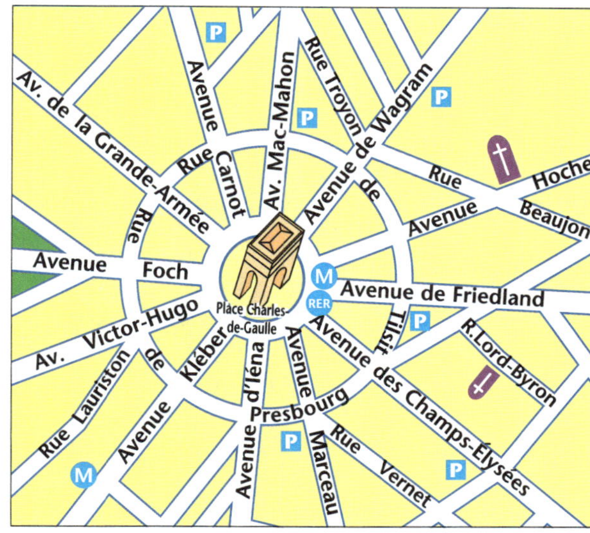

La place Charles-de-Gaulle à Paris est aussi nommée « place de l'Étoile ».

Combien d'avenues s'y rejoignent ? .... avenues.

1 **Relie** la photo de l'Arc de Triomphe au nom de l'avenue dans laquelle elle a été prise.

Avenue de la Grande-Armée ● ● 

Avenue Kléber ● ● 

2 Dans quelle rue ou dans quelle avenue trouve-t-on une église ?

....

....

3 **Barre** le nom des 2 avenues qui ne figurent pas sur le plan.

Avenue Foch

Avenue d'Iéna

Avenue de la République

Avenue Mac-Mahon

Avenue Marceau

Avenue de Suffren

Avenue de Wagram

4 **Décalque** ou **dessine** le plan de la place Charles-de-Gaulle en prenant pour limites la rue de Tilsit et la rue de Presbourg.

Objectif : Assimiler une technique de multiplication en colonnes.

Calcul mental : Révision des techniques de calcul rapide sur les tables × 2, × 3 et × 5. Multiplications du type 50 × 3 (5 × 3 = 15, 15 × 10 = 150).

La multiplication en colonnes (1)

Comment décomposer les calculs pour effectuer une multiplication ?

Observe, puis **termine** le calcul : combien y a-t-il d'élèves dans 5 classes de 27 enfants ?

Le nombre total d'élèves est :

	c	d	u
		2	7
×			5
		3	5
		+	+
+	1	0	0
= ………			

7 × 5

20 × 5

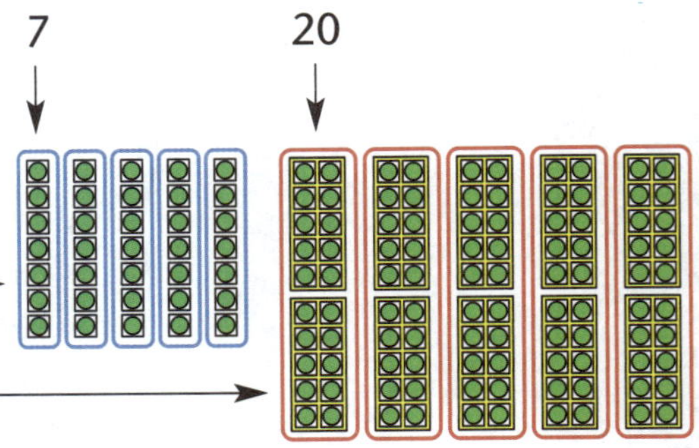

1 Entraîne-toi d'abord avec ces multiplications simples.

20 × 3 = ……… 60 × 5 = ……… 80 × 2 = ……… 90 × 3 = ……… 90 × 5 = ………

2 Complète ces multiplications en colonnes.

		3	4
×			3
		1	2
+		9	0
=	………	………	………

		4	5
×			3
		1	5
+	………	………	………
=	………	………	………

		6	9
×			2
		………	………
+	1	2	0
=	………	………	………

		5	7
×			3
		………	………
+	………	………	………
=	………	………	………

		1	6
×			5
		………	………
+		………	………
=		………	………

3 Pose en colonnes, puis **effectue** ces multiplications.

- 58 × 3
- 84 × 5
- 27 × 3
- 89 × 2

Objectifs : Comprendre et utiliser la représentation d'un espace sous forme de plan.

Calcul mental : Dicter : 111, 222, puis demander de continuer à écrire les nombres qui s'écrivent avec les 3 mêmes chiffres jusquà 999. Faire écrire ces nombres en lettres.

Le plan d'un village de montagne

Comment lire et utiliser un plan ?

Observe le plan.

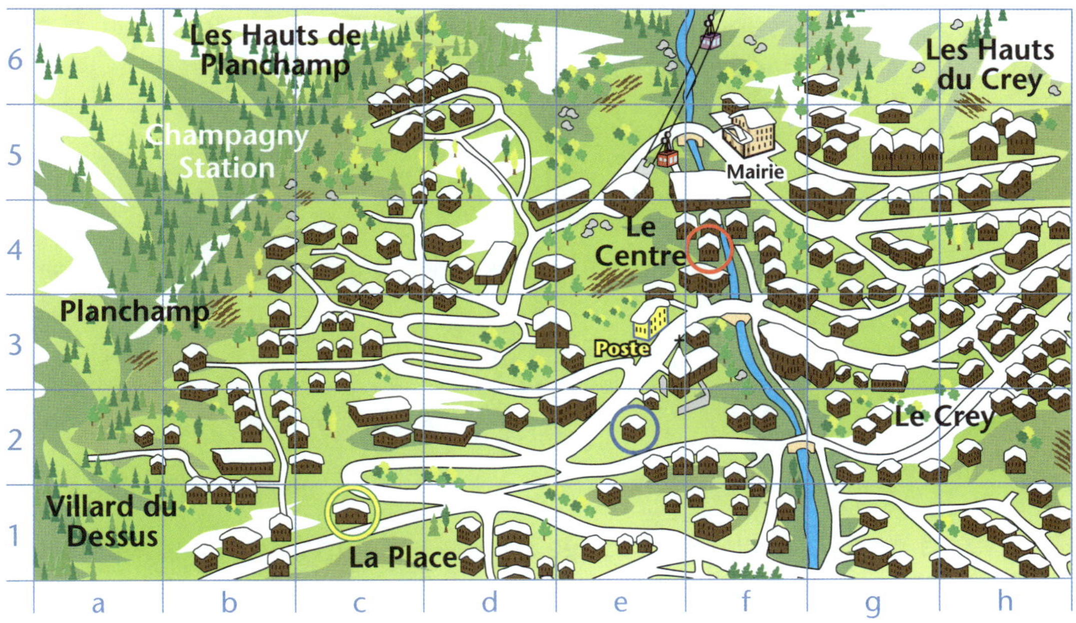

- Jérémy habite la maison entourée en rouge sur le plan. **Écris** le nom du lieu où elle se trouve : ....

- Delphine habite la maison entourée en bleu sur le plan. **Écris** le code de la case où elle se trouve : ....

1 Champagny-en-Vanoise est un petit village de montagne. Comment t'en rends-tu compte sur le plan ? **Donne** 3 indices :

a ....

b ....

c ....

2 Dans quelle(s) case(s) se trouve(nt) :

- le lieu-dit Le Crey ? .... et ....
- la Poste ? ....
- la mairie ? ....
- la maison de Jérémy ? ....
- le lieu-dit La Place ? .... et ....

3 Un torrent coule de la case f6 à la case g1. Combien comptes-tu de ponts pour le traverser ?

.... ponts.

4 Fabrice habite le lieu-dit La Place. Sa maison est entourée en jaune. **Trace** sur le plan son trajet pour se rendre au départ du téléphérique.

Objectifs : Reconnaître et nommer les solides. Identifier et dénombrer les faces planes d'un solide. Distinguer polyèdres (cube, pavé droit, pyramide) et non-polyèdres (sphère, cylindre).
Calcul mental : Calculer : 20 × 2 ; 40 × 5 ; 30 × 3 ; 50 × 5 ; 80 × 2.

Les solides (1)

Comment reconnaître et nommer les solides ?

Observe. Pour dessiner chacun de ces bâtiments, on a commencé par en tracer la forme, puis on a nommé chaque forme.

Écris en bas de chaque tracé la lettre associée à chaque bâtiment dessiné.

1 **Écris** à nouveau la lettre associée à chaque bâtiment dessiné, vu du dessus.
Écris les noms des figures tracées en bleu (les contours).

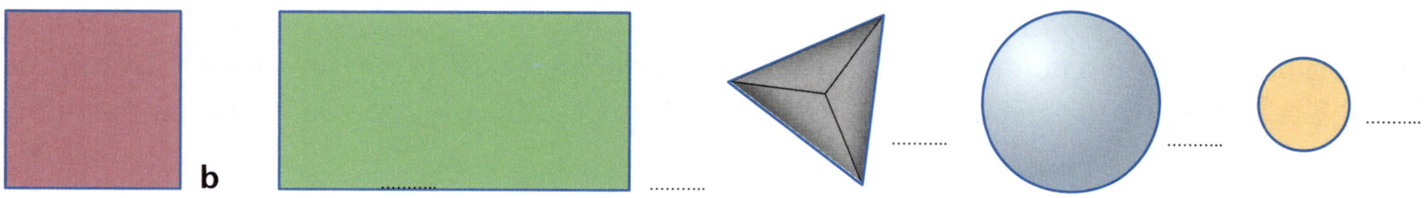

Un .... Un .... Un .... Des ....

2 **Entoure** les solides qui peuvent rouler en bas de la planche.

3 **Écris** les noms des solides qui font leur portrait.

- J'ai 6 faces planes identiques et je ne peux pas rouler. Je suis : ....
- Je n'ai pas de faces planes et je roule. Je suis : ....
- J'ai 4 faces planes et je ne roule pas. Je suis : ....
- J'ai 2 faces planes identiques et je roule. Je suis : ....

Objectifs : Poser et effectuer en colonnes une multiplication (par 2, 3 ou 5) à retenue.

Calcul mental : Révision du calcul du double (nombres < 100) par décomposition du nombre (double de 54 = double de 50 + double de 4).

La multiplication en colonnes (2)

Comment passer à la technique de la multiplication à retenue ?

Pose l'opération en ligne, puis **observe** comment on l'effectue en colonnes.

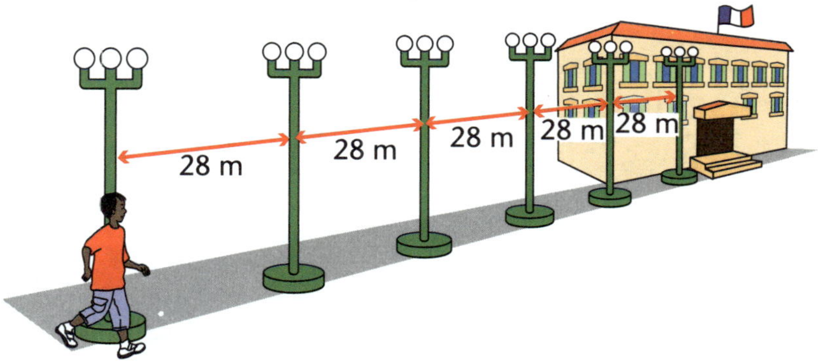

Il y a 28 mètres entre les lampadaires. Pour arriver à la mairie, Grégoire doit encore parcourir (.......... × 5 = ...) mètres.

Retiens bien

[4] ←	retenue	→ [4]
2 8		2 8
× 5		× 5
= . . 0		= 1 4 0
5 fois 8 unités = 4 0 Je pose 0 et je retiens 4 dizaines.		**5 fois 2 dizaines = 10 dizaines,** plus 4 de retenue → 14 dizaines.

1 Termine ces multiplications.

[1]	[2]	[ ]	[ ]	[ ]
2 7	4 4	1 9	8 2	7 5
× 2	× 5	× 3	× 5	× 2
= 4	= 0	= 7	= 0	= ....

2 Pose, puis effectue ces opérations en colonnes. Attention aux retenues, s'il y en a.

- 76 × 5
- 29 × 2
- 42 × 3

Problème

À la fête du village, il y a 5 manèges de 25 places. **Calcule** combien d'enfants peuvent s'y amuser en même temps.

....

....

....

Comment créer

La carte te permet de te repérer dans un endroit inconnu. C'est une représentation simplifiée de territoires qu'il t'est impossible d'apercevoir tout entiers. Mais comment est-elle fabriquée ?

Une photographie de la réalité

Pour dessiner une carte, on prend d'abord des photographies aériennes par temps clair et dans un ciel sans nuage.

Une photographie aérienne du village de Zellenberg, en Alsace

La représentation du village de Zellenberg sur une carte

De la photographie à la carte

Les cartographes construisent la carte à partir de la photographie. Des machines perfectionnées permettent d'écrire les noms des lieux représentés, de symboliser les éléments du paysage (routes, village, forêts, collines, etc.) et de les mettre en couleurs.

une carte ?

La légende des cartes

Pour qu'une carte soit lisible, on y ajoute une légende qui explique les symboles utilisés. Ce sont les mêmes sur toutes les cartes.

Une carte légendée

Une photographie prise à basse altitude

Une carte plus détaillée

Une photographie prise à très basse altitude permet de construire une carte plus détaillée. On dit « à plus petite échelle ».

Une carte à plus petite échelle

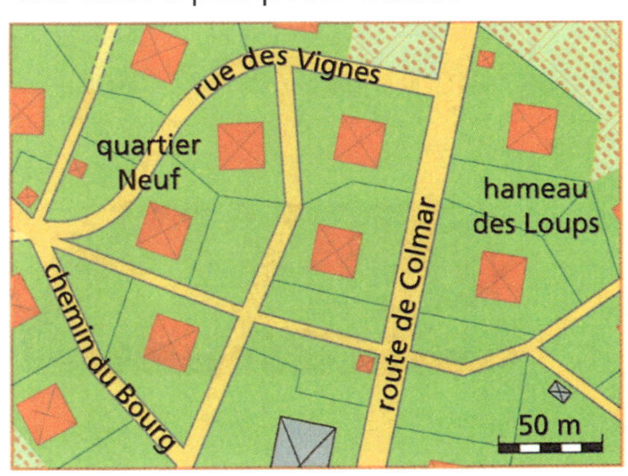

Ateliers

- Procure-toi une carte routière. Que représente-t-elle : une région ou un pays ?
- Regarde la légende : identifie quelques symboles, puis retrouve-les sur la carte.

Retenir

Entoure ce qu'il est impossible de faire avec une carte :

retrouver son chemin – se repérer – connaître l'horaire des trains – tracer un itinéraire – connaître l'état de la mer – connaître le nom d'un lieu.

Module 15 — LA MATIÈRE

Pourquoi a-t-on besoin de machines ?

Pour augmenter ses possibilités physiques et intellectuelles, l'homme a besoin de machines.

▶ Pour être plus fort

La poulie nous permet de soulever des charges lourdes.

La poulie

La bicyclette

▶ Pour être plus rapide

La factrice apporte le courrier plus rapidement grâce à sa bicyclette.

La machine à laver

▶ Pour s'éviter des tâches pénibles et répétitives

Les cuisines modernes sont équipées de machines qui facilitent les tâches ménagères : le lave-vaisselle, la machine à laver le linge, le four, le micro-ondes, etc.

▶ Pour calculer plus vite

La calculatrice effectue en un clin d'œil des calculs très compliqués.

La calculatrice

L'ordinateur

▶ Pour augmenter sa mémoire

L'ordinateur est devenu un outil quotidien pour apprendre, se renseigner et communiquer avec les autres hommes.

Ateliers

- Fais la liste des machines que tu utilises tous les jours.
- Explique comment ces machines te facilitent la vie.

Objectifs : Découvrir les touches de la calculatrice et sa fonction additive. Savoir utiliser la calculatrice à bon escient.

Calcul mental : Additionner 20, 30, 40 à des nombres de 2 chiffres inférieurs à 50.

La calculatrice (1)

Quand et comment utiliser une calculatrice ?

Ta calculatrice est peut-être différente de celle de Natacha. **Dessine**-la.

Colorie…

- en rouge les touches de mise en marche et d'arrêt ;
- en bleu la touche qui sert à effacer un nombre quand on se trompe ;
- en orange la touche qui sert à additionner ;
- en vert la touche qui permet d'obtenir le résultat d'un calcul.

1 **Complète** les touches à utiliser pour ces opérations. **Fais**-le sur ta calculatrice, puis **écris** les résultats.

87 + 69 = [8] [7] [+] [6] [9] [=] [..................]

404 + 85 = [.........] [.........] [.........] [.........] [.........] [.........] [.........] [..................]

23 + 45 + 78 = [.........] [.........] [.........] [.........] [.........] [.........] [.........] [.........] [.........] [..................]

2 **Calcule** en ligne les additions faciles. **Fais** les autres avec ta calculatrice.

40 + 20 + 10 = ...	150 + 59 + 26 = ...	200 + 100 + 50 + 20 + 10 = ...
48 + 29 + 16 = ...	150 + 50 + 20 = ...	205 + 108 + 49 + 23 + 12 = ...

3 Avec ta calculatrice, **aide** Fred à corriger ses 3 erreurs de calcul.

88	148	69	108	46
+ 36	+ 236	+ 237	+ 89	+ 666
+ 79	+ 75	+ 45	+ 265	+ 64
= 213	= 459	= 352	= 462	= 747
....	....	....	....	....

Le coin du malin

Avec ta calculatrice, **effectue** la somme des nombres de la ligne, puis de la colonne coloriées. Que trouves-tu ?

1	2	3	4	5
6	7	8	9	10
11	12	13	14	15
16	17	18	19	20
21	22	23	24	25

Ligne : .... Colonne : ....

Les nombres ont changé de place. **Calcule** le total de n'importe quelle ligne ou colonne. Que trouves-tu ?

11	18	25	2	9
10	12	19	21	3
4	6	13	20	22
23	5	7	14	16
17	24	1	8	15

Résultat : .... Magique, non !

Objectifs : Revoir la relation entre somme et produit. Utiliser la calculatrice pour effectuer un produit.
Calcul mental : Sur les tables × 2, × 3 et × 5, trouver des nombres dont on fait le portrait. *Ex.* : « Je suis (7 × 5) + 2. Qui suis-je ? »

La calculatrice (2)

Quand et comment utiliser une calculatrice ?

Observe, puis **complète**.

Pour calculer le prix total de ses cassettes de jeux vidéo, Louis a tapé sur 15 touches de sa calculatrice :

[6] [5] [+] [6] [5] [+] [6] [5] [+] [6] [5] [+] [6] [5] [=] 325

Bruno dit qu'il aurait pu faire la même chose en tapant seulement sur 5 touches.
Louis aurait dû faire :

[6] [5] [.........] [5] [.........] 325

1 **Tape** ces opérations sur ta calculatrice, puis **recopie** les résultats.

44 × 4 = ...	87 × 8 = ...	29 × 11 = ...	234 × 3 = ...
4 × 44 = ...	8 × 87 = ...	11 × 29 = ...	3 × 234 = ...

2 **Entoure** les opérations que tu peux faire sans calculatrice.

3 × 7   56 × 10   89 × 7   2 × 100   36 × 9   10 × 44   9 × 5

3 **Fais** des essais avec ta calculatrice pour compléter ces multiplications.

11 × .... = 99	15 × .... = 60	55 × .... = 220	28 × .... = 84
25 × .... = 125	123 × .... = 369	250 × .... = 1 000	333 × .... = 999

4 **Vérifie** les opérations avec ta calculatrice. **Corrige** 3 erreurs.

88	107	79	125	224	152
× 7	× 8	× 9	× 6	× 3	× 5
= 616	= 806	= 711	= 650	= 661	= 760
....	....	....	....	....	....

Le coin du malin

Tape chaque opération entre parenthèses sur ta calculatrice.
Retourne-la à chaque fois pour découvrir les mots codés de cette phrase.

(1 000 + 374 + 555 + 929 + 659) et son **(62 × 5)** se promènent au **(142 741 × 5)**.

.... et son .... se promènent au ....

Objectif : Savoir décomposer un nombre entier de dizaines en ($n \times 10$) pour le multiplier par un nombre d'1 ou 2 chiffres.

Calcul mental : Additionner un nombre d'un chiffre à un nombre < 50 et multiplier le résultat par 10.
Ex. : (26 + 5) × 10.

Multiplier par 20, 30, 40…

Comment calculer plus facilement en décomposant les opérations ?

Observe le premier calcul. **Complète** le second, puis **complète** la règle.

- Les roues font 3 tours à chaque tour de pédales.
  Clément calcule le nombre de tours de roues pour 50 tours de pédales.

Nombre de tours

× 50 ; × 5 ; × 10

Pédales	1	5	50
Roues	3	15	150

- Clément parcourt 4 mètres à chaque tour de pédales.
  Quelle distance fait-il en 30 tours de pédales ?

× 30 ; × …… ; × ……

Nombre de tours de pédales	1	3	30
Distance en mètres	4	12	……

Retiens bien
Pour multiplier un nombre par 30, multiplie d'abord

par ……,
puis le résultat

par …… .

1 Complète ces calculs en t'aidant des tables de multiplication.

× …… ; × 6 ; × 10 : 9 → 54 → 540

× 20 ; × …… ; × …… : 7 → …… → ……

× 50 ; × …… ; × …… : 8 → …… → ……

× 90 ; × …… ; × …… : 4 → …… → ……

2 Décompose les multiplications selon le modèle.

23 × 30 { **23 × 3 = 69** ; **69 × 10 = 690**

35 × 20 { 35 × …… = …… ; …… × 10 = ……

15 × 30 { …… × …… = …… ; …… × …… = ……

14 × 50 { …… × …… = …… ; …… × …… = ……

19 × 20 { …… × …… = …… ; …… × …… = ……

45 × 20 { …… × …… = …… ; …… × …… = ……

Problème Barre un renseignement qui ne sert à rien avant de calculer.

130 cyclistes doivent faire 30 tours d'un circuit de 6 km.
Quelle est la longueur de la course en kilomètres ?

Calcul : ……

Réponse : ……

Objectifs : Décrire un solide (faces, arêtes, sommets). Identifier le patron d'un solide.

Calcul mental : Utiliser la calculatrice pour calculer : 12 + 34 + 22 ; 36 × 9 ; 23 + 67 + 12 ; 130 × 5.

Les solides (2)

Comment décrire et construire un solide ?

Observe, puis **continue** de légender les dessins.

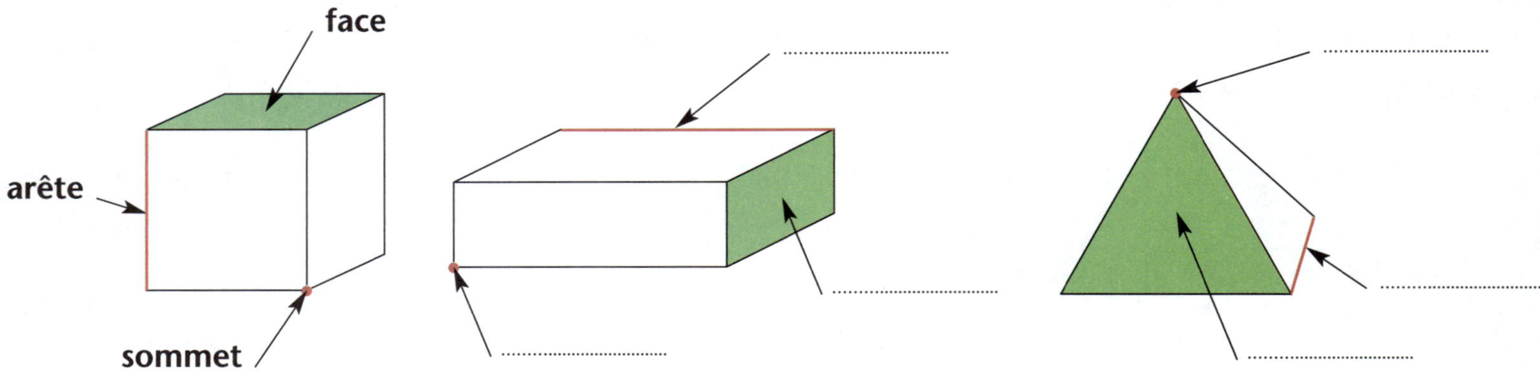

1 **Complète** le tableau.

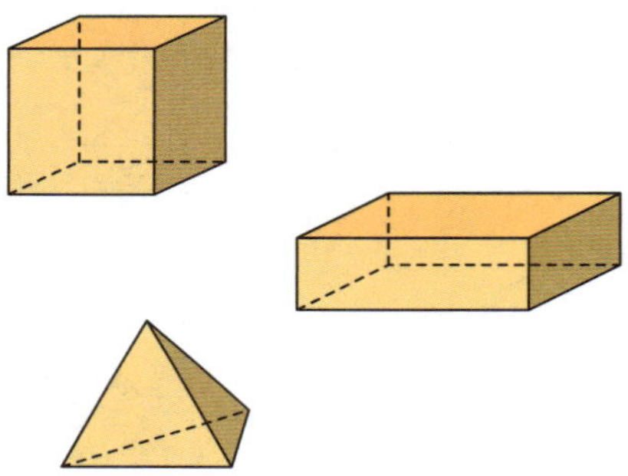

	Nombre de faces	Nombre d'arêtes	Nombre de sommets
Cube			
Pavé			
Pyramide			

2 **Écris** les noms des solides dont on a dessiné le patron.

Le ....

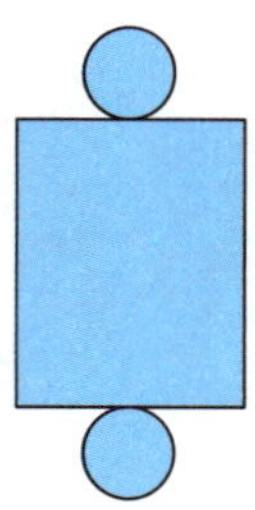

Le ....

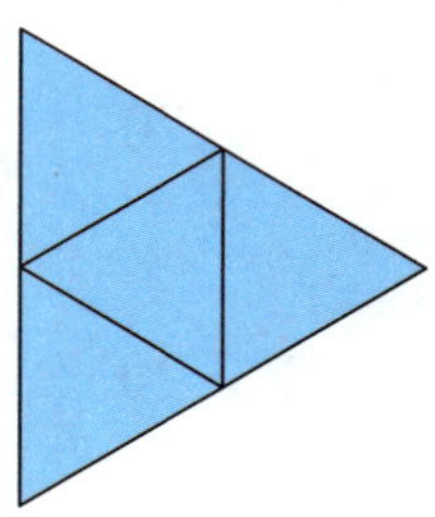

La ....

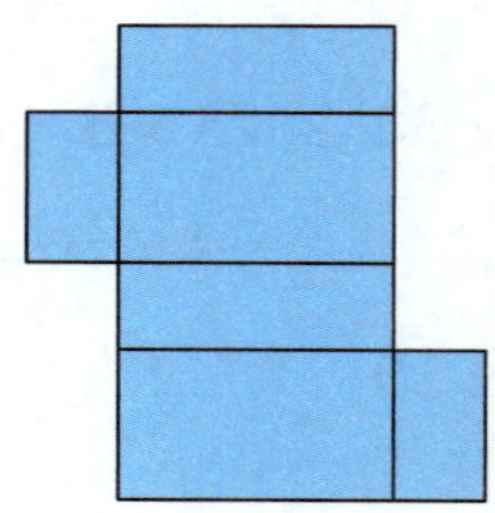

Le ....

3 **Écris** le nom de chaque solide qui fait son portrait.

- J'ai 6 faces et toutes mes arêtes sont de même longueur. Je suis : ....
- J'ai 6 arêtes et 4 faces de la même forme. Je suis : ....
- J'ai 8 sommets et toutes mes arêtes n'ont pas la même longueur. Je suis : ....

Objectif : Savoir reconnaître dans un énoncé simple les situations appelant une addition ou une multiplication.
Calcul mental : Additionner en décomposant 11, 12, 15 à un nombre de 2 chiffres. *Ex.* : 25 + 15 → 25 + 10 = 35, 35 + 5 = 40.

Addition ou multiplication ?

Comment savoir quelle opération faire dans un problème ?

Chaque question est suivie de 2 opérations.
Colorie celle qui donne le bon résultat.

- Papa calcule le nombre de crêpes pour le carnaval. Il en met 27 dans un plat, 34 dans un autre. Combien cela en fait-il ?

  [27 × 34] ou [27 + 34]

- Il y aura 10 personnes. Papa veut qu'il y ait 6 crêpes pour chacun. Combien doit-il en faire ?

  [10 + 6] ou [10 × 6]

Retiens bien

Addition : 3 + 4 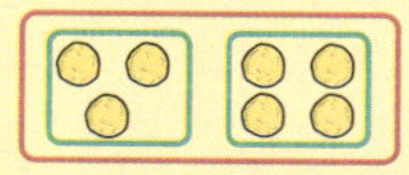

Multiplication : 3 × 4 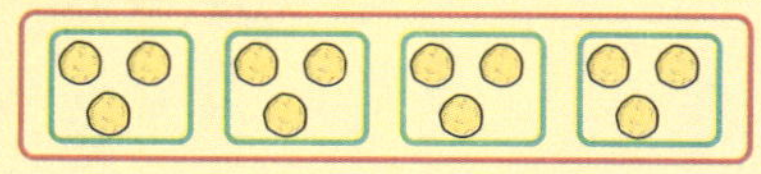

1 Trouve les résultats avec ta calculatrice après avoir complété les touches à utiliser.

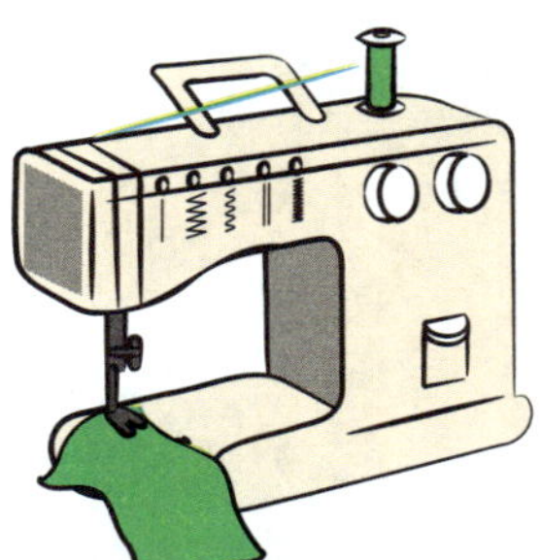

- Une couturière a fabriqué 15 chemises par jour pendant 20 jours. Elle a fabriqué :

  [1] [5] [........] [2] [0] [=] .... chemises.

- Une couturière a fabriqué 15 chemises le lundi et 20 le mardi. Elle a fabriqué :

  [1] [5] [........] [2] [0] [=] .... chemises.

2 Trouve les résultats avec ta calculatrice après avoir complété les touches à utiliser.

Oscar regarde la télévision 30 minutes le mardi, 45 minutes le mercredi et 50 minutes le dimanche. Chaque semaine, il y passe :

[3] [0] [........] [4] [5] [........] [5] [0] [=] .... minutes.

Olga regarde la télévision 15 minutes chaque jour de la semaine. Chaque semaine, elle y passe :

[1] [5] [........] [........] [=] .... minutes.

3 Même exercice, mais tu dois **écrire** les opérations en ligne.

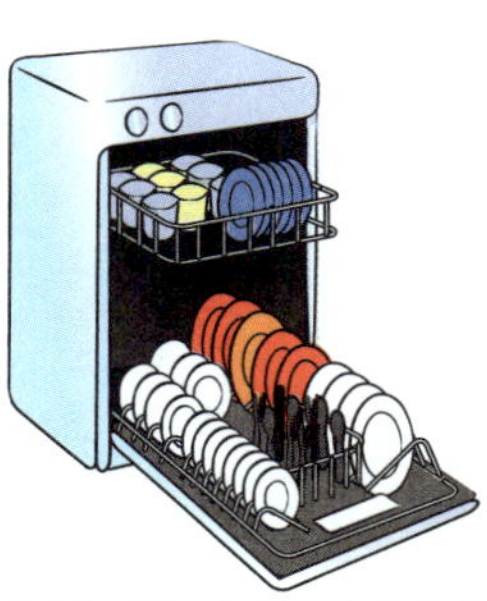

- Ce lave-vaisselle met 25 minutes pour laver, 10 minutes pour rincer et 20 minutes pour sécher la vaisselle. La durée totale est :

  .... = ... minutes.

- Il y a 3 rinçages qui utilisent 25 litres d'eau chacun. La quantité d'eau utilisée est :

  .... = ... litres.

Comment avance

Avancer, se diriger, s'arrêter : tout est prévu sur la bicyclette. Mais comment peut-elle fonctionner correctement ?

▶ Des pédales pour avancer

Pour faire avancer le vélo, il faut appuyer sur les pédales. Celles-ci font tourner la chaîne qui entraîne la roue arrière.

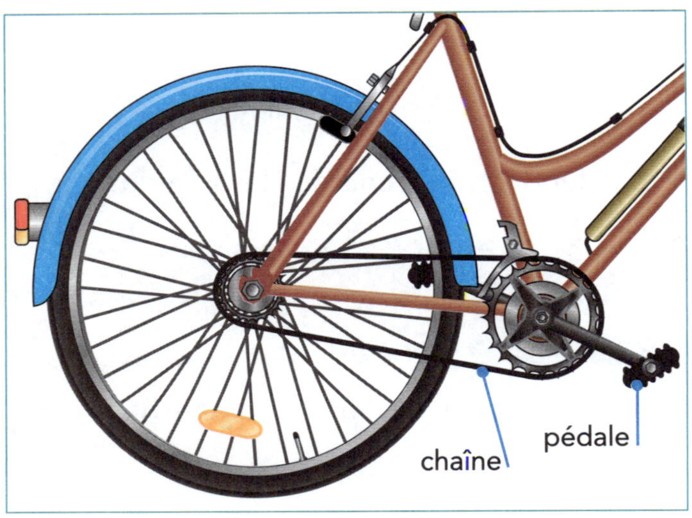

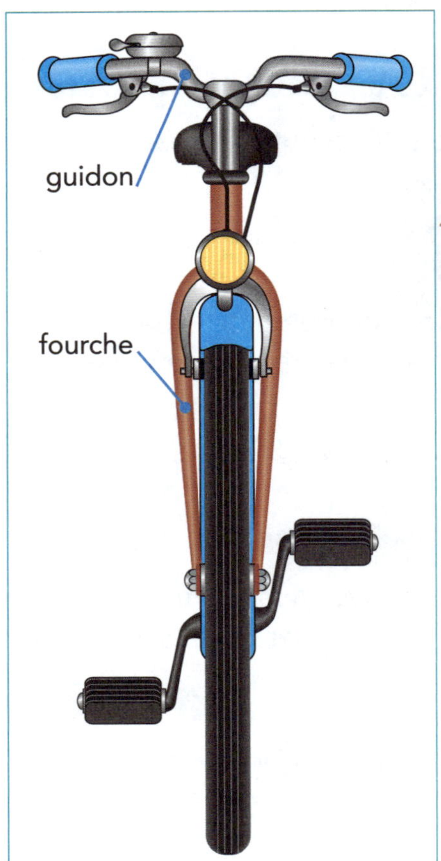

▶ Un guidon pour se diriger

Pour diriger le vélo, il faut tourner le guidon à gauche ou à droite. Le guidon est relié à une fourche qui maintient la roue avant et lui donne sa direction.

la bicyclette ?

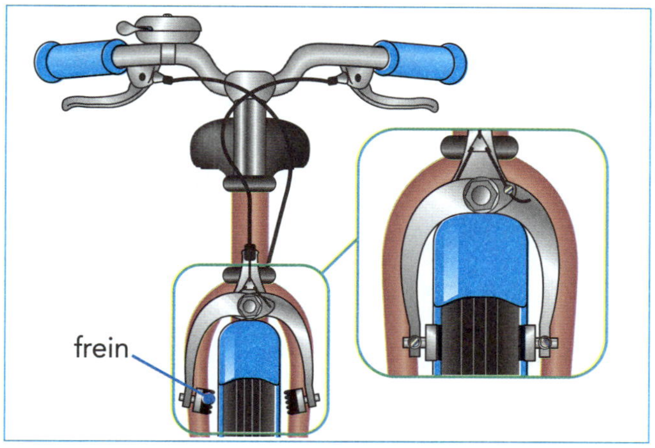

▶ Des freins pour s'arrêter

Pour arrêter le vélo, il faut tirer sur les freins fixés de chaque côté du guidon. De grosses mâchoires bloquent alors les roues.
Il est préférable, pour éviter de tomber, d'utiliser le frein qui bloque la roue arrière.

▶ D'autres accessoires indispensables

La selle

On peut la monter ou la descendre pour être plus à l'aise pour pédaler.

Le phare

Il permet d'éclairer la route la nuit et d'être vu.

La sonnette

Un petit coup de sonnette permet d'avertir les piétons de l'arrivée du vélo.

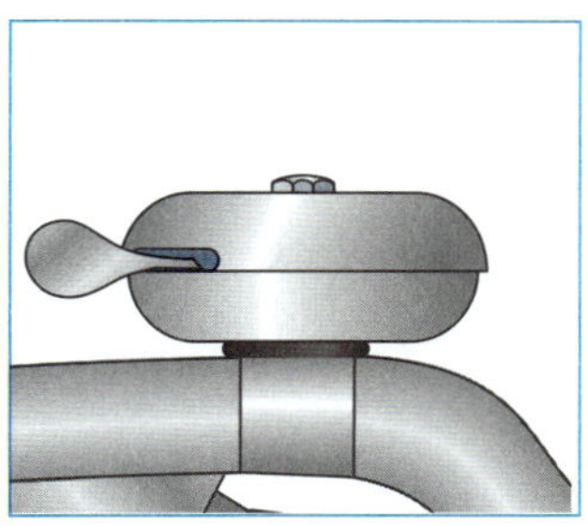

Le feu arrière

À l'arrière, une lampe rouge signale le vélo aux automobilistes.

Retenir

Complète le dessin en écrivant les noms des éléments du vélo désignés par les flèches.

Atelier

- Recherche sur des catalogues des photos de bicyclettes. Découpe-les, puis classe-les par catégories : VTT, vélo de course, etc.

Objectifs : S'intéresser à la vraisemblance d'une information ou du résultat d'un calcul. Faire des approximations.

Vraisemblance du résultat (ordre de grandeur)

Comment se faire une idée d'un résultat sans calculer exactement ?

Retiens bien

Vérifie que les informations et les résultats sont possibles.
Avant un calcul,
« arrondis les nombres »
et fais un calcul approché.

1 Léopold a fait des erreurs en écrivant son portrait. **Corrige**-les en rouge.

« J'ai 8 ans. Je mesure plus d'1 mètre et je pèse 34 grammes. Je viens à pied à l'école car ma maison n'est qu'à 800 km. Il y a 28 enfants dans ma classe : 14 garçons et 39 filles. Mon père est très fort, il mesure presque 4 mètres de haut. Ma maman est très belle. Elle a 38 ans. »

2 **Colorie** les cases qui contiennent la vérité.

695 →	C'est proche de 600.	C'est entre 500 et 600.	C'est proche de 700.
231 + 328 →	C'est moins de 500.	C'est plus de 500.	C'est presque 1 000.
4 × 115 →	C'est moins de 400.	C'est 400.	C'est plus de 400.

3 **Utilise** la méthode d'Amina pour résoudre le second problème.

A. Amina aimerait acheter 1 robe, 1 pantalon et 1 pull.
Lui faut-il environ 30 €, 50 €, 60 € ou 80 € ?

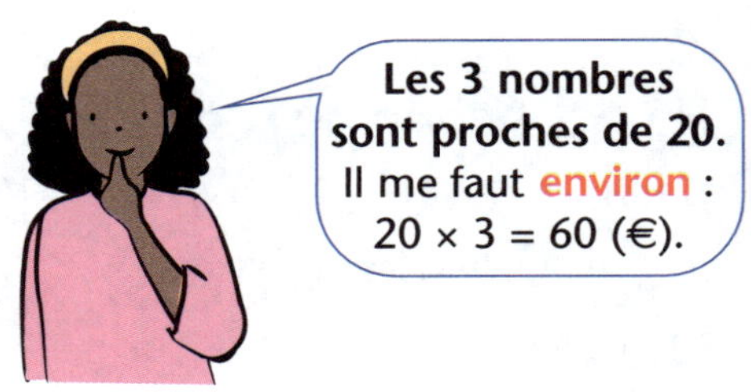

B. Tu dois découper 1 ruban en 3 morceaux. Un morceau doit mesurer **22** cm, le deuxième **39** cm et le troisième **12** cm. Ton ruban mesure **80** cm. En as-tu assez ?

Calcul approché : 20 + ... + ... = ... (cm).

Réponse : ....

4 Pour chaque énoncé, 3 réponses approchées sont données. **Entoure** le bon calcul.

- On dépense 12 €, puis 58 €, puis 9 €. On a dépensé environ :

  20 + 50 + 20 = 90 (€) 10 + 60 + 10 = 80 (€) 10 + 60 + 0 = 70 (€)

- Dans l'école, il y a 4 classes de 22 enfants. Il y a en tout :

  plus de 80 enfants. moins de 80 enfants. juste 80 enfants.

BILAN 4

1 Construis le symétrique de ces figures par rapport à l'axe rouge (axe de symétrie).

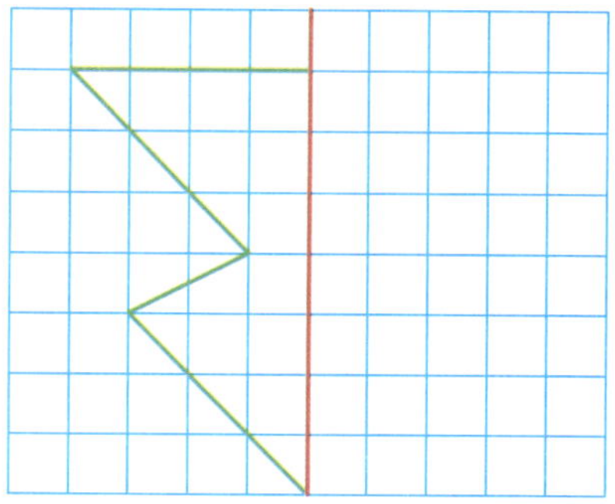

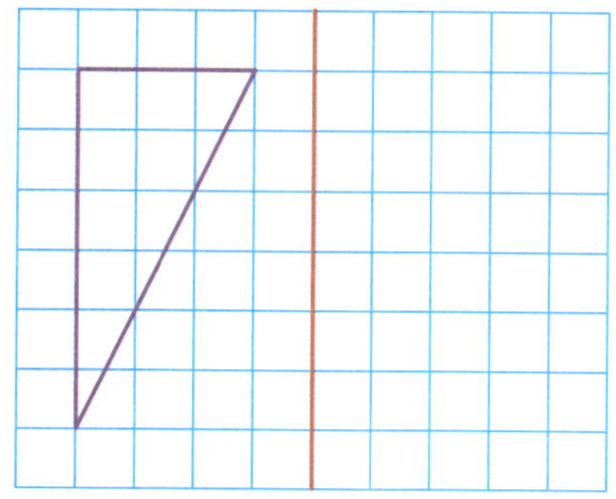

2 Complète cet arbre à calcul.

.... + 11 + 15 + ... + 18 + ... + ...

.... + 20 + ... + 14

40 + 34

....

3 Calcule le nombre de boîtes.

.... = ...

Chaque boîte contient 10 jetons. **Calcule** le nombre de jetons. .... = ...

4 Pose, puis **effectue** ces opérations en colonnes.

- 324 × 2
- 56 × 5
- 128 × 3

5 Pose l'opération en ligne pour calculer le nombre de timbres. **Effectue**-la avec ta calculatrice.

1 enveloppe contient 38 timbres.
1 autre en contient 23.

.... = ...

23 enveloppes contiennent
38 timbres chacune.

.... = ...

Après la correction, note le nombre de bonnes réponses dans le rond vert et le nombre d'erreurs dans le rond rouge.

Consommes-tu beaucoup d'eau ?

Les gestes les plus simples et indispensables à ta vie t'obligent à consommer de l'eau. Tu utilises en moyenne 150 litres d'eau par jour.

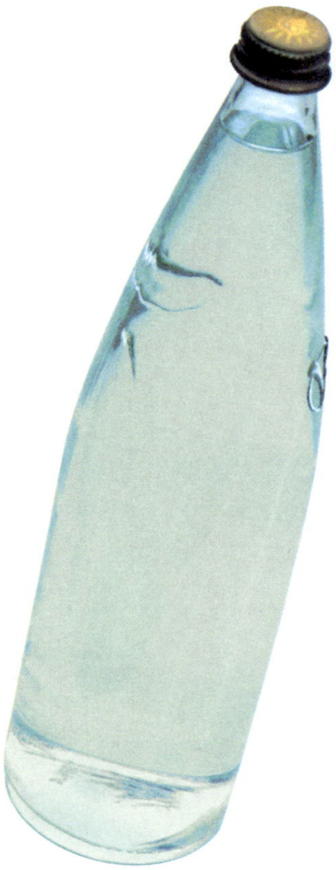

150 bouteilles comme celle-ci chaque jour !

▶ Boire et manger

Pour une personne, la boisson, le nettoyage des aliments, leur cuisson et la vaisselle nécessitent 26 litres d'eau par jour.

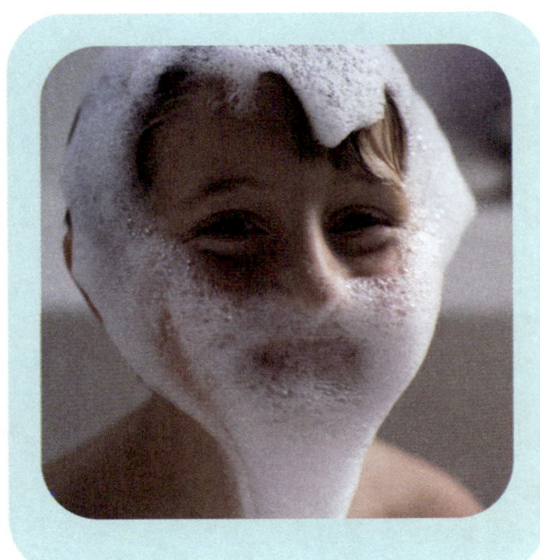

▶ Être propre, faire ses besoins

Il te faut 105 litres d'eau chaque jour pour te laver, avoir du linge propre et utiliser la chasse d'eau.

▶ Entretenir la maison et le matériel

Le nettoyage de la maison, de la voiture et l'arrosage des jardins consomment en moyenne 19 litres d'eau par personne et par jour.

Ateliers

- Explique ce que chacun de nous pourrait faire pour réaliser des économies d'eau.
- Par groupes, collectionnez les étiquettes de différentes bouteilles d'eau. Essayez de savoir d'où viennent ces eaux, en cherchant sur les étiquettes et sur une carte, avec l'aide du maître.

Objectif : Comparer la capacité (contenance) de plusieurs récipients en utilisant un récipient-étalon.

Calcul mental : Donner 2 nombres. Demander de les multiplier l'un par l'autre, puis de les additionner l'un avec l'autre. Comparer les résultats (2 et 5 ; 3 et 7 ; 9 et 2). Continuer avec la calculatrice : 14 et 26 ; 120 et 5 ; 45 et 12.

La mesure des capacités (1)

Comment mesurer la capacité d'un récipient ou une quantité de liquide ?

Observe. Jonathan et Kenza ont fait une course à l'eau.

Quel enfant a rapporté le plus d'eau ? ....

1 Pour remplir son aquarium, chaque enfant a utilisé un récipient différent qu'il a rempli à ras bord et vidé tout entier. **Entoure** le récipient qui contient le plus d'eau.

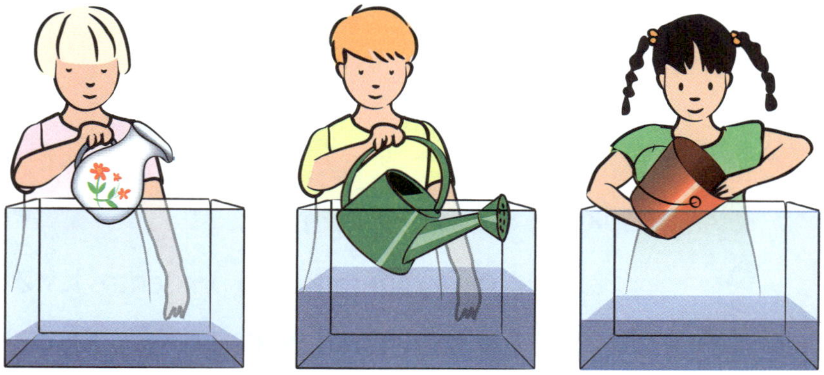

Le coin du malin

Avec 6 verres d'eau, on remplit 1 carafe.

Avec 3 carafes, on remplit 1 bassine.

Avec 2 bassines, on remplit 1 seau.

Combien faut-il de verres pour remplir un seau ?

....

....

....

Objectifs : Comprendre la notion de différence. Poser et calculer une soustraction simple en ligne.
Calcul mental : Trouver le complément d'un nombre à la dizaine supérieure. *Ex. :* Que faut-il ajouter à 24 pour obtenir 30 ?

Le signe « moins » (–) : la différence

Comment présenter la soustraction comme réciproque de l'addition ?

Observe la différence de contenance des 2 bouteilles.

La bouteille **A** contient **9** verres d'eau.
La bouteille **B** contient **6** verres d'eau.

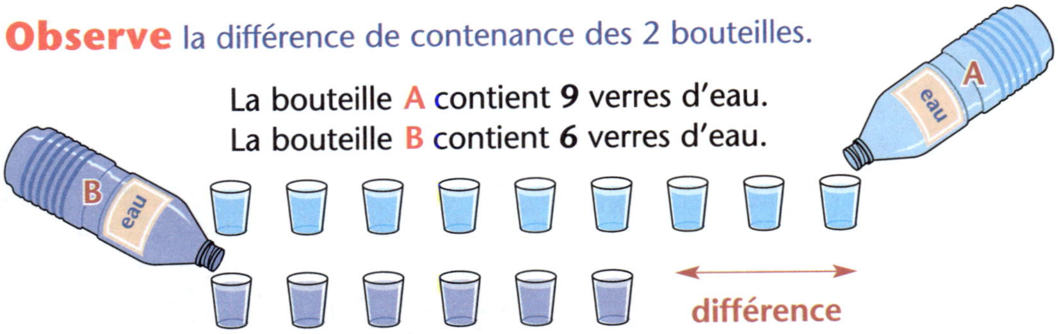

3 est la différence entre 9 et 6 : 6 + 3 = 9 ou 9 – 6 = 3

Retiens bien

La soustraction permet de calculer la différence entre 2 nombres.
9 – 6 = 3
(9 moins 6 égale 3)

1 Quelle est, en cm, la différence de longueur entre les segments de même couleur ?

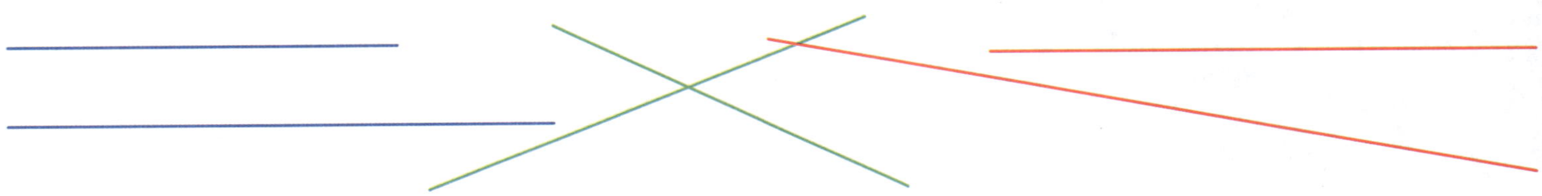

.... – .... = ... – .... = ... – .... = ...

2 Complète les opérations, colonne par colonne.

4 + ... = 9	12 + ... = 18	32 + ... = 40	56 + ... = 60
9 – 4 = ...	18 – 12 = ...	40 – 32 = ...	60 – 56 = ...
9 – .... = 4	18 – .... = 12	40 – .... = 32	60 – .... = 56

3 Calcule en utilisant des soustractions.

- La différence de prix entre les 2 bouteilles. → .... – .... = ... (centimes)
- La différence d'âge entre Magali et Marielle. → .... = ... (ans)
- La différence de taille entre Noémie et Franck. → .... = ... (cm)
- La différence de poids entre les 2 boîtes. → .... = ... (g)
- La différence de hauteur entre les deux arbres. → .... = ... (m)

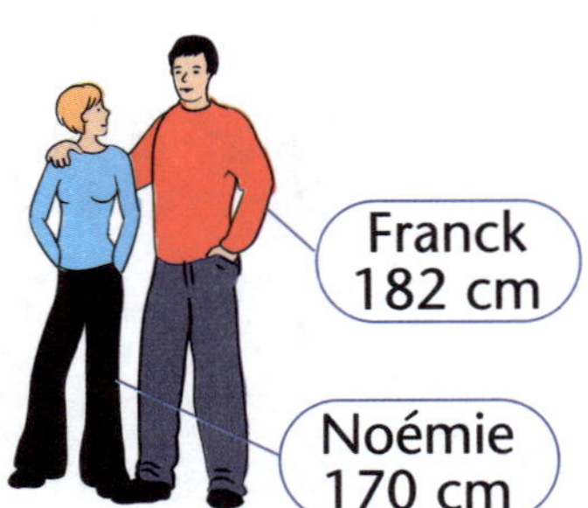

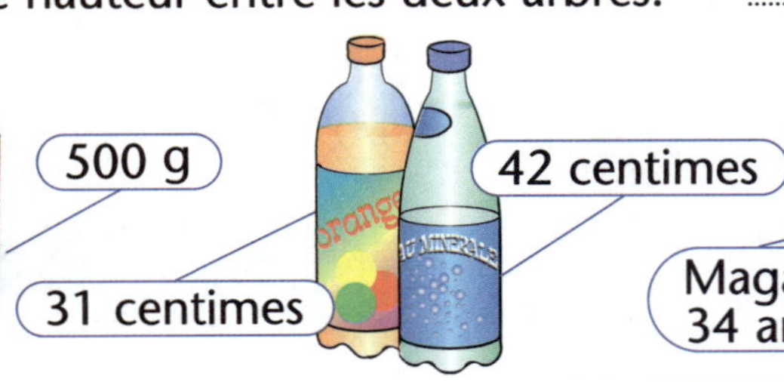

Objectif : Savoir poser une soustraction pour calculer « ce qui reste ».
Calcul mental : Faire des soustractions simples en utilisant « à l'envers » la table d'addition (13 – 8 → on cherche 13 sur la ligne du 8 et on lit 5 en haut de la colonne).

Le signe « – » : ce qui reste

Comment s'aider de matériel pour bien poser une soustraction en ligne ?

Observe, puis **complète** ce calcul.

On a livré 288 bouteilles d'eau à la cantine.
Les enfants ont bu 152 bouteilles. Combien en reste-t-il ?

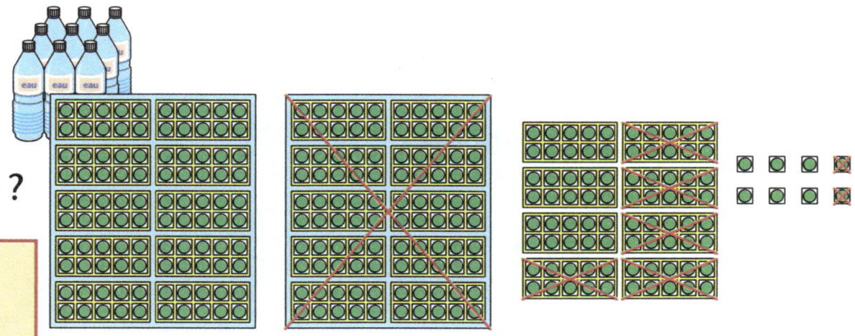

Retiens bien

La soustraction permet de calculer ce qui reste.

On avait 288. → 2 8 8 – 1 5 2 = 1 3 6 ← Il reste 136.
↑
On enlève 152.

On enlève .... centaine, ... dizaines et .... unités. **Il reste** .... **bouteilles.**

1 **Fais** ce qui est demandé. **Écris** la soustraction correspondante.

Enlève 12 triangles.

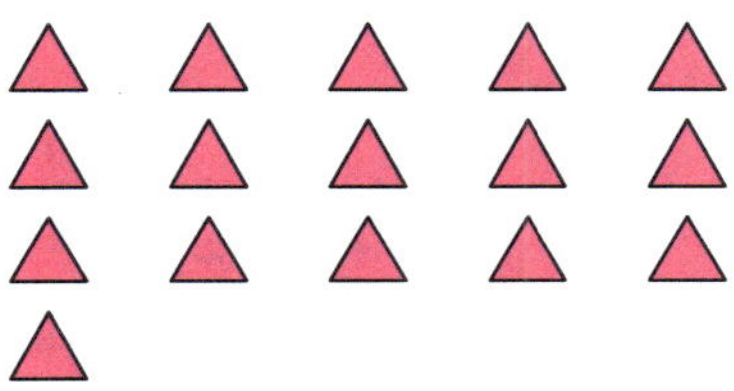

Il reste : .... – .... = ...

Enlève 9 carrés.

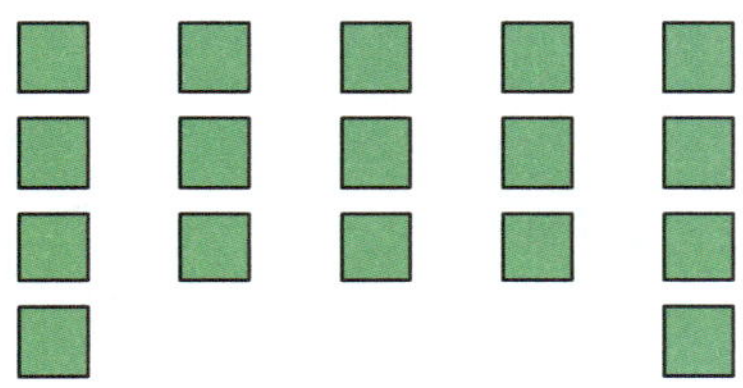

Il reste : .... – .... = ...

Enlève 20 rectangles.

Il reste : .... – .... = ...

2 **Écris** les soustractions en ligne, puis **calcule** ce qui reste.

- Une cuve contient 200 litres d'eau. On enlève 50 litres. Il reste : .... = ... (L).
- J'ai dépensé 15 €. J'en avais 21. Il me reste : .... = ... (€).
- Martin avait 25 billes. Il en a perdu 9. Il lui reste : .... = ... (billes).
- J'ai parcouru 500 mètres et je dois en faire 800. Il me reste à faire : .... = ... (m).

Le coin du malin

Il y a 90 poissons dans un étang.
Un pêcheur en attrape 2 le premier jour, puis chaque jour suivant, 2 de plus que la veille.
Aide-toi de la file numérique pour savoir combien il reste de poissons dans l'étang.

90	89	88	87	86	85	84	83	82	81	80	79	78	77	76
53	52	51	50	49	48	47	46	45	44	43	42	41	40	75
54	23	22	21	20	19	18	17	16	15	14	13	12	39	74
55	24	1	2	3	4	5	6	7	8	9	10	11	38	73
56	25	26	27	28	29	30	31	32	33	34	35	36	37	72
57	58	59	60	61	62	63	64	65	66	67	68	69	70	71

Après 3 jours, il reste : .... poissons. Après 5 jours, il en reste : .... Après 9 jours, il en reste : ....

Objectifs : Connaître et utiliser l'unité usuelle de mesure de capacité : le litre.
Calcul mental : Calculer : 12 – 6 ; 14 – 3 ; 18 – 7. Faire remarquer que le nombre trouvé est toujours plus petit que le nombre de départ. Continuer avec la calculatrice : 28 – 15 ; 451 – 23 ; 216 – 124.

La mesure des capacités (2)
Le litre

Comment mesurer une quantité de liquide ou la contenance d'un récipient ?

Observe.

Une brique de lait contient 1 litre de lait.

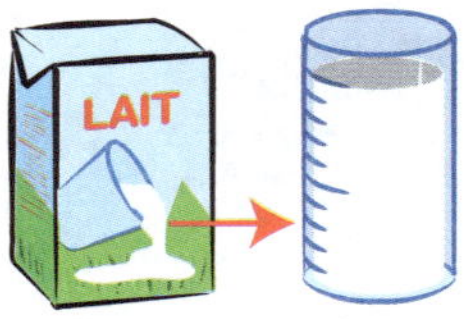

1 litre 1 litre

Combien de litres de lait contiennent 6 briques ?

Elles contiennent .... litres de lait.

Une grande bouteille d'eau contient 1 litre et demi d'eau.

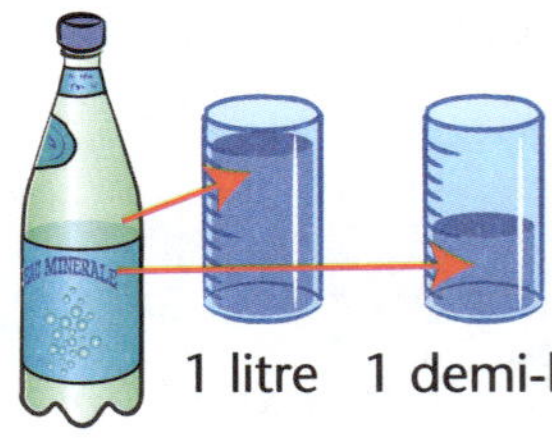

1 litre 1 demi-litre

Combien de litres d'eau contiennent 2 bouteilles d'eau ?

Elles contiennent .... litres d'eau.

Retiens bien

Le **litre** est l'unité usuelle qui permet de mesurer une quantité de liquide ou la contenance d'un récipient.

1 Écris sous chaque objet le nombre de litres de liquide qu'il peut contenir :
200 litres – 50 litres – 8 litres – 1 demi-litre.

....
un seau

....
une baignoire

....
une gourde

....
un réservoir d'automobile

Problème **Utilise** ta calculatrice.

Une personne utilise en moyenne 150 litres d'eau par jour. Quelle quantité d'eau utilise cette famille de 5 personnes ?

Cette famille utilise .... litres d'eau par jour.

Le coin du malin

Trouve la question que l'on peut se poser pour chaque situation.

- Le robinet du lavabo de monsieur Duroc fuit. Chaque jour, 3 litres d'eau sont ainsi perdus. Monsieur Duroc est parti en vacances pour 15 jours.

....

.... ?

- Le réservoir de la voiture de monsieur Duroc contient 50 litres d'essence. Au cours de ses vacances, monsieur Duroc a fait 4 fois le plein.

....

.... ?

Objectifs : Utiliser le compas. Construire des cercles.

Calcul mental : Donner 2 nombres. Demander de les additionner, puis de les soustraire. Comparer les résultats (7 et 2 ; 9 et 6 ; 15 et 5). Continuer avec la calculatrice : 29 et 15 ; 170 et 42 ; 891 et 107.

Constructions géométriques (1)

Comment utiliser le compas ?

Observe.

La pierre qui tombe dans l'eau forme des vagues qui dessinent des ronds à partir du point de sa chute. Ces ronds s'agrandissent et disparaissent.

Reproduis le mouvement de l'eau avec ton compas.

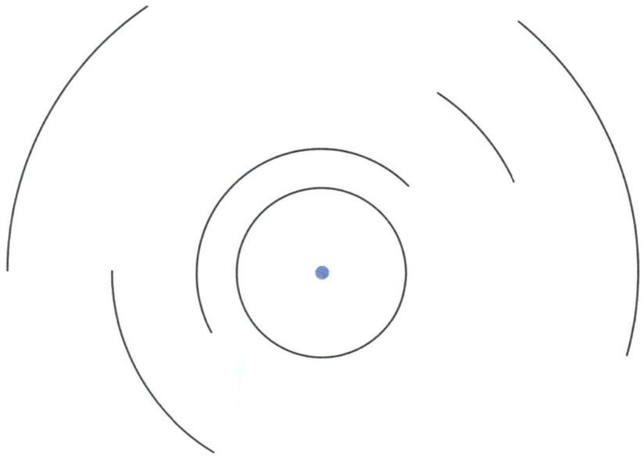

1 L'eau de la rivière pousse la roue du moulin et la fait tourner. Le mouvement continue sans arrêt, ce qui permet au moulin de fonctionner.
Continue de dessiner la roue avec ton compas et ta règle.

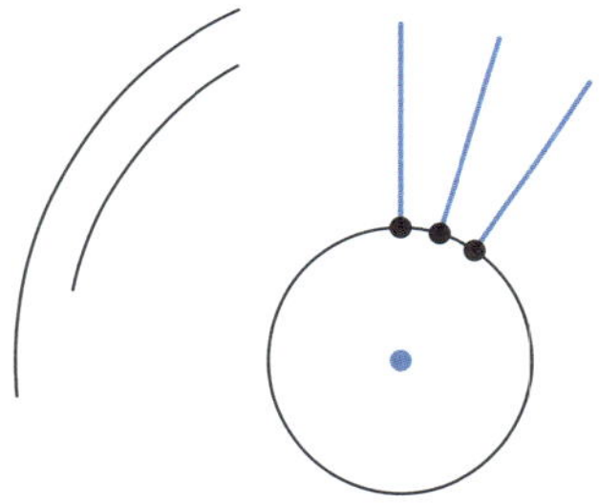

2 La lumière du Soleil, en traversant les gouttelettes d'eau de pluie, se décompose en 7 bandes de couleur (violet, indigo, bleu, vert, jaune, orangé et rouge) et forme un arc-en-ciel.
Continue de dessiner l'arc-en-ciel avec ton compas, puis **colorie**-le.

Notre eau

**L'eau puisée pour notre consommation dans les sources et les rivières doit être parfaitement propre et pure.
Or, de graves dangers la menacent.**

Un ruisseau propre

▶ L'état des rivières

Il est agréable de se promener au bord d'un ruisseau aux eaux claires et vives. Hélas, cela se transforme en cauchemar lorsqu'il est pollué par des déchets, du pétrole ou d'autres produits toxiques !

Un ruisseau pollué

▶ Chacun de nous est responsable.

Nous rejetons beaucoup de déchets dans les égouts. Des usines et des agriculteurs déversent parfois des produits chimiques dangereux. Tout cela arrive dans les rivières.

Les conseils ou les interdictions ne sont malheureusement pas toujours respectés !

est-elle propre ?

Des poissons morts
au bord d'une rivière

▶ Quelles conséquences ?

La pollution de l'eau entraîne la mort des animaux aquatiques, mais aussi de beaucoup d'autres qui viennent boire ou se nourrir. Elle enlaidit les paysages et peut avoir des effets importants sur notre santé.

Une usine d'épuration de l'eau

▶ Que pouvons-nous faire ?

Certains gestes sont simples. Il ne faut pas jeter n'importe quoi n'importe où !
Tu peux aussi participer à des campagnes de nettoyage des abords des rivières.
D'autres gestes sont plus compliqués, comme surveiller la qualité de l'eau et créer des usines d'épuration des eaux.

Retenir

Remets les lettres en ordre pour retrouver 3 mots de la leçon.

N I P L U T O L O

O T Q E U X I

T R U P E I N O A

Atelier

• As-tu déjà fait quelque chose pour lutter contre la pollution ou pour l'éviter ? Sinon, que vas-tu faire désormais ? Raconte.

Pourquoi élève-t-on des animaux ?

Nos lointains ancêtres ont appris à domestiquer les animaux dont ils avaient besoin. Et les choses n'ont pas beaucoup changé.

Chevaux et auroch
de la grotte préhistorique de Lascaux

▶ Pour te nourrir

Des vaches aux abeilles, des poules aux poissons, toutes sortes d'animaux sont élevés pour leur chair ou les produits qu'ils donnent (lait, œufs, miel…).

La poule est élevée
pour ses œufs et sa viande.

▶ Pour t'habiller

La peau (cuir), les poils (laine) et même les plumes et les écailles sont utilisés dans la fabrication de vêtements.

Le chameau

▶ Pour te tenir compagnie et te divertir

Chiens, chats, lapins, hamsters et oiseaux sont les plus familiers. Mais il y en a d'autres (poissons, souris, reptiles…). On élève aussi des animaux pour des spectacles et pour le sport (cirque, cinéma, équitation, courses…).

▶ Pour te déplacer

Dans certains pays, on utilise toujours des animaux pour les transports et pour cultiver les champs.

Atelier

• **Avec tes camarades.** Chacun dessine et colorie un animal de basse-cour différent. Collez-les ensuite sur une grande feuille et écrivez leurs noms.

Objectifs : Comprendre la notion de « manque ». Poser et calculer une soustraction simple en ligne.

Calcul mental : Trouver le complément d'un nombre de 2 chiffres à un nombre de la dizaine supérieure. *Ex.* : « Que faut-il ajouter à 24 pour obtenir 32 ? » (on passe par 25 (+ 1), puis 30 (+ 5), puis 32 (+ 2)). Au total : + 8.

Le signe « – » : ce qui manque

Comment effectuer une soustraction par additions successives ?

Observe, puis complète le calcul.

Sur 28 moutons, 6 seulement ont suivi le berger.
Combien lui en manque-t-il ?

Retiens bien

Il manque **28 – 6** = ... moutons.
La soustraction permet de calculer ce qui manque.

6 → + 4 → 10 → + 10 → 20 → + 8 → 28

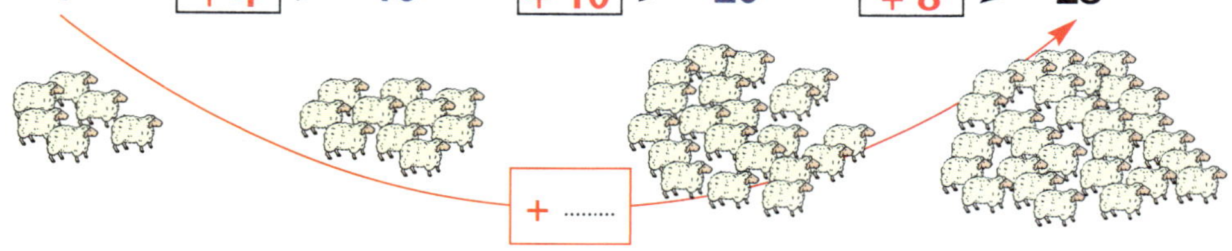

1 Trace ce qui manque pour que chaque segment mesure 10 cm.

2 Dessine ce qui manque.

11 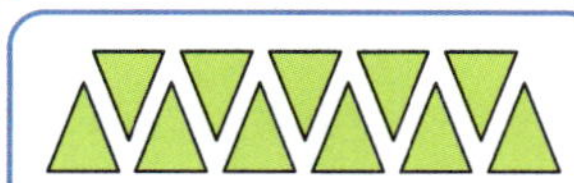 16

17 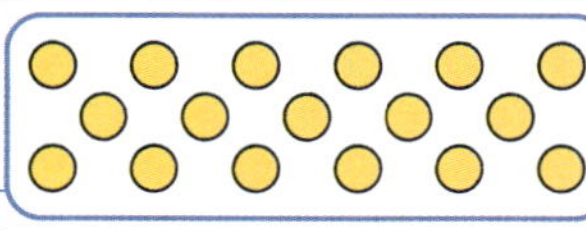 23

3 Calcule ces soustractions selon le modèle.

• 22 – 7	→	7	+ 3 →	10	+ 10 →	20	+ 2 →	22	22 – 7 = 15
• 38 – 17	→	17	.... →	20	.... →	30	.... →	38	38 – 17 = ...
• 44 – 25	→	25	.... →	....	.... →	....	.... →	44	44 – 25 = ...
• 95 – 78	→	78	.... →	....	.... →	....	.... →	95	95 – 78 = ...

4 Calcule en utilisant des soustractions.

- Ludo veut économiser 25 €. Il en a déjà 12. Il lui en manque : → .... – .... = ...
- Nour a 92 images. Il lui en faut 100 pour sa collection. Il lui en manque : → .... = ...
- Tu avais un paquet de 24 biscuits. Il en reste 16. Il t'en manque : → .... = ...
- Je compte 38 vaches sur un troupeau de 50. Combien sont cachées ? → .... = ...

Objectifs : Utiliser le vocabulaire géométrique. Utiliser les instruments : règle, compas ou gabarit.

Calcul mental : Calculer : 356 + 100 ; 432 – 100 ; 780 + 100. Comparer : 241 + 100 et 241 – 100 ; 830 + 100 et 830 – 100. Continuer : 900, 800, 700, etc.

Descriptions et communications de figures (1)

Comment décrire ou reproduire une figure ?

Observe. Lis ce que disent les enfants, puis **réponds** aux questions.

J'ai dessiné 1 rectangle, puis 1 cercle et 2 triangles à l'intérieur du rectangle.

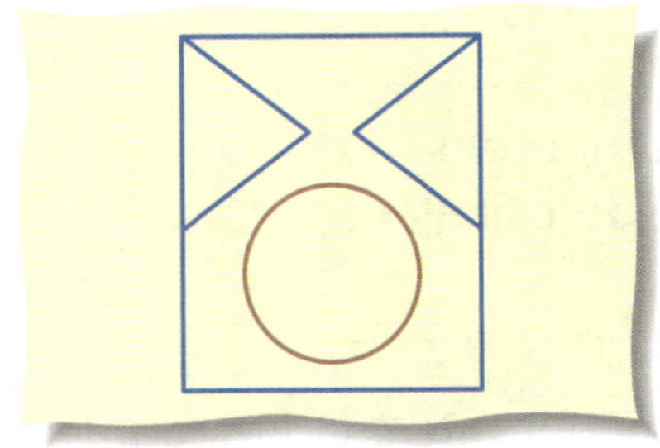

J'ai dessiné 1 cercle, puis 1 rectangle à l'intérieur du cercle et 2 triangles à l'extérieur.

Qui a dessiné le chien ?  ....

Qui a dessiné le cochon ? 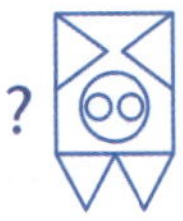 ....

1 Avec ton gabarit, **termine** les dessins selon les consignes de construction.

« Dessine 1 cercle, puis 1 carré à l'intérieur du cercle. »

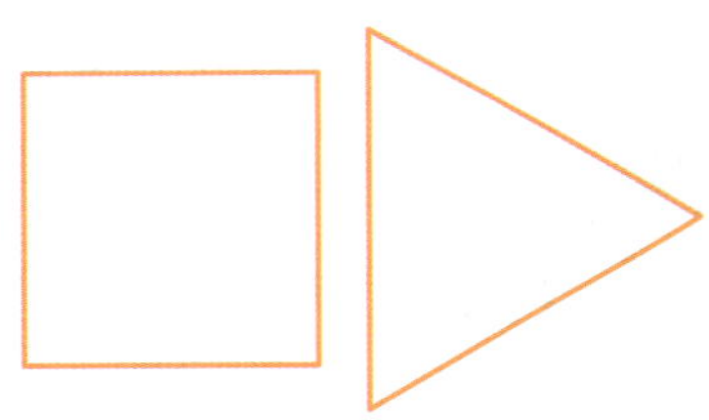

« Dessine 1 carré, puis 2 triangles : l'un à droite et l'autre à gauche du carré. »

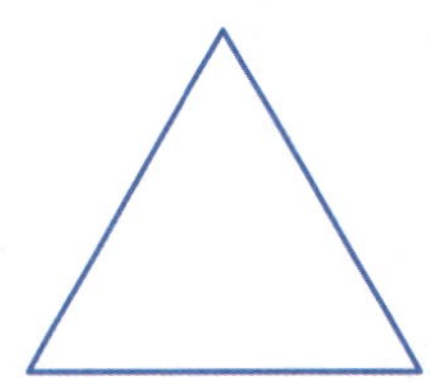

« Dessine 1 triangle, puis 1 carré au-dessus du triangle. »

2 **Complète** les consignes de construction du dessin avec les mots : carré – droite – triangle – au-dessus.

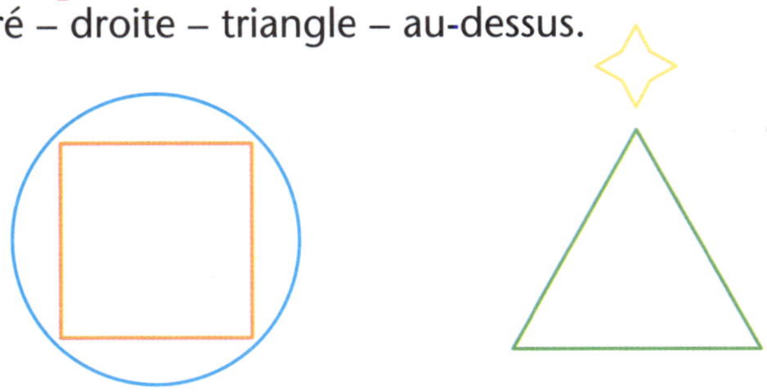

« Dessine 1 cercle, puis 1 .... à l'intérieur du cercle. À .... du cercle, dessine 1 ....

.... du triangle, dessine 1 étoile. »

Objectifs : Savoir calculer de 2 façons des soustractions successives. Savoir décomposer une soustraction « compliquée » en 2 soustractions simples.

Calcul mental : Faire 2 soustractions successives simples. Voir à chaque fois les 2 façons de calculer.
Ex. : 19 – 4 – 3 = 19 – (4 + 3).

Les soustractions successives

Comment simplifier le calcul d'une soustraction ?

Observe, puis **complète** les 2 façons de faire le même calcul.

Un troupeau est composé de **21** vaches. Il y a **10** vaches rousses et **6** vaches noires. Combien y a-t-il de vaches blanches ?

1er calcul : on enlève à 21 le nombre de vaches rousses, **puis** de vaches noires.

21 – 10 – 6 = 11 – **6** = ……

2e calcul : on enlève les vaches rousses et les noires **en même temps**.

21 – (10 + 6) = 21 – …… = ……

Il y a …… vaches noires.

1 **Fais** ce qui est demandé. **Écris** de 2 façons les soustractions correspondantes.

Enlève 10 triangles, puis 5.

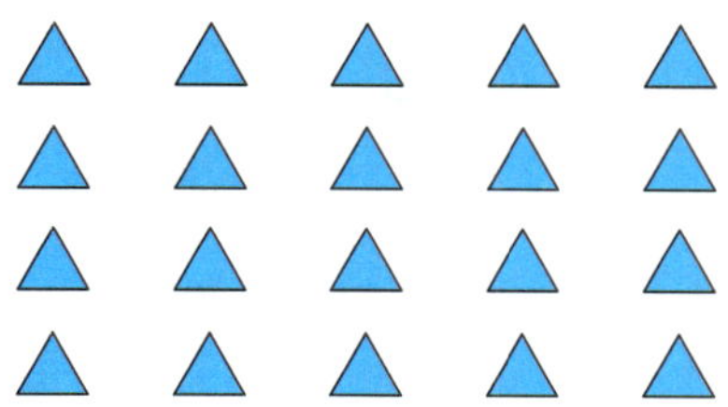

…… – …… – …… = ……

…… – (…… + ……) = ……

Enlève 8 carrés, puis 7.

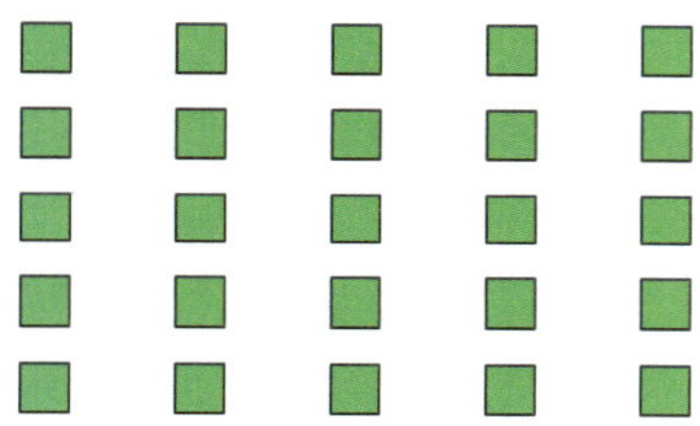

…… – …… – …… = ……

…… – (…… + ……) = ……

Enlève 20 rectangles, puis 5.

…… – …… – …… = ……

…… – (…… + ……) = ……

2 **Complète** ces soustractions.

20 – 12 – 8 = 8 – 8 = 0

20 – (12 + 8) = 20 – 20 = 0

45 – 6 – 9 = …… – 9 = ……

45 – (6 + 9) = 45 – …… = ……

37 – 7 – 5 = …… – …… = ……

37 – (7 + 5) = …… – …… = ……

3 **Effectue** les soustractions de la manière qui te paraît la plus simple.

38 – 8 – 5 = …… = ……

38 – 9 – 9 = …… = ……

27 – 7 – 7 = …… = ……

27 – 10 – 1 = …… = ……

45 – 20 – 25 = …… = ……

Le coin du malin

Pour mieux calculer de tête 54 – 13, Willie décompose en 2 opérations :
54 – 10 = 44,
puis 44 – 3 = 41.

Fais comme lui pour calculer :

- 69 – 17 = ……
- 81 – 12 = ……

Objectifs : Savoir poser et effectuer en colonnes une soustraction sans retenue.
Calcul mental : Donner 3 nombres de 2, puis de 3 chiffres. Il faut les classer par ordre de grandeur décroissante.

La soustraction en colonnes (1)

Comment poser sans erreur une soustraction en colonnes ?

Observe comment on effectue la soustraction.
Termine-la.

Il y avait 165 chiens dans un élevage.
L'éleveur en a vendu 43.
Combien lui en reste-t-il ?

1 centaine   6 dizaines   5 unités

On prend 165 (1 c, 6 d et 5 u).
On barre 43 (4 d et 3 u).
Il reste 122 (1 c, 2 d et 2 u).

Retiens bien

On pose.

	c	d	u
	1	6	5
–		4	3
=			

On calcule 5 – 3 unités.

	1	6	5
–		4	3
=	....	....	....

On calcule 6 – 4 dizaines.

	1	6	5
–		4	3
=	....	....	2

On s'occupe des centaines.

	1	6	5
–		4	3
=	....	2	2

1 **Pose**, puis **effectue** les soustractions avec ces nombres. Attention à leur ordre et à l'alignement des chiffres.

- 36 et 48
- 97 et 64
- 187 et 33
- 877 et 67

2 **Écris** les nombres qui manquent dans ces soustractions.

8 7	6 5	3 7 3	8 6 5	2 3	....
– 5 4	– 3	– 5 1	– 2 4 5	– 2 3	– 5 3 9
=	= 2	=	=	= 1 5	= 3 2 0

Objectifs : Nommer et construire des figures en utilisant la règle.
Calcul mental : Calculer : 28 – 8 – 5 ; 32 – 10 – 2 ; 45 – 5 – 10. Continuer avec la calculatrice : 345 – 127 – 12 ; 987 – 34 – 240.

Constructions géométriques (2)

Comment utiliser la règle pour construire une figure ?

Observe, puis **continue** de reproduire cet animal en reliant les points avec ta règle.

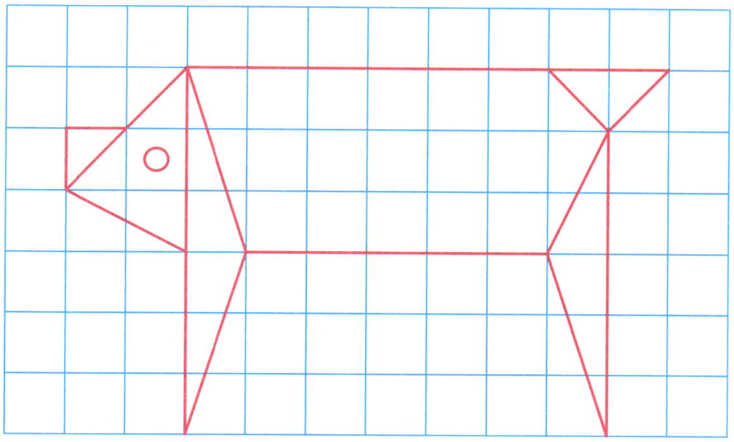

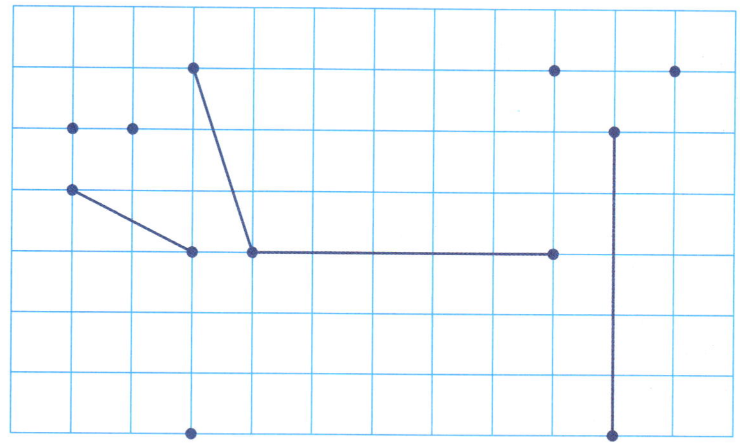

1 **Dessine** la partie symétrique de cet animal en utilisant ta règle.

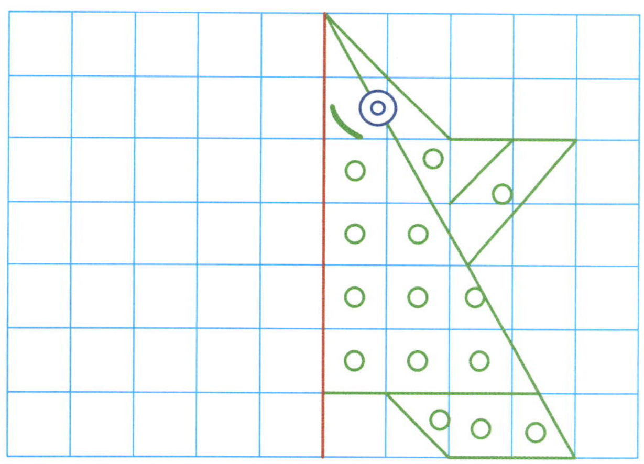

2 **Complète** le dessin pour qu'il soit identique au modèle, puis **colorie**-le.

Le coin du malin

Repasse en rouge 3 triangles dans ce dessin.

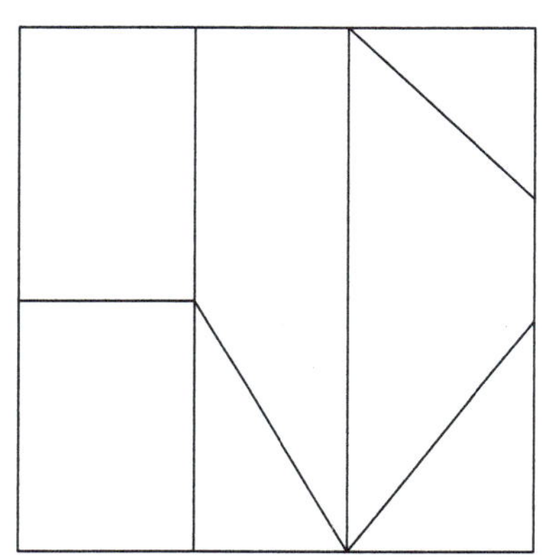

Connais-tu bien

Les animaux d'une même famille peuvent avoir l'air très différents. Et parfois, des animaux de familles très différentes se ressemblent comme des frères !

Un mammifère qui ressemble aux poissons : le dauphin.

Un éléphant

La famille des mammifères

L'éléphant, la chauve-souris ou le dauphin sont des mammifères. Ils ont pourtant des tailles, des formes, des alimentations et des lieux de vie très différents.

Un mammifère qui se déplace comme un oiseau : la chauve-souris.

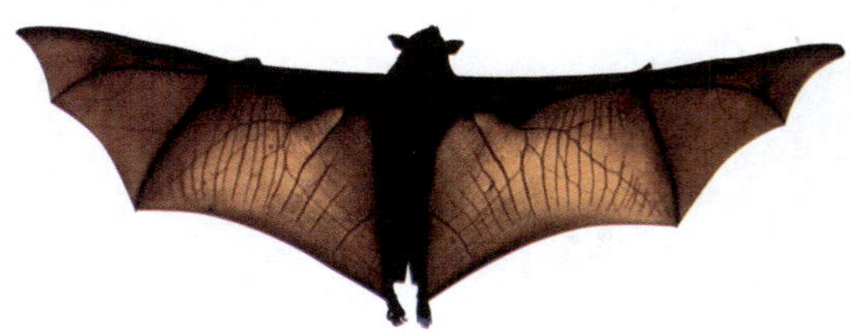

Des petits nourris au lait

La femelle donne naissance à des petits vivants. Elle les nourrit du lait de ses mamelles jusqu'à ce qu'ils puissent se nourrir seuls.

Une peau couverte de poils

Pour reconnaître les mammifères, il suffit d'observer leur peau. Ce sont les seuls dont la peau est recouverte de poils.

Un mammifère que tu connais bien

Réfléchis : ta peau porte des poils (et des cheveux), et ta maman t'a peut-être donné son lait…
Tu es aussi un mammifère !

Des singes

ces animaux ?

Un couple de pingouins

▸ Les oiseaux

Ils ont tous des plumes et pondent des œufs qu'ils couvent jusqu'à leur éclosion. La plupart des oiseaux volent. Mais certains volent mal (la poule) et d'autres pas du tout (l'autruche, le pingouin).

Un caméléon

▸ Les reptiles

Tous les reptiles (le crocodile, la tortue, le lézard, le caméléon) respirent dans l'air. Leur peau est faite d'écailles soudées. Ils pondent des œufs qu'ils enterrent et qui éclosent tout seuls.

Un amphibien qui ressemble aux reptiles : la salamandre.

▸ Les amphibiens

Ils ont la peau nue (la grenouille, la salamandre, le crapaud). Les œufs donnent des têtards qui naissent, vivent et respirent dans l'eau. À l'âge adulte, ils sortent de l'eau pour respirer.

▸ Les poissons

Leur peau est recouverte d'écailles non soudées. Ils vivent et respirent dans l'eau. Ils pondent des œufs qu'ils abandonnent.

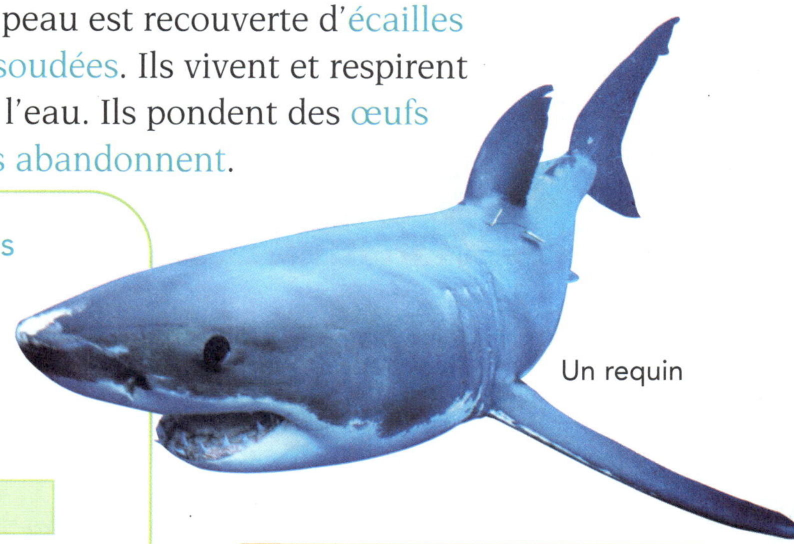

Un requin

Retenir

Place les noms de 5 grandes familles d'animaux dans cette grille de mots croisés.

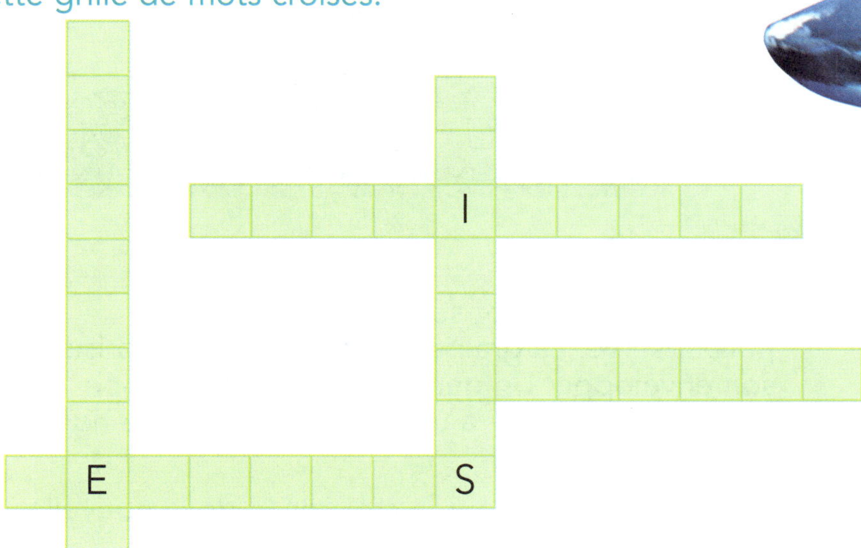

Atelier

- En groupes, découpez des photos d'animaux dans des revues. Collez-les sur de grandes feuilles par familles et écrivez leurs noms.

Module 18 — LE VIVANT

Comment poussent les plantes ?

C'est dans la terre que les plantes cachent le secret de leur naissance. Leurs racines s'y enfoncent et puisent leur nourriture pour grandir. Mais toutes les plantes ne naissent pas de la même façon.

Les plantes à graines

Les oranges, les pêches, les pois et les haricots produisent des pépins, des noyaux ou des graines. Tombés sur le sol ou semés, ils germent et leurs racines s'enfoncent dans la terre. Une nouvelle plante est née.

Une graine germe dans la terre.

Les plantes à bulbe

Les tulipes, les glaïeuls ou les jacinthes naissent d'un bulbe. C'est une sorte de bourgeon aux feuilles épaisses qui est rempli de nourriture et contient la future plante. Le bulbe se développe dans le sol et développe des racines.

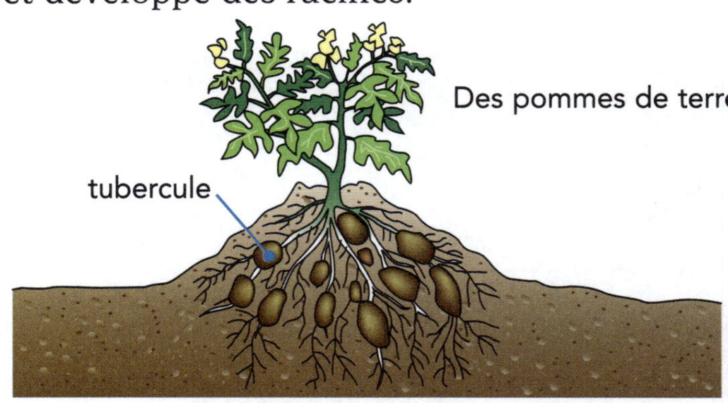

Des pommes de terre

Une curiosité : la pomme de terre

Les pommes de terre que nous achetons peuvent germer. Plantées dans le sol, elles développent des tiges qui sortent de terre ou qui, sous terre, portent des tubercules (nouvelles pommes de terre). Les premières pommes de terre plantées maigrissent, se vident, pourrissent et meurent.

Ateliers

- Dépose un haricot sur un coton humide, puis observe. La graine se gonfle d'eau et brise son enveloppe. Un germe blanc se développe et donne naissance à une racine, puis à une tige et des feuilles.
- Dessine chaque jour la croissance de la nouvelle plante.

Objectifs : Préparer la notion de retenue : admettre qu'il faut parfois « casser » une dizaine pour soustraire des unités.

Calcul mental : Soustractions simples sur des nombres inférieurs à 20, en variant les énoncés. « J'ai 18, j'enlève 5. – J'ai 5. Que faut-il ajouter pour faire 12 ? – 7 ôté de 10 ? »

Principe de la soustraction à retenue

Comment utiliser le matériel pour approcher la notion de retenue ?

Observe, puis **complète** le calcul.

Le jardinier a planté 42 salades.
Les lapins en ont mangé 17.
Combien lui en reste-t-il ?

4 dizaines et 2 unités **3 d et 12 u**

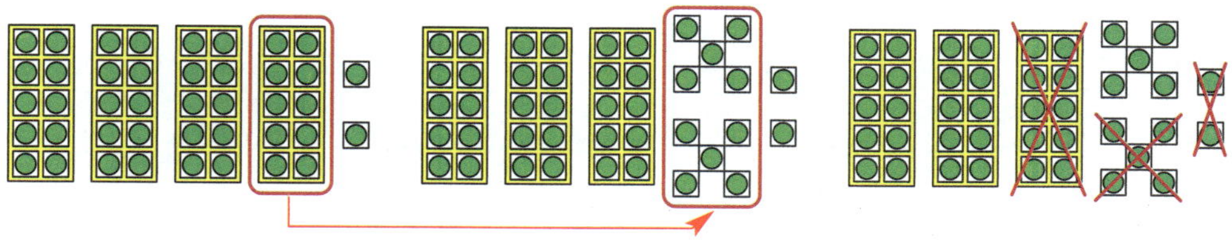

Pour enlever 7 unités, je « casse » 1 dizaine.

Il reste :
42 – 17 = ... (salades).

Retiens bien

J'ai ⟶ **4 dizaines** et **2 unités.** — Je « casse » 1 dizaine. ⟶ **3 dizaines** et **12 unités**
Je dois **enlever** **1 dizaine** et **7 unités.** **– 1 dizaine** **– 7 unités**

Il reste : ⟶ .... **dizaines** et .... **unités.**

1 **Barre** en rouge ce qu'il faut enlever. « **Casse** » une dizaine si c'est nécessaire.

33 – 16 = ...

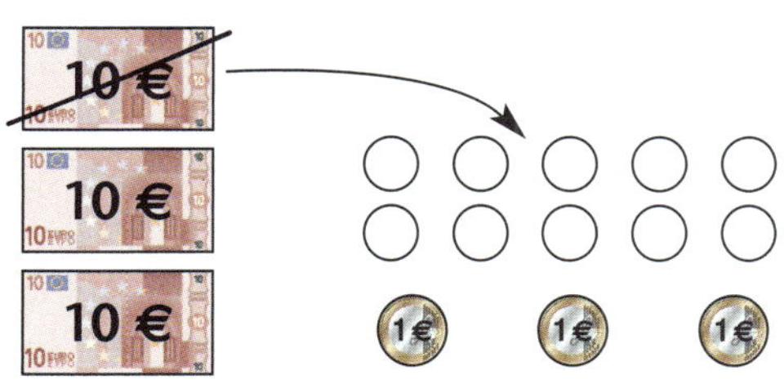

46 – 29 = ...

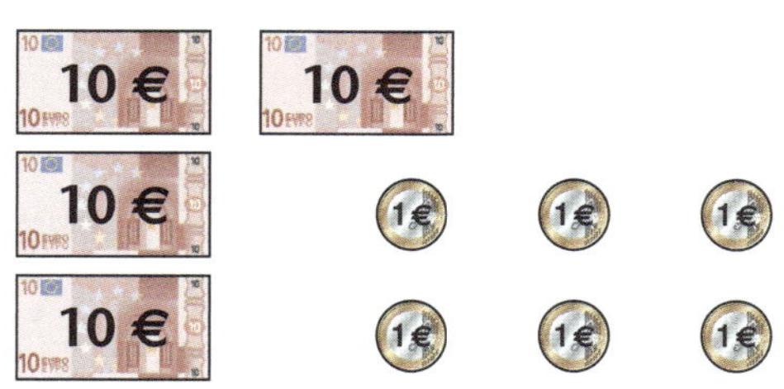

2 **Dessine**, puis **écris** en chiffres ce qui restera.

On vend 28 laitues.

Il restera .... laitues.

3 **Entoure** les soustractions pour lesquelles il faudra « casser » une dizaine.

29 – 9	27 – 9	46 – 25	90 – 63	53 – 37	72 – 31	64 – 28
88 – 78	80 – 53	34 – 15	32 – 32	91 – 50	76 – 58	81 – 31

Objectifs : Utiliser le vocabulaire géométrique. Utiliser les instruments : règle, compas ou gabarit.

Calcul mental : Donner un nombre de 2 ou 3 chiffres. Faire des tirages de dés. Faire soustraire à chaque tirage le score affiché : 133 – 4 = 129 ; 129 – 5 = 124 ; etc. Faire soustraire des tirages successifs : 48 (– 7 – 2 – 4).

Descriptions et communications de figures (2)

Comment décrire ou reproduire une figure ?

Lis les consignes de construction de ces figures, puis **regarde** le dessin.
Entoure les 3 erreurs commises dans le dessin.

« Dessine 1 rectangle, puis 1 cercle à l'intérieur du rectangle. Dessine 1 cercle à droite du rectangle et 1 petite fleur à l'intérieur du cercle. »

1 Termine avec ton gabarit le dessin décrit dans la consigne de construction.

« Dessine 1 carré, puis 1 cercle à droite du carré. Dessine 1 triangle à l'intérieur du carré et 1 petite fleur sous le carré. »

2 Termine la rédaction des consignes pour construire le dessin.

« Dessine 1 cercle ....

....

....

....

....

....

....

....

....

.... »

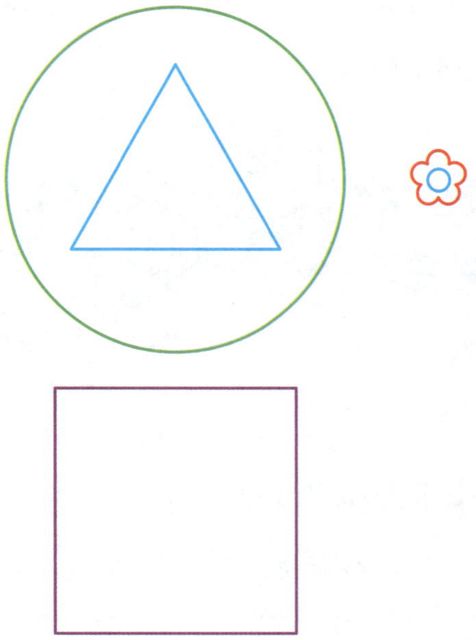

Objectif : Appliquer au calcul de la soustraction en colonnes le principe de la leçon précédente (p. 156).

Calcul mental : Soustraire un nombre entier de dizaines d'un nombre inférieur à 100 (72 – 40 → 7 dizaines – 4 dizaines = 3 dizaines. 3 dizaines et 2 unités = 32).

La soustraction en colonnes (2) : la retenue

Comment transposer en colonnes les manipulations de la page 156 ?

Observe, puis **complète** le calcul de la soustraction.

Il restait 92 plants de carottes dans le jardin.
Hélène en a encore arraché 67.
Combien en reste-t-il maintenant ?

On pose :

	9	2
–	6	7
=	?	?

Retiens bien

On s'occupe des **unités**.
2 – 7 n'est pas possible. Il faut « casser » une dizaine.

	9	2
–	6	7
=	?	?

	8 ~~9~~	1 2
–	6	7
=	?	......

12 – 7 = 5

On s'occupe des **dizaines**.
8 – 6 = 2

	8 ~~9~~	1 2
–	6	7
=	......	5

Il reste .... plants de carottes.

1 **Termine** les soustractions en colonnes. **Recopie** le résultat en ligne.

92 – 48 = ...

	8 ~~9~~	1 2
–	4	8
=	......	......

70 – 29 = ...

	6 ~~7~~	1 0
–	2	9
=	......	......

51 – 39 = ...

	...... ~~5~~	1 1
–	3	9
=	......	......

60 – 27 = ...

	 6	1 0
–	2	7
=	......	......

83 – 69 = ...

	 8	 3
–	6	9
=	......	......

2 **Effectue** les opérations en colonnes. Attention ! Il ne faut pas toujours « casser » une dizaine.

- 50 – 18
- 76 – 34
- 91 – 59
- 360 – 26

Objectifs : Nommer et construire des figures avec le compas et la règle.
Calcul mental : Donner un nombre de 2 ou 3 chiffres. Soustraire successivement plusieurs fois 10, 20, 30, 40. *Ex. :* 98 – 10 = 88 ; 88 – 10 = 78 ; 78 – 10 = ?

Constructions géométriques (3)

Comment utiliser la règle et le compas ?

Observe, puis **reproduis** le dessin dans le second quadrillage avec ta règle et ton compas.

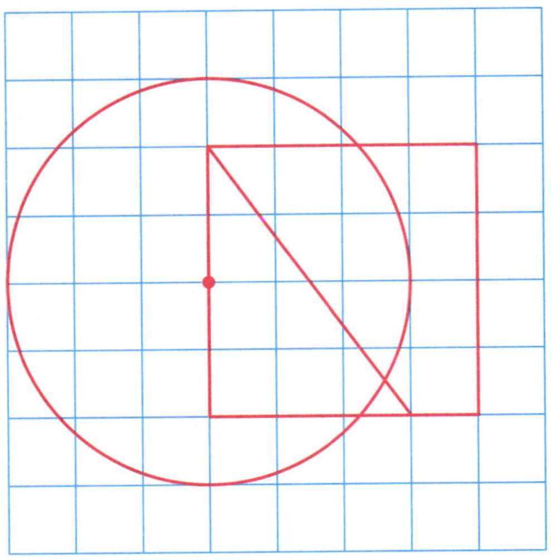

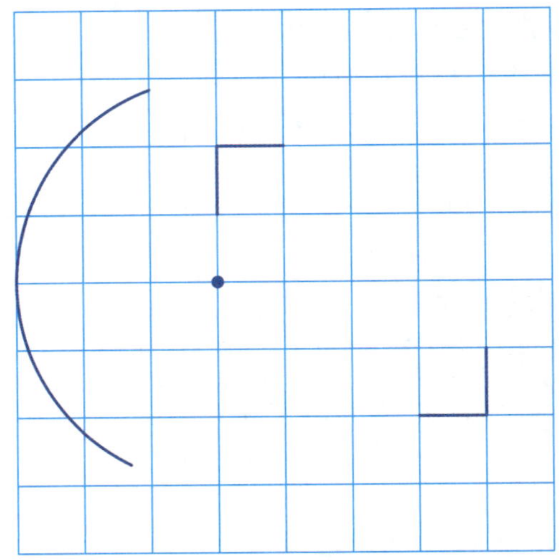

1 Continue de tracer des cercles avec ton compas.

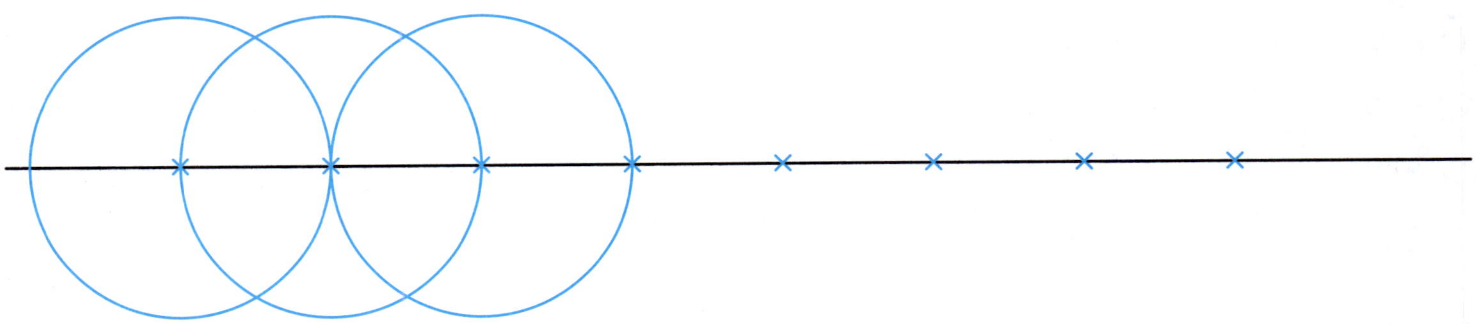

Le coin du malin

Repasse, avec des couleurs différentes, 3 carrés dans ce dessin.

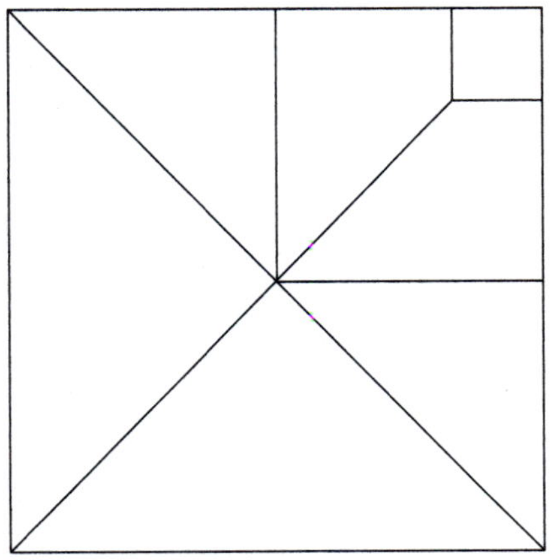

Écris dans quel ordre on a tracé ces figures.

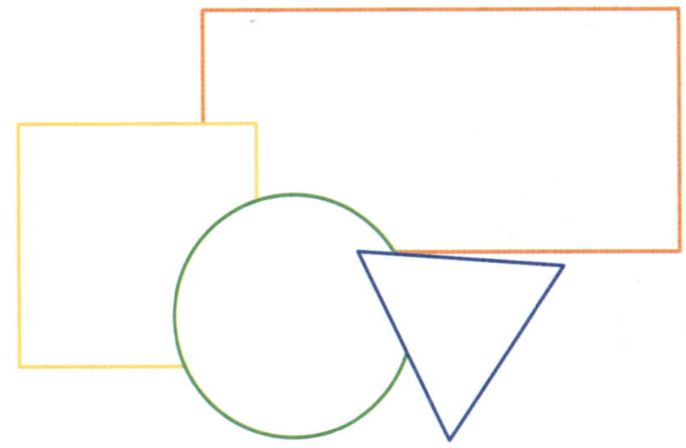

1. le .... 2. le ....

3. le .... 4. le ....

Objectifs : Utiliser la calculatrice pour effectuer des soustractions.
Calcul mental : Ajouter 11 à un nombre de 2, puis de 3 chiffres. Faire décomposer le calcul. On ajoute 1 dizaine, puis 1 unité.

La calculatrice (3)

Comment utiliser quelques possibilités de la calculatrice pour compter ?

Observe, puis **termine** avec ta calculatrice les comptes de Sébastien.

Le jardinier transporte 18 pots de fleurs à chaque voyage. Il y en a 126 à déplacer. Sébastien calcule ce qui reste après chaque voyage.

2e voyage : 108 – 18 = ...

3e voyage : .... – 18 = ...

4e voyage : .... – 18 = ...

6e voyage : .... – 18 = ...

7e voyage : .... – 18 = ...

8e voyage : .... – 18 = ...

Retiens bien

1er voyage : il reste .... pots.

1 2 6 – 1 8 = ?

1 **Compte** sur ta calculatrice. **Recopie** les résultats.

81 – 58 = ...	70 – 27 = ...	63 – 16 = ...	91 – 64 = ...	100 – 46 = ...
127 – 89 = ...	500 – 214 = ...	801 – 389 = ...	713 – 423 = ...	1 000 – 372 = ...

2 **Effectue** ce qui est demandé avec ta calculatrice. **Recopie** les résultats.

400 – 297 – 103 = ...	650 – 384 – 265 = ...	901 – 593 – 306 = ...
489 – 97 – 192 = ...	675 – 183 – 292 = ...	1 000 – 58 – 742 = ...

3 **Aide-toi** si nécessaire de ta calculatrice pour compléter les suites de nombres.

De 9 en 9 → 108 – 99 – 90 – .... – .... – .... – .... – .... – .... – .... – .... – .... – 0

De 11 en 11 → 121 – 110 – .... – .... – .... – .... – .... – .... – .... – .... – .... – 0

De 12 en 12 → 120 – .... – .... – .... – .... – .... – .... – .... – .... – .... – 0

Problème **Utilise** ta calculatrice.

Jérémie avait 25 billes. Il en gagne 8, puis 5.
Il en perd 12, puis en regagne 7. Enfin, 2 fois de suite, il en perd 4.
Combien en a-t-il maintenant ?

....

....

Comment travaille

Le jardinier est le spécialiste des plantes et des jardins. Son travail change au rythme des saisons.

Les outils du jardinier

Creuser, biner, bêcher, planter, ratisser, arroser : c'est le travail du jardinier.
Mais un bon jardinier doit avoir de bons outils !

Retrouve sur la photo : la bêche, la fourche et la pelle du jardinier.

Le jardinier retourne la terre.

Au printemps

À cette saison, le jardinier arrache les mauvaises herbes, retourne la terre, sème des graines dans le sol.
Les fleurs à bulbe sortent de terre et les arbres fruitiers sont en fleurs.

Le jardinier installe des tuteurs.

En été

Aux beaux jours, le jardinier cueille les fruits mûrs, les cerises, les fraises et les abricots. Il installe des tuteurs pour soutenir les pieds de haricots ou les plants de tomates qui grandissent. Il arrose abondamment les plantes à cause de la chaleur.

le jardinier ?

▸ À l'automne

Le jardinier récolte les pommes, les poires et les raisins. Il déterre les pommes de terre. Il cueille les haricots et les petits pois. Il ramasse les feuilles mortes.

Le jardinier ramasse les feuilles mortes.

▸ En hiver

Le jardinier plante de nouveaux bulbes qui fleuriront au printemps. Il arrache les plants de tomates. Il entasse les feuilles mortes pour faire du fumier. Il protège les pieds des fraisiers avec du plastique.

Le jardinier a protégé les fraisiers avec du plastique.

Retenir

Entoure le bon outil dont se sert le jardinier pour :

- retourner la terre : *le râteau – la bêche.*
- arroser le jardin : *la brouette – l'arrosoir.*
- ramasser les feuilles mortes : *le râteau – l'échelle.*
- cueillir des cerises : *l'échelle – la binette.*

Atelier

- Dans ta ville ou ton village, il y a sûrement un jardin public, un square ou des espaces verts. Qui s'en occupe ? Interroge les services de la mairie.

Partir à la mer ou à la montagne ?

La mer et la montagne sont les deux destinations favorites des vacanciers en juillet et en août.
La France offre une grande diversité de côtes et de montagnes aux amateurs de baignades ou de randonnées à pied.

Un paysage de Martinique

▶ La France des vacances

La France est une destination de vacances très appréciée.

▶ Au-delà des mers

La Martinique, la Guadeloupe, la Guyane, la Nouvelle-Calédonie, la Réunion, la Polynésie française (Moorea, Tahiti) sont des territoires français également très recherchés par les touristes.

Atelier

- Fais la liste de toutes les activités que l'on peut pratiquer à la mer ou à la montagne. Aide-toi de la carte.

Objectifs : Découvrir et utiliser une propriété de la soustraction qui justifie la retenue dans le calcul.
Calcul mental : Soustraire 9 d'un nombre de 2 chiffres (on ajoute 1 et on enlève 10).

Une propriété de la soustraction

Quel principe mathématique justifie la retenue dans la soustraction ?

Observe, puis **complète** le calcul.

Thibaud a 8 ans et Léa en a 5. Ils se retrouvent chaque année aux vacances d'été.
Leur différence d'âge est de **3** ans : 8 – 5 = **3**.

- **Dans 4 ans,**
  Thibaud aura 12 ans (8 + 4).
  Léa aura 9 ans (5 + 4).
  Leur différence d'âge sera :
  (8 + 4) – (5 + 4) = **3** (ans).

- **Dans 10 ans,**
  Thibaud aura 18 ans (8 + ...).
  Léa aura 15 ans (5 + ...).
  Leur différence d'âge sera :
  (8 + ...) – (5 + ...) = **3** (ans).

Retiens bien

La différence ne change pas si j'ajoute le même nombre aux 2 termes de la soustraction.

8 – 5 = **3** → (+ 10) → 18 – 15 = **3**

40 – 25 = **15** → (+ 10) → 50 – 35 = **15**

1 Complète chaque série de soustractions.

- 12 – 4 = ...   13 – 5 = ...   14 – 6 = ...   15 – 7 = ...   16 – 8 = ...
- 18 – 7 = ...   28 – 17 = ...   38 – 27 = ...   48 – 37 = ...   118 – 107 = ...
- 30 – 6 = ...   40 – 16 = ... – 26 = 24   60 – .... = 24   230 – .... = 24

2 Observe l'exemple. **Utilise** ce procédé pour les autres soustractions.

```
    6   ¹4    On ajoute 10 pour faire 14 – 6 = 8.
 – 2⁺¹  6    On ajoute 1 dizaine à 2 dizaines.
 ---------
 =  3   8
```

```
    8  1         9  0
 –  3  9      –  4  7
 -------      -------
 = ... ...    = ... ...

    3  2         6  5         2  5  1          8  2  0
 –  1  9      –  2  7      –  1  3  8       –  3  1  4
 -------      -------      ----------       ----------
 = ... ...    = ... ...    = ... ... ...    = ... ... ...
```

Le coin du malin

Utilise le procédé de Grégoire.

- 54 – 19 = ... – 20 = ...
- 49 – 28 = ... – .... = ...
- 35 – 17 = ... – .... = ...
- 66 – 29 = ... – .... = ...

Objectif : Calculer des durées.
Calcul mental : Donner un nombre de 2 ou 3 chiffres. Faire des tirages de dé pour ajouter ou soustraire. Demander les résultats intermédiaires : 76 + 6 = 79 ; 79 – 3 = 76. Demander de mémoriser plusieurs tirages successifs : 67 (– 6 ; + 2 ; – 4).

Calculer des durées (1)
En heures et en minutes

Comment calculer des durées ?

Observe, puis **réponds** aux questions.

Avant de partir passer quelques jours de vacances en famille à Toulon, monsieur Siron, qui habite Gap, a recherché sur Internet le meilleur itinéraire.

Observe le document qu'il a imprimé.

Recherche internet : http://www.itinéraire-route.fr

Trajet trouvé :

Temps	Distance	Routes	Villes traversées
00 h 00	0 km	N 85	Gap
00 h 32	46 km	A 51	Sisteron
01 h 22	145 km	A 51	Aix-en-Provence
01 h 33	165 km	A 51	Châteauneuf-le-Rouge
01 h 46	192 km	A 52	Aubagne
02 h 10	236 km	A 50 N 97	Toulon

km = kilomètres A = autoroute N = route nationale

Quelle sera la durée du voyage de monsieur Siron ?

……………………………………

Combien de temps faut-il pour aller de Sisteron à Châteauneuf-le-Rouge ?

……………………………………

De Châteauneuf-le-Rouge à Aubagne ?

……………………………………

Monsieur Siron partira à 9 h 00 du matin.
À quelle heure arrivera-t-il ?

……………………………………

1 Le train de José doit partir à 13 h 27.
Regarde la pendule.

Il est

……………………….

Entoure la bonne réponse.

- José est en avance.
- José est en retard.

2 **Complète**.

Il est 19 h 15.
La pendule retarde
de ………… minutes.

Il est 16 h 30.
La pendule avance
de ………… minutes.

3 **Entoure** les 2 cassettes qui durent plus d'une heure.

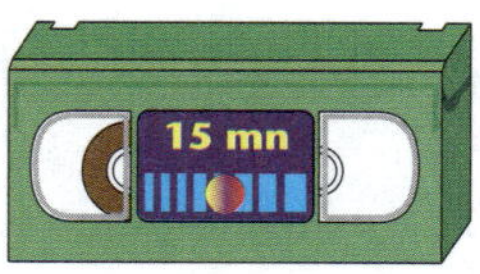

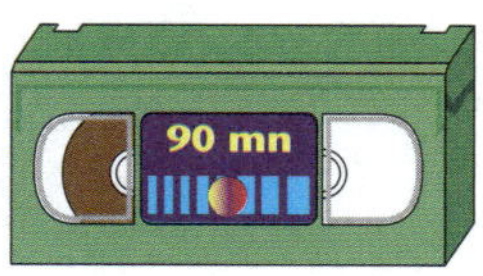

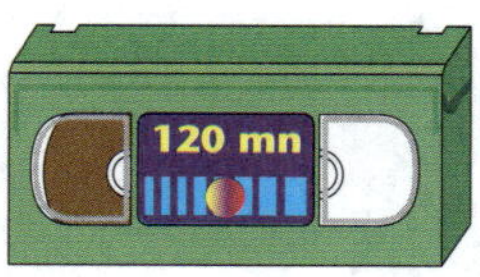

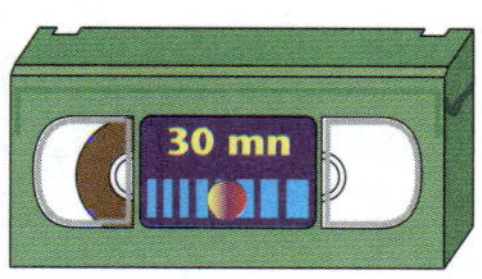

Problème Fiona prend l'avion à 11 h 00.
Son vol dure 4 h 00.
À quelle heure arrivera-t-elle ?

Elle arrivera à …………………….

Son oncle vient la chercher.
Il habite à une demi-heure de l'aéroport.
À quelle heure doit-il partir de chez lui pour ne pas manquer l'arrivée de l'avion ?

Il doit partir à …………………….

Objectif : Calculer des durées.
Calcul mental : « La partie de cartes a commencé à 13 h 15. Il est 13 h 35. Combien de temps a-t-elle duré ? » « L'émission commence à 19 h 05. Elle durera 45 minutes. À quelle heure finira-t-elle ? », etc.

Calculer des durées (2)
En jours et en mois

Comment calculer des durées ?

Observe le calendrier des vacances scolaires, puis **réponds** aux questions.

rentrée scolaire des élèves	vacances de la Toussaint	vacances de Noël	vacances d'hiver	vacances de printemps	début des vacances d'été
mardi 03 09 2002	du mercredi 23 10 02 au lundi 04 11 02	du samedi 21 12 02 au lundi 06 01 03	du samedi 15 02 03 au lundi 03 03 03	du samedi 12 04 03 au lundi 28 04 03	samedi 28 06 03

- Combien de jours durent les vacances de printemps ?
  Elles durent .... jours.
- Pendant quels mois ont lieu les vacances d'hiver ?
  ....
- Quelles vacances ne débutent pas un samedi ? ....
- À quelle date débutent les grandes vacances ? ....
- Combien de mois durent les grandes vacances ? ....

1 Complète.

JUILLET 2005

L	M	M	J	V	S	D
				1	2	3
4	5	6	7	8	9	10
11	12	13	14	15	16	17
18	19	20	21	22	23	24
25	26	27	28	29	30	31

AOÛT 2005

L	M	M	J	V	S	D
1	2	3	4	5	6	7
8	9	10	11	12	13	14
15	16	17	18	19	20	21
22	23	24	25	26	27	28
29	30	31				

Mathieu sera à la mer 14 jours à partir du 27 juillet.
Colorie sur le calendrier la période de son séjour, puis **écris** la date de son retour.

Il reviendra le : ....

2 Complète.

Marie sera chez ses grands-parents du 3 juillet au 6 août.
Combien de jours restera-t-elle chez eux ?

Elle restera .... jours chez eux.

3 Complète.

- Combien de jours durent les mois de juillet et août ? Ils durent chacun .... jours.
- Si tu écris à un(e) ami(e) tous les 15 jours, combien de fois lui écriras-tu en 2 mois ?
  Je lui écrirai .... fois.

Le coin du malin

Observe les cachets de La Poste, puis **écris** les dates auxquelles ces cartes postales ont été envoyées.

Le ....

Le ....

Le ....

Objectifs : Utiliser le vocabulaire géométrique. Utiliser les instruments : règle, compas ou gabarit.

Calcul mental : Donner un nombre de 2 ou 3 chiffres ; faire soustraire 9 ou ajouter 11.

Descriptions et communications de figures (3)

Comment décrire ou reproduire une figure ?

Observe le premier dessin et ses consignes de construction. **Termine** le second dessin (**utilise** ton gabarit).

« Dessine 1 carré.
En prenant pour
centre le milieu
de son côté droit,
trace 1 demi-cercle
à l'intérieur
du carré. »

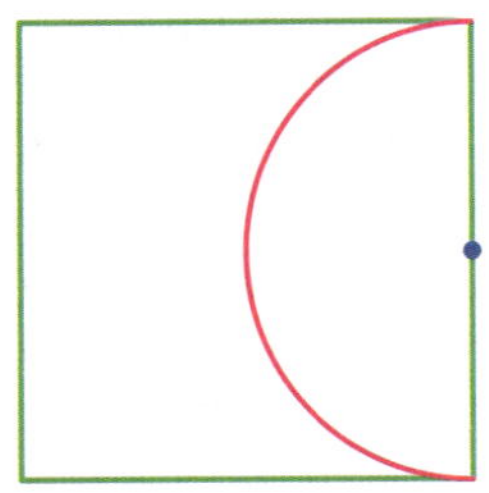

« Dessine 1 carré.
En prenant pour
centre le milieu
de son côté gauche,
trace 1 demi-cercle
à l'extérieur
du carré. »

1 **Entoure** le dessin décrit.

« À l'intérieur d'1 carré de 3 centimètres de côté, on a tracé 1 triangle dont l'un des angles est droit. »

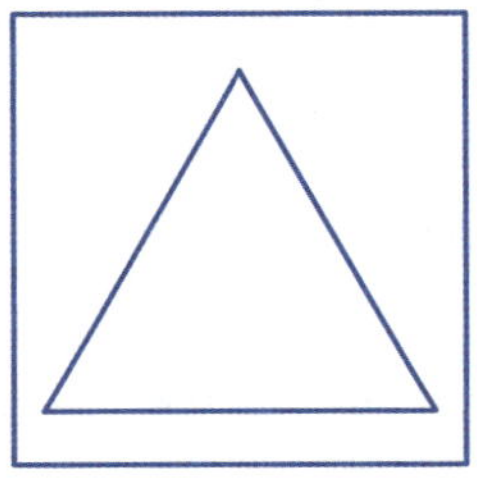

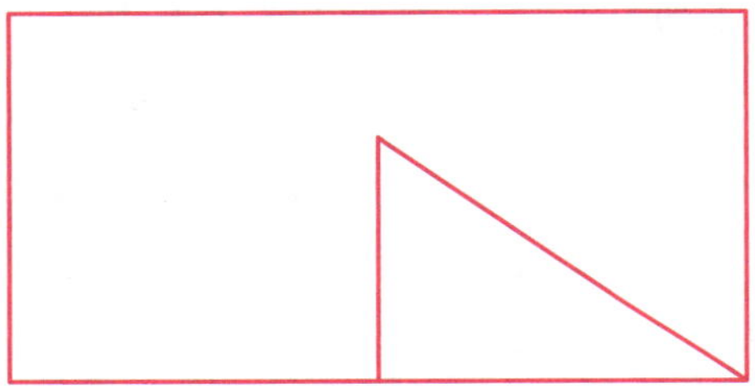

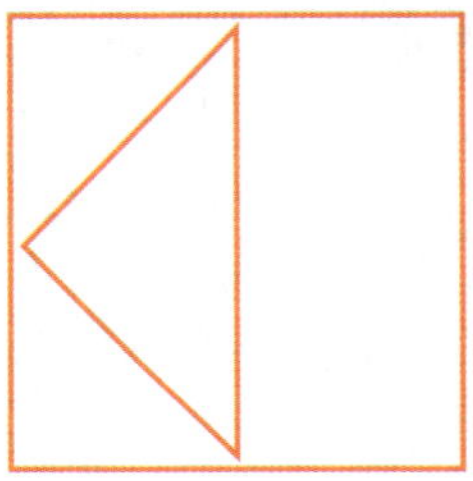

2 **Écris** « Vrai » ou « Faux ».

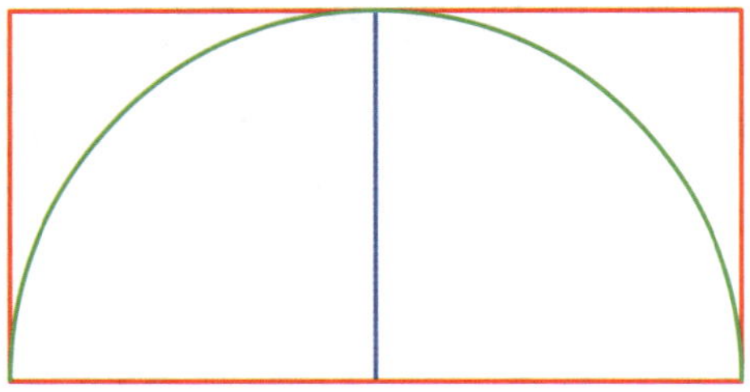

- 2 des côtés du rectangle rouge mesurent 3 cm : ....
- Le demi-cercle vert a pour centre le milieu de la largeur du rectangle rouge : ....
- Le segment bleu partage le rectangle rouge en 2 carrés identiques : ....

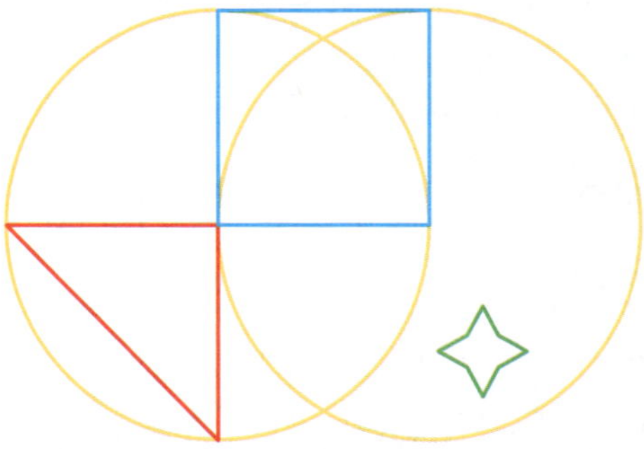

- Les 2 cercles ont la même taille : ....
- La figure bleue est un rectangle : ....
- Le triangle rouge a 1 angle droit : ....
- L'étoile est à l'intérieur des 2 cercles : ....

Objectif : Savoir calculer ou vérifier la monnaie à rendre par additions successives.

Calcul mental : Exercices avec pièces et billets factices. Indiquer un prix à payer et montrer le billet avec lequel on paie. Les élèves présentent sur la table la somme à rendre.

Rendre la monnaie

Comment utiliser la soustraction dans la vie de tous les jours ?

Observe, puis **vérifie** la somme rendue.

Le péage de l'autoroute coûte 13 € et 50 c.
Maman donne un billet de 20 €.

Le caissier lui rend .... € et .... c.

Somme due + Monnaie rendue = Somme donnée

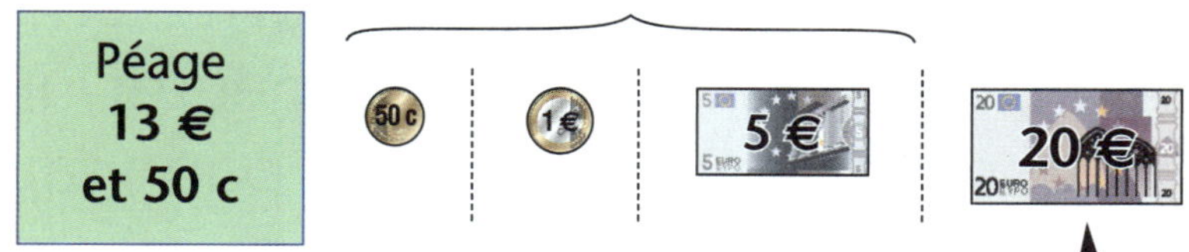

13 € 50 c + 50 c = 14 €

14 € + 1 € = 15 €

15 € + 5 € = 20 €

Retiens bien

Pour rendre ou vérifier la monnaie, **je pars du prix à payer. J'ajoute par étapes** des pièces et des billets jusqu'à retrouver la somme donnée.

1 **Écris** la valeur de la somme rendue (en centimes).

- Tu dois 50 c. Tu donnes 1 €. → .... c.
- Tu dois 20 c. Tu donnes 1 €. → .... c.
- Tu dois 85 c. Tu donnes 1 €. → .... c.
- Tu dois 80 c. Tu donnes 1 €. → .... c.
- Tu dois 70 c. Tu donnes 1 €. → .... c.
- Tu dois 55 c. Tu donnes 1 €. → .... c.

2 Le prix est en rouge. La somme donnée est en bleu. **Calcule** la somme rendue.

- 11 € et 50 c → 50 c → (12 €) → 8 € → 20 € — On rend : 8 € et 50 c.
- 8 € et 80 c → .... → (9 €) → .... → (10 €) → .... → 20 € — On rend : ....
- 0 € et 60 c → .... → (........ €) → .... → 5 € — On rend : ....
- 12 € et 90 c → .... → (........ €) → .... → (........ €) → .... → 50 € — On rend : ....

3 **Écris** la valeur des pièces et des billets rendus, puis la somme rendue.

Somme due		Monnaie rendue	Somme donnée	Somme rendue
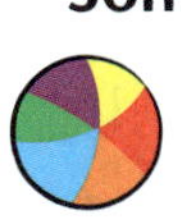	3 €	2 € — 5 €	 10 €	7 €
	80 c	○ ○	 2 €	.... € et c
	8 € 50 c	○ ○ ☐	 20 €	.... € et c
	3 € 80 c	○ ○	 5 €	.... € et c

À quoi sert le

Pour circuler en toute sécurité en ville ou sur la route, tu dois respecter un code. Ce code est inscrit sur des panneaux qui t'aident à te diriger en t'indiquant des interdictions, des obligations ou des dangers.

Stop
Tu dois t'arrêter.

▶ Des interdictions : les panneaux sont ronds et cerclés de rouge.

Sens interdit
Tu ne peux pas continuer tout droit.

Interdit de tourner à gauche
Tu ne peux pas tourner à gauche.

Interdit aux bicyclettes
Tu ne peux pas passer à vélo sous ce tunnel.

Interdit de dépasser le 50 km à l'heure
Attention à ta vitesse...

▶ Des obligations : les panneaux sont ronds et bleus.

Sens obligatoire
Tu dois suivre cette flèche.

Sens giratoire
C'est le sens dans lequel tu dois tourner autour du rond-point.

Piste cyclable
Tu dois obligatoirement utiliser cette piste.

Réservé aux piétons
Tu ne dois pas utiliser ce chemin.

Code de la route ?

Des dangers : les panneaux sont triangulaires et bordés de rouge.

Attention : école !
Sois prudent(e) : des écoliers peuvent surgir !

La route se rétrécit.
Reste bien à droite de la chaussée.

Passage à niveau
Tu devras t'arrêter si un train passe.

Croisement
Tu dois laisser la priorité aux véhicules venant de droite.

Atelier

- Prends l'habitude d'identifier les panneaux que tu rencontres sur le chemin de ton école ou au cours de tes sorties à vélo ou en voiture.

Retenir

Entoure les 4 cyclistes qui ne respectent pas les panneaux.

Objectifs : Revoir le sens des opérations connues. Associer une situation à l'opération correspondante.

Quelle opération choisir ?

Comment mieux retenir le sens des opérations connues ?

1 Écris l'opération qui correspond au schéma dans chaque case blanche.

Addition

Pour trouver **le total** quand on ajoute quelque chose.

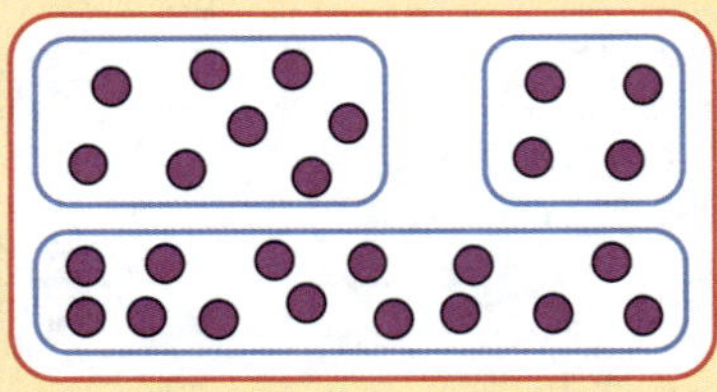

Multiplication

Pour trouver **le total** lorsqu'on a **plusieurs fois le même nombre**.

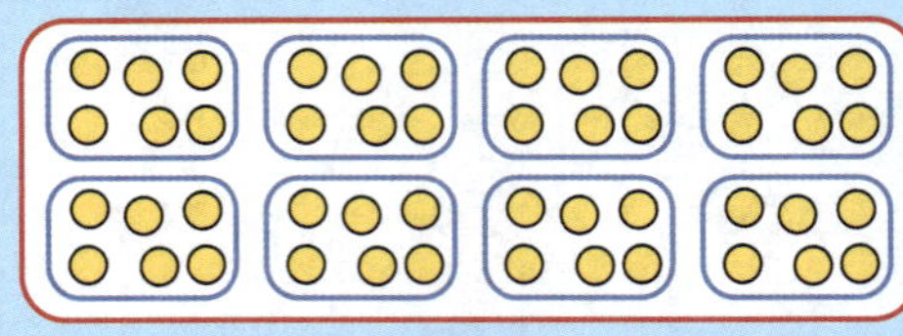

Soustraction

Pour trouver **ce qui reste** quand on enlève quelque chose.

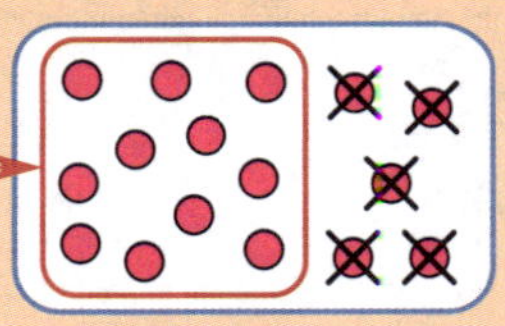

Pour trouver **la différence**, **ce qui est en plus**.

Pour trouver **la différence**, **ce qui manque**, **ce qui est en moins**.

2 Entoure en rouge ce que l'on demande de calculer. **Écris** l'opération correspondante.

- Le nombre de boîtes vertes en plus : ....

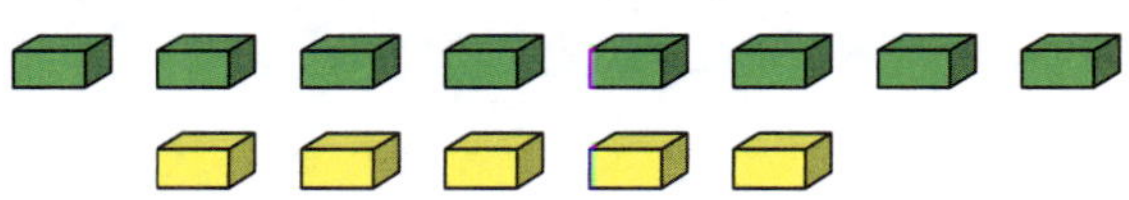

- Le nombre total de boîtes : ....

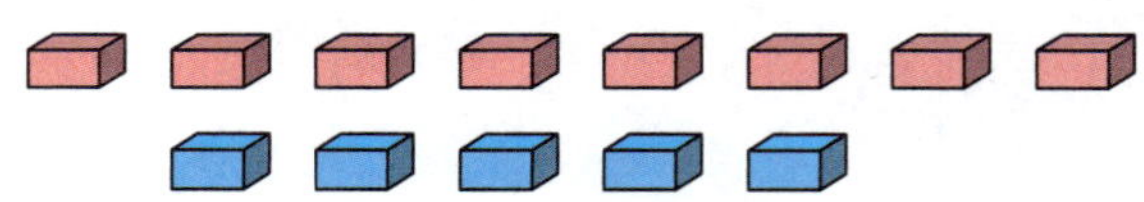

- On enlève 10 boîtes. Il en restera : ....

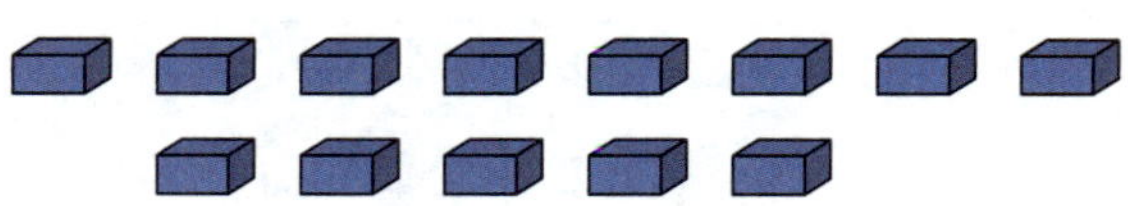

- Le nombre total de boîtes : ....

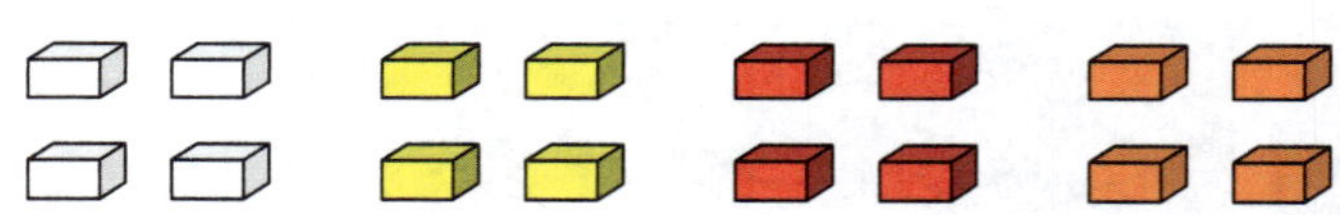

3 Colorie chaque problème de la couleur de l'opération correspondante.

- La directrice achète 35 livres qui valent 8 € chacun. Combien paie-t-elle ?
- Sur 35 élèves de CE1, 8 ne mangent pas à la cantine. Combien y mangent ?
- J'ai acheté un jeu vidéo 35 € et un livre qui vaut 8 €. Combien ai-je payé ?
- Il me reste 8 billes alors que j'en avais 35. Combien de billes ai-je perdues ?
- Il me reste 35 billes. J'en ai perdu 8. Combien en avais-je avant ?

35 + 8

35 – 8

35 × 8

Objectifs : Réinvestir les notions étudiées de la page 139 à la page 167.

BILAN 5

1 Classe ces récipients selon leur capacité du plus petit au plus grand. B ....

20 L un jerrican **A**	1 L une brique de lait **B**	2 L un bidon **C**	5 L une bonbonne **D**	100 L un fût **E**	12 L un arrosoir **F**

2 Observe les additions, puis **complète** les soustractions.

- 23 + 37 = 60 → 60 – .... = 37 .... – 37 = 23
- 265 + 46 = 311 → .... – 265 = 46 311 – 46 = ...

3 Complète ces opérations en ligne.

- 28 – (12 + 3) = 28 – .... = ...
- 30 – (8 + ...) = 30 – .... = 15

4 Calcule en colonnes la différence entre ces nombres.

- 492 et 258
- 97 et 560
- 341 et 105

5 Reproduis avec ton gabarit le dessin décrit.

« Dessine 1 rectangle. Dessine 2 demi-cercles à l'intérieur du rectangle en prenant pour centre les milieux des 2 longueurs. »

6 Tu paies ces objets. Combien va-t-on te rendre ?

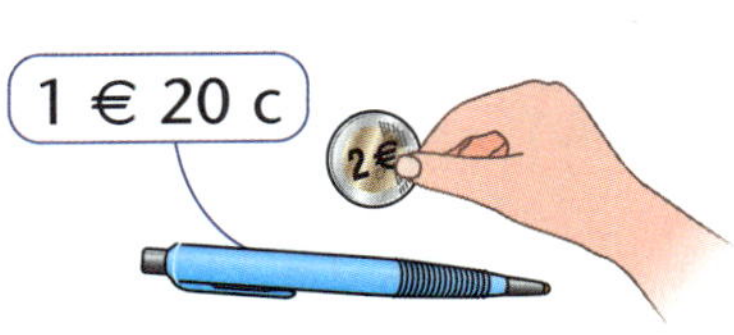

....

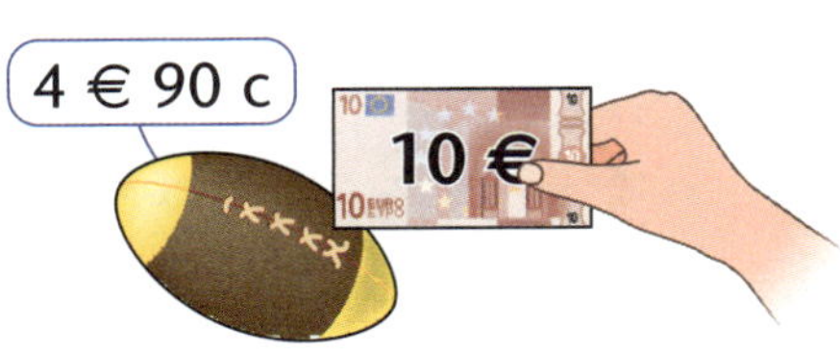

....

....

Après la correction, note le nombre de bonnes réponses dans le rond vert et le nombre d'erreurs dans le rond rouge.

Objectifs : Se familiariser avec la lecture et l'écriture des nombres compris entre 1 000 et 9 999

Calcul mental : Dicter des nombres de 4 chiffres (1 par 1, puis 2 par 2).

Les nombres au-delà de 1 000 (1)

Comment écrire et lire sans erreur les nombres de 4 chiffres ?

Retiens bien

Pense aux colonnes du tableau pour bien lire les nombres :
1 259 se lit « mille 2 cent 59 ».
2 308 se lit « 2 mille 3 cent 8 ».
5 500 se lit « 5 mille 5 cents ».
3 012 se lit « 3 mille 12 ».

Observe, puis **continue** à écrire et à lire les nombres.

1 millier (1 000) — 1 centaine (100) — 1 dizaine (10) — 1 unité (1)

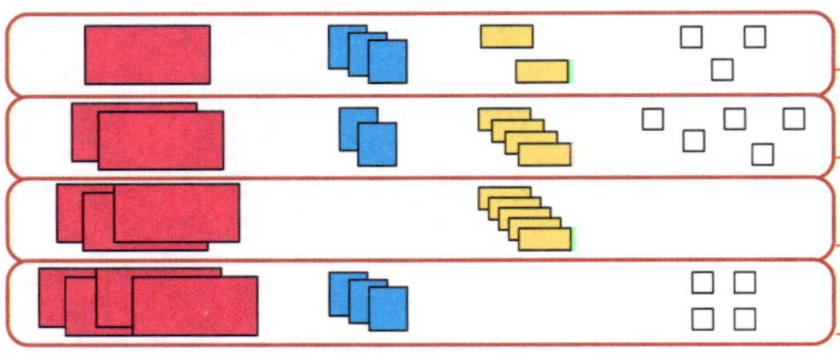

m	c	d	u		
1	3	2	3	1 323	mille trois cent vingt-trois
.....	2	.....	5	2 245	deux mille deux cent quarante-cinq
3	0	.....	.....	....	trois mille cinquante
.....	.....	.....	.....	....	quatre mille trois cent quatre

1 **Écris** les nombres.

....

....

....

2 **Écris** les numéros des années écoulées depuis ta naissance.

....

3 **Écris** ces nombres en chiffres.

mille → ....   deux mille → ....   sept mille → ....   cinq mille → ....

huit mille → ....   trois mille → ....   neuf mille → ....   quatre mille → ....

six mille → ....   quatre mille huit cents → ....   neuf mille cent → ....

4 **Décompose** les nombres pour les lire.

2 542 = **2 000 + 500 + 42**

1 850 = ...

5 085 = ...

3 829 = ...

7 200 = ...

9 001 = ...

5 **Écris** ces nombres.

1 000 + 800 + 50 + 3 = ...

7 000 + 600 + 20 = ...

5 000 + 900 + 3 = ...

3 000 + 20 = ...

9 000 + 100 + 20 = ...

4 000 + 5 = ...

Objectifs : Manipuler les nombres supérieurs à 1 000 (nombre qui suit, qui précède), les classer. Trouver le complément d'un nombre à un autre.
Calcul mental : Donner un nombre et une consigne du type « J'ajoute ou j'enlève 1 millier, ou 1 centaine, 1 dizaine, 1 unité. Quel est le nombre obtenu ? »

Les nombres au-delà de 1 000 (2)

Comment classer sans erreur les nombres plus grands que 1 000 ?

Observe, puis **complète** le tableau de nombres.

Lorsque Sammy aura collé le timbre qui manque dans son album, il aura une collection de 1 500 timbres. Combien en a-t-il ?
On cherche le nombre qui est juste avant 1 500.

– 1	nombre	+ 1
99	100	101
299	300	201
....	500	....
....	1 500	1 501

Actuellement, Sammy a .... timbres dans sa collection.

1 Écris le nombre qui est juste avant et celui qui est juste après.

.... 2 500	.... 1 900	.... 3 700 ....
.... 1 699	.... 3 209	.... 7 199 ....
.... 1 000	.... 2 000	.... 6 000 ....

2 Compte comme c'est demandé.

- De 100 en 100 → 2 700 – .... – .... – .... – .... – .... – 3 300
- De 100 en 100 → 5 200 – .... – .... – .... – .... – .... – 4 600
- De 10 en 10 → 4 510 – .... – .... – .... – .... – .... – .... – 4 570
- De 10 en 10 → 1 970 – .... – .... – .... – .... – .... – .... – 2 040

3 Les voitures sont rangées de la plus ancienne à la plus moderne. **Recopie** les dates dans le bon ordre.

2004 – 1960 – 1935 – 2100 – 1988 – 1970 – 1946 – 1952

.... – .... – .... – .... – .... – .... – .... – ....

4 Complète ces additions.

1 200 + 400 = ...	2 300 + 600 = ...	6 200 + 800 = ...	3 400 + 600 = ...
3 000 + ... = 3 500	2 500 + ... = 3 000	8 950 + ... = 9 000	5 290 + ... = 5 300

Objectifs : Résoudre des problèmes avec un calcul intermédiaire.

Calcul mental : Il faut deviner le nombre auquel pense le maître en posant des questions. Il ne répond que par « oui » ou « non ».

Problèmes avec un calcul intermédiaire

Peut-on toujours calculer directement un résultat ?

Retiens bien

Dans un problème, on a parfois besoin de faire un calcul qui n'est pas demandé, mais qui est indispensable : c'est un **calcul intermédiaire**.

1 Termine la résolution de ce problème.

Élodie a 9 ans. Ces 3 dernières années, elle a grandi de 5 cm par an. Elle mesure maintenant 130 cm. Quelle était sa taille à 6 ans ?

Calcul intermédiaire : avant de calculer la taille d'Élodie à 6 ans, il faut savoir de combien elle a grandi.

En 3 ans, elle a grandi de : .... × 3 = ... (cm).

Réponse : À 6 ans, Élodie mesurait : 130 – .... = ... (cm).

2 Complète la résolution du problème.

Kamel a un sac de 25 bonbons. Il en donne 3 à Louis, 4 à Maria et 5 à Isidore. Combien lui en reste-t-il ?

Calcul intermédiaire : Kamel a donné : .... + ... + ... = ... (bonbons).

Réponse : Le nombre de bonbons qui restent est : .... – .... = ...

3 Résous ces problèmes.

- Tania a 16 ans. Iris a 7 ans de moins que Tania et Alex a 5 ans de plus qu'Iris. Quel est l'âge d'Alex ?

Calcul intermédiaire : ....

Réponse : ....

- Un autobus a 50 places. Il y a déjà 15 voyageurs. 20 personnes montent au premier arrêt et 10 autres personnes à l'arrêt suivant. Combien reste-t-il de places vides dans l'autobus ?

Calcul intermédiaire : ....

Réponse : ....

- Maman avait 80 € dans son porte-monnaie. Elle a dépensé 65 € au supermarché et 15 € à la pharmacie. Peut-elle acheter un gâteau qui coûte 10 € ?

Calcul intermédiaire : ....

....

Réponse : ....

....

Objectifs : Utiliser les parenthèses dans les calculs en ligne.
Calcul mental : Portraits de nombres.
Ex. : « Je suis le double de 40, plus 5. » « J'ai 3 chiffres identiques et mon chiffre des unités est 5… », etc.

Les parenthèses dans les calculs

Comment économiser une ligne de calcul intermédiaire ?

Observe le rôle de l'opération entre parenthèses dans le calcul.

Adeline avait 100 salades en arrivant au marché.
Elle en a vendu 38 le matin et 42 l'après-midi.
Combien lui en reste-t-il en repartant ?

Le nombre de salades restantes est :

100 – (38 + 42) = 100 – 80 = 20

Calcul intermédiaire

Retiens bien

Les parenthèses indiquent **ce que tu dois calculer en premier**. Leur place est très importante.

10 + (10 x 2) = 10 + 20 = **30**

(10 + 10) x 2 = 20 x 2 = **40**

1 Calcule en commençant par les parenthèses.

(18 + 2) × 5 = ... × 5 = ...
18 + (2 × 5) = 18 + ... = ...

(6 × 5) + 2 = ... + ... = ...
6 × (5 + 2) = ... × .... = ...

(60 – 20) + 40 = ... + ... = ...
60 – (20 + 40) = ... – .... = ...

(100 × 5) – 3 = ... – .... = ...
100 × (5 – 3) = ... × .... = ...

2 Effectue ces opérations.

15 + (5 × 4) = ... = ...
(15 + 5) × 4 = ... = ...

(30 – 8) × 2 = ... = ...
30 – (8 × 2) = ... = ...

(80 – 25) + 15 = ... = ...
80 – (25 + 15) = ... = ...

5 × (20 – 16) = ... = ...
(5 × 20) – 16 = ... = ...

3 Place en rouge les parenthèses que l'imprimeur a oubliées.

40 – 9 + 11 = 20
100 – 50 × 2 = 0

10 × 5 – 4 = 46
100 – 50 × 2 = 100

60 – 4 × 5 = 40
20 + 30 + 5 × 20 = 150

Problème

Un vase contient 25 fleurs. 8 sont rouges et coûtent 1 € chacune. 9 sont blanches et coûtent 2 € chacune. Les autres fleurs sont bleues et coûtent 1 € chacune.

- Quel est le nombre de fleurs bleues ?
  (**Fais** d'abord le calcul, puis **vérifie** en coloriant le dessin.)

  ....

- Quel est le prix du bouquet ?

  ....

Crédits photographiques

P. 10 : petite fille © S. Dupont/Hoa-Qui ; arbres © F. Chmura/Age/Hoa-Qui ; rocher © H. veiller/Explorer ; plaque pétrolière © Peter Bowater/Age/Hoa-Qui. **P. 16 :** scribe égyptien © J.-D. Dallet/Age/Hoa-Qui ; moine copiste, école espagnole du XVIe siècle © Museo Lazaro Galdiano, Madrid, Spain/Bridgeman Art Library. **P. 17 :** © K. Welsh/Age/Hoa-Qui. **P. 24 :** savant observant le ciel © N. Thibaut/Hoa-Qui ; Terre vue de l'espace © Stocktrek/Age/Hoa-Qui ; Terre et Lune © Nasa/Ciel et espace. **P. 25 :** arbre en hiver © Emilio Ereza/Age/Hoa-Qui ; arbre au printemps M. Rugner/Age/Hoa-Qui ; arbre en été © M. Siepmann/Age/Hoa-Qui ; arbre en automne © M. Rugner/Age/Hoa-Qui. **P. 26 :** athlète © Fabio Cardoso/Age/Hoa-Qui ; Pablo Picasso (1881-1973), *L'Acrobate*, musée Picasso, Paris, Photo RMN-R. G. Ojedo, © Succession Picasso 2004. **P. 32 :** toise © BSIP LA/Nadège Le Grand ; vaccination © Picture Partners/Age/Hoa-Qui. **P. 33 :** stéthoscope, BSIP Laurent/Aubourg. **P. 36 :** femme payant ses achats © Labat/Jerrican ; porte-monnaie © P. Gibbard/Age/Hoa-Qui ; carte bancaire © André Tudéla/La Poste ; femme avec calculatrice © Aspen Stock/Age/Hoa-Qui. **P. 42 :** commerces de quartier © Sunset/Moulu ; marché © W. Otto/Age/Hoa-Qui ; Auchan à Brétigny-sur-Orge © F. Vielcanet/Urba Images. **P. 43 :** centre commercial © Carlos/Age/Hoa-Qui ; femme commandant par correspondance © Gile/Urba Images ; ordinateur © Tomas Fred/Hoa-Qui. **P. 44 :** *Kontosh*, 1964 (huile sur toile), Victor Vasarely (1908-1997) © Adagp, Paris, 2004/Fitzwilliam Museum, University of Cambridge, UK/Bridgeman Art Library. **P. 50 :** Claude Monet (1840-1926), *Cathédrale de Rouen, le portail, temps gris, harmonie grise*, Photo RMN/Hervé Lewandowski, © Adagp, Paris, 2004 ; Claude Monet (1840-1926), *Cathédrale de Rouen, le portail et la tour Saint-Romain, plein soleil, harmonie bleue et or*, Photo RMN/Hervé Lewandowski, © Adagp, Paris, 2004 ; arc-en-ciel © W. Buss/Hoa-Qui. **P. 51 :** © Yann Arthus-Bertrand/Altitude. **P. 52 :** station météorologique © J.-J. Raynal/Hoa-Qui ; baromètre © Labat/Jerrican ; thermomètre © Labat/Jerrican ; girouette © R. Gold/Age/Hoa-Qui ; nuages dans le ciel © E. Horan/Age/Hoa-Qui. **P. 59 :** cirrus et cumulo-nimbus © Météo-France/Régis Tiercein. **P. 66 :** *Madame Roulin and her baby*, November 1888 (oil on canvas) by Vincent van Gogh (1853-90) © Metropolitan Museum of Art, New York, USA/Bridgeman Art Library ; *L'Enfant à l'orange*, Auvers-sur-Oise, juin 1890, Wintherthur, © collection villa Flora/AKG Paris. *Young Man with a Hat*, 1888 (oil on canvas) by Vincent van Gogh (1853-90) © Private Collection/Bridgeman Art Library © Giraudon/Bridgeman Art Library. **P. 67 :** *Les Premiers Pas* (d'après le tableau de Millet), Saint-Rémy-de-Provence, janvier 1890, New york, © Metropolitan Museum of Art/AKG Paris. *Portrait of the Artist's Mother*, 1888 (oil on canvas) by Vincent van Gogh (1853-90) © Christie's Images, London, UK/Bridgeman Art Library ; *Old Man in Sorrow (On the Treshold of Eternity)* 1890 (oil on canvas) by Vincent van Gogh (1853-90) © Rijksmuseum Kroller-Muller, Otterlo, Netherlands/Bridgeman Art Library. **P. 70 :** coucher de soleil © Catherine Jouans/Jacana ; cadran solaire © Philippe Roy/Hoa-Qui. **P. 76 :** réveil électrique © Philippe Burlot ; montre à aiguilles © J. Hawkins/Age/Hoa-Qui ; montre à aiguilles ouverte © Philippe Burlot ; montre ouverte avec pile © Philippe Burlot. **P. 77 :** réveil électrique ouvert © Philippe Burlot ; montre solaire, © CASIO France. **P. 78 :** enfants sportifs © Alan Levenson/Age/Hoa-Qui ; femme en transpiration © ZEFA/Hoa-Qui ; sportifs essoufflés © J.-M. Emportes/DPPI. **P. 84 :** Zinedine Zidane © Christophe Guibbaud/Agence Vandystadt – Agence de Presse photographique Vandystadt/Allsport France ; sportifs amateurs © Photobank/Hoa-Qui ; enfant aux barres parallèles © Frank Siteman/Age/Hoa-Qui. **P. 85 :** enfants en cercle © Frank Siteman/Age/Hoa-Qui ; médecins sportifs soignant des joueurs © DPPI/Flash Press. **P. 93 :** pèse-bébé © Antoine Devouard/REA ; balance Roberval © Pascal Sittler/REA ; pèse-lettre © Labat/Jerrican ; balance automatique © Pascal Sittler/REA. **P. 94 :** a, b, d, e, g, i et j © André Tudéla/La Poste ; c © E. Raz/Hoa-Qui ; f et h © ZEFA/Hoa-Qui. **P. 100 :** route en lacets © W. Bibikow/Age/Hoa-Qui ; viaduc © J. Fuste Raga/Age/Hoa-Qui. **P. 101 :** échangeur autoroutier © I. Alvarez/Age/Hoa-Qui ; embouteillage © J.-M. Horrillo/Age/Hoa-Qui ; piéton © M. Castro/Urba Images ; enfant à vélo © V. Mignotte/Hoa-Qui ; homme à moto © H. Kingsnorth/Age/Hoa-Qui ; voiture © M. Tres Lopez/Age/Hoa-Qui ; camion © J. Larrea/Age/Hoa-Qui. **P. 104 :** Manhattan, New York, © J. Stockshooter/Age/Hoa-Qui ; maison à la campagne © Christian Vaisse/Hoa-Qui ; campement touareg (Niger) © J. Brun/Explorer. **P. 110 :** constructions © DariusKoehli.com/Age/Hoa-Qui ; architecte et chef de chantier © Jaume Gual/Age/Hoa-Qui ; pelleteuse et camion-benne © Javier Larrea/Age/Hoa-Qui ; grue © Tom Grill/Age/Hoa-Qui. **P. 111 :** bétonnière © Charles E. Rotkin/CORBIS ; chantier © Ruddy Gold/Age/Hoa-Qui ; couvreurs © John Harris/Report digital – REA. **P. 112 :** a, c, d, f : © keystone ; e © Illutration ; voiture jaune © M. Tres Lopez/Age/Hoa-Qui. **P. 117 :** a © Illustration ; b © W. Bibikow/Age/Hoa-Qui. **P. 118 :** biface, paléolithique inférieur © Photo RMN/Jean/Gilles Berizz ; tablette d'argile, Sumer, IVe millénaire av. J.-C. © Franck Raux/Photo RMN ; alphabet phénicien, IIIe siècle av. J.-C., musée du Louvre © Chuzeville/RMN. **P. 119 :** Horemans Jan Josef l'Ancien (1682-1759) dit Le Brun, *Le Repas familial*, château de Compiègne © Photo RMN-Arnaudet ; objets anciens © Dinodia/Age/Hoa-Qui ; vieux journaux © Keystone. **P. 120 :** mairie de Poitiers © Thomas Fred/Hoa-Qui ; La Poste © André Tudéla/La Poste ; commissariat à Levallois © Beauzee/Urba Images ; école © P. Body/Hoa-Qui ; hôpital © J. Damase/Hoa-Qui. **P. 121 :** vue aérienne de l'Arc de Triomphe © Yann Arthus-Bertrand/Altitude. **P. 126 et 127 :** Zellenberg, Alsace, © Yann Arthus-Bertrand/Altitude. **P. 128 :** poulie © J.-C. Pattacini/Urba Images ; postière à bicyclette © Pierre Bessard/REA ; lave-linge © Arthur Martin Électrolux ; calculatrice © M. Rugner/Age/Hoa-Qui ; enfants devant un ordinateur © FSG/Age/Hoa-Qui. **P. 134 :** femme en VTT © Mark D. Maziarz/Age/Hoa-Qui. **P. 138 :** bouteille d'eau en verre © Pascal Sittler/REA ; enfant © L. Cary/Age/Hoa-Qui ; femme arrosant un jardin © D. Boccabella/Orédia. **P. 144 :** ruisseau propre © Photobank/Hoa-Qui ; ruisseau pollué © Age/Werner Otto/Hoa-Qui ; panneau © J.-C. Jaffre/Urba Images. **P. 145 :** poissons morts © Carrara/Hoa-Qui ; usine d'épuration de l'eau © P. Bowater/Age/Hoa-Qui. **P. 146 :** chevaux et auroch © Photo Jean Vertut ; poule © Kervella/Hoa-Qui ; œufs © P. Holmes/Age/Hoa-Qui ; chameau © J. Fuste Raga/Age/Hoa-Qui ; enfant avec des chats © FSG/Age/Hoa-Qui. **P. 152 :** dauphin © S. Westmorland/Age/Hoa-Qui ; éléphant © Jouan/Jacana ; chauve-souris © S. Cordier/Jacana ; singes © C. Willemeit/Jacana. **P. 153 :** pingouins © Photo Bank Yakohama/Hoa-Qui ; caméléon © C. Mattison/Age/Hoa-Qui ; salamandre © Roux Aime/Jacana ; requin © K. Aitken/Age/Hoa-Qui. **P. 154 :** tournesol © Valentin Christophe/Hoa-Qui. **P. 160 :** outils © Photo MAP/Yann Monei ; bêche © Photo MAP/N. et P. Mioulane ; tuteur © Photo MAP/F. Strauss. **P. 161 :** ramassage des feuilles © Photo MAP/N. et P. Mioulane ; fraisiers © Photo MAP/Arnaud Descat. **P. 162 :** Martinique © Valentin Christophe/Hoa-Qui ; enfant à la plage © Philippe Roy/Hoa-Qui ; pêche à pied © Nathalie Cuvelier/Hoa-Qui ; voiliers © Philippe Roy/Hoa-Qui ; surfeur © JackEnglish.com/Age/Hoa-Qui ; parapente © Philippe Roy/Hoa-Qui ; jet ski © Philippe Roy/Hoa-Qui ; escalade © Greg Epperson/Age/Hoa-Qui ; randonneuses © Benelux Press/Hoa-Qui.

Imprimé en Espagne par Mateu Cromo
Dépôt légal : 59278-05/2005-collection nº 88- Edition nº 05-11/6422/7

La monnaie : les pièces

La monnaie : les billets

20
012345678900
20
20 EURO EYPΩ
20 EURO EYPΩ

20
012345678900
20
20 EURO EYPΩ
20 EURO EYPΩ

20
012345678900
20
20 EURO EYPΩ
20 EURO EYPΩ

50
12345678900
50
50 EURO EYPΩ
50

100
012345678900
100
100 EURO EYPΩ
100

5
012345678900
5
5 EURO EYPΩ
5 EURO EYPΩ

5
012345678900
5
5 EURO EYPΩ
5 EURO EYPΩ

10
012345678900
10
10 EURO EYPΩ
10 EURO EYPΩ

10
012345678900
10
10 EURO EYPΩ
10 EURO EYPΩ

10
012345678900
10
10 EURO EYPΩ
10 EURO EYPΩ

10
012345678900
10
10 EURO EYPΩ
10 EURO EYPΩ

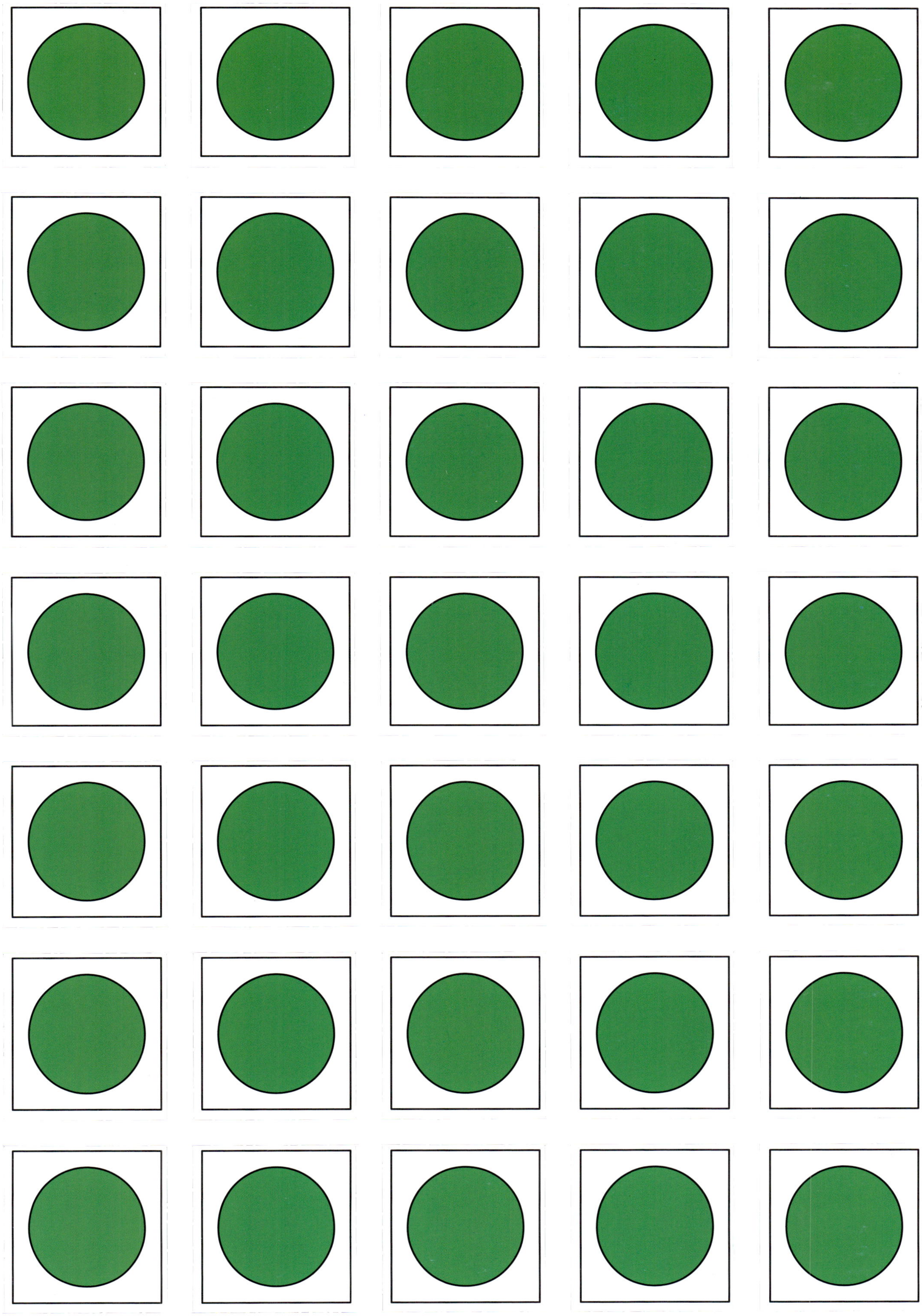

1 1 unité	1 1 unité	1 1 unité	1 1 unité	1 1 unité
1 1 unité	1 1 unité	1 1 unité	1 1 unité	1 1 unité
1 1 unité	1 1 unité	1 1 unité	1 1 unité	1 1 unité
1 1 unité	1 1 unité	1 1 unité	1 1 unité	1 1 unité
1 1 unité	1 1 unité	1 1 unité	1 1 unité	1 1 unité
1 1 unité	1 1 unité	1 1 unité	1 1 unité	1 1 unité
1 1 unité	1 1 unité	1 1 unité	1 1 unité	1 1 unité

10 (dix)
1 dizaine

10 (dix)
1 dizaine

10 (dix)
1 dizaine

10 (dix)
1 dizaine

10 (dix)
1 dizaine

10 (dix)
1 dizaine

10 (dix)
1 dizaine

10 (dix)
1 dizaine

10 (dix)
1 dizaine

10 (dix)
1 dizaine

10 (dix)
1 dizaine

10 (dix)
1 dizaine

10 (dix)
1 dizaine

10 (dix)
1 dizaine

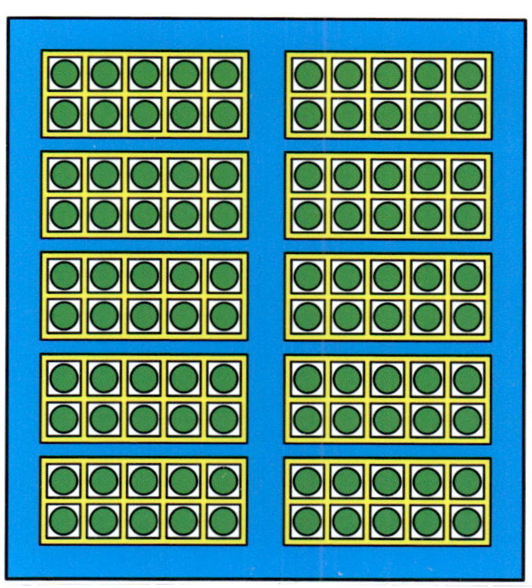
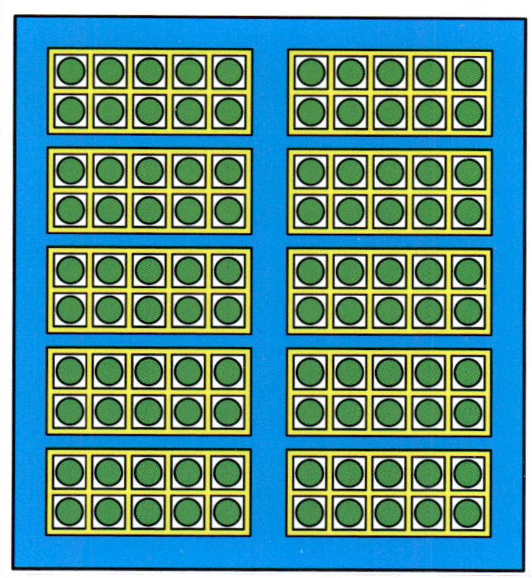

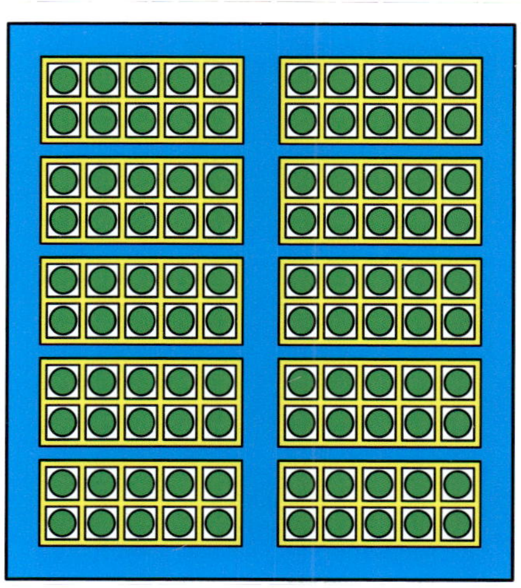

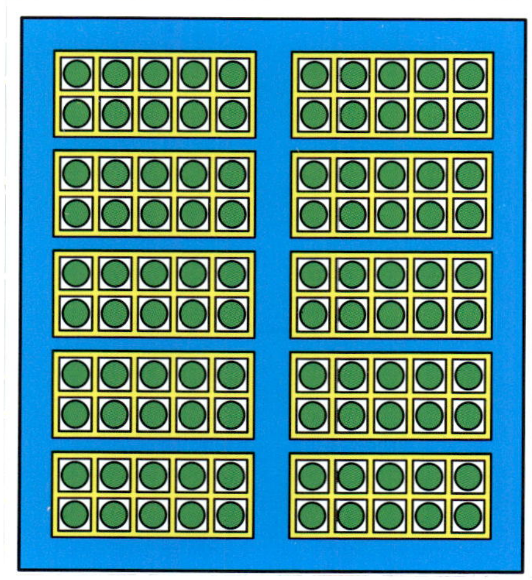

100 (cent) 1 centaine	100 (cent) 1 centaine	100 (cent) 1 centaine
100 (cent) 1 centaine	100 (cent) 1 centaine	100 (cent) 1 centaine
100 (cent) 1 centaine	100 (cent) 1 centaine	100 (cent) 1 centaine
100 (cent) 1 centaine	100 (cent) 1 centaine	100 (cent) 1 centaine

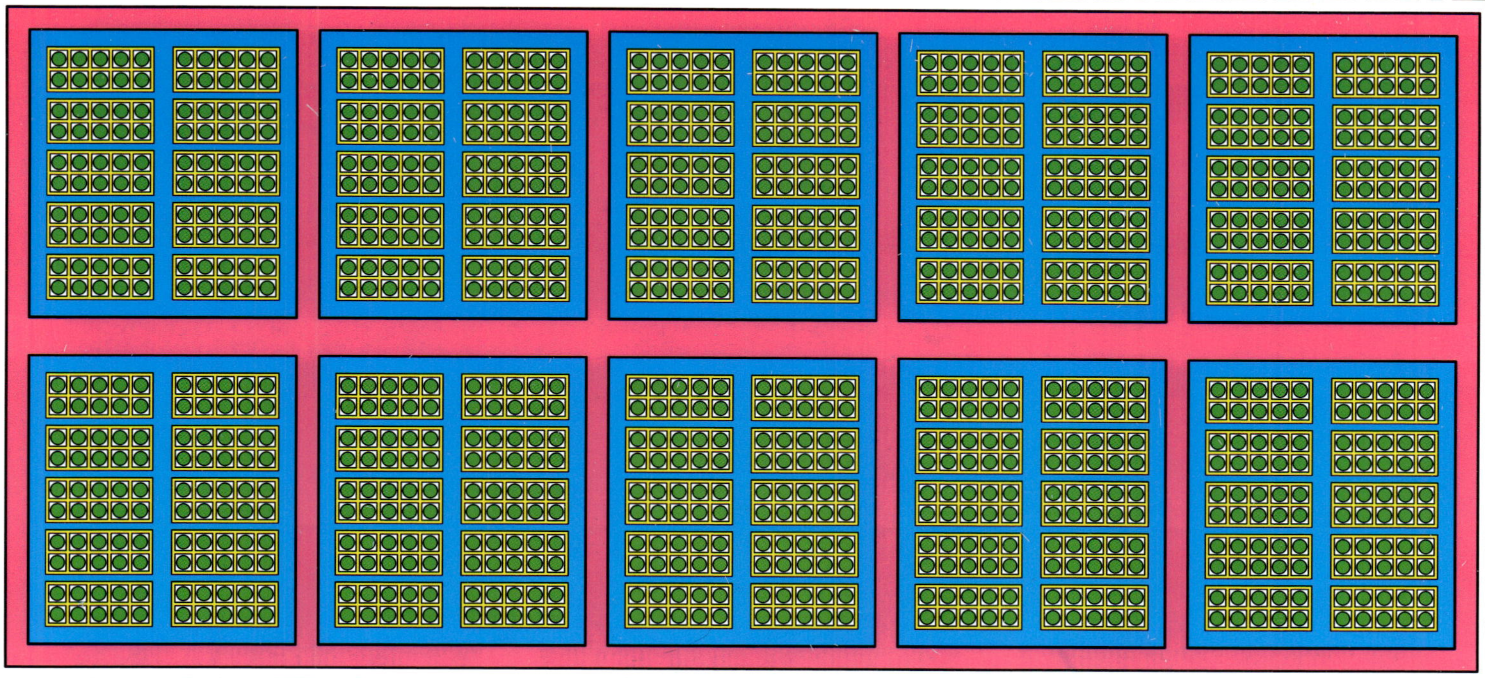

1 000 (mille)

1 millier